UNIVERSITÉ DE FRANCE.

FACULTÉ DE DROIT DE DOUAI.

THÈSE

POUR

LE DOCTORAT

PAR

RENÉ GAMBART

AVOCAT A ARRAS

LAURÉAT DE LA FACULTÉ

ARRAS

IMPRIMERIE ET LITHOGRAPHIE E. BRADIER
76, rue Saint-Maurice, 76.

1882

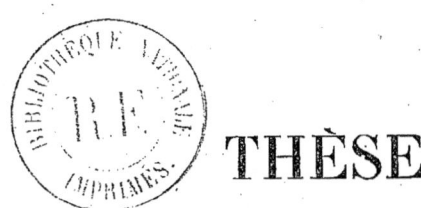THÈSE

POUR LE DOCTORAT

UNIVERSITÉ DE FRANCE

ACADÉMIE DE DOUAI   FACULTÉ DE DROIT

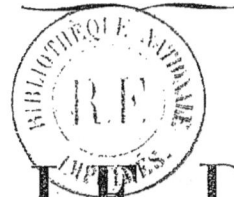

THÈSE

POUR

LE DOCTORAT

DROIT ROMAIN

DE L'EXERCICE DE L'ACTION PUBLIQUE ET DE L'ACTION CIVILE A ROME

DROIT FRANÇAIS

DES RESPONSABILITÉS CIVILES EN MATIÈRE D'INCENDIE ET DES ASSURANCES CONTRE L'INCENDIE

L'acte public sur les Matières ci-après
sera soutenu le Mardi 28 Février 1882, à deux heures du soir

PAR

René GAMBART

AVOCAT A ARRAS

Lauréat de la Faculté.

Président : **M. DANIEL DE FOLLEVILLE**, A. ✻, Doyen.

Suffragants :
- MM. Piébourg, Garçon, } Professeurs.
- Michel, Lepoittevin, } Agrégés chargés de cours.

Le Candidat devra en outre répondre à toutes les questions qui lui seront
faites sur les autres matières de l'enseignement.

ARRAS
Imprimerie et Lithographie E. Bradier
1882.

FACULTÉ DE DROIT DE DOUAI.

MM.

DANIEL DE FOLLEVILLE, A. ✺, doyen, professeur de code civil et de droit international privé.
DRUMEL, A. ✺, député, professeur de droit romain.
FÉDER, professeur de code civil et chargé d'un cours sur une matière approfondie du droit français.
PIÉBOURG, professeur de droit romain et chargé du cours sur les Pandectes.
GARÇON, professeur de législation criminelle et chargé d'un cours d'histoire du droit romain et du droit français.
POISNEL-LANTILLIÈRE, agrégé, chargé d'un cours de droit romain.
MICHEL, agrégé, chargé du cours d'histoire générale du droit français public et privé.
LEPOITTEVIN, agrégé, chargé du cours de procédure civile et du cours sur le droit des gens public et les législations comparées de l'Angleterre, de la Belgique et de la France.
VALLAS, agrégé, chargé d'un cours de code civil et du cours de législation industrielle.
LACOUR, agrégé, chargé du cours de droit commercial et d'un cours de droit maritime.
BOURGUIN, agrégé, chargé du cours de droit administratif et d'un cours sur l'enregistrement dans ses rapports avec le droit civil.
CHEVALLIER, A. ✺, chargé du cours d'économie politique.
CÉLICE, chargé d'un cours du droit romain.

Doyen honoraire. — M. BLONDEL, ✳ ✺ (I. P.), conseiller à la Cour de Cassation.

MOREL, licencié en droit, A. ✺, secrétaire, agent comptable.
COUSIN, licencié en droit, bibliothécaire.

A MON PÈRE

———

A MA MÈRE

DROIT ROMAIN.

DE L'EXERCICE DE L'ACTION PUBLIQUE ET DE L'ACTION CIVILE A ROME.

INTRODUCTION.

Les origines du droit pénal romain nous sont à peu près inconnues. Les fragments des lois de l'époque primitive qui nous sont parvenues sont trop rares et trop vagues pour que nous puissions dégager nettement le principe, qui a présidé, chez les Romains, à la naissance de la juridiction criminelle et tracer avec quelque sureté le tableau des transformations successives qu'elle a dû nécessairement subir. Les auteurs romains, qui nous fournissent souvent de si précieux détails concernant l'organisation de la justice, sont muets sur ce point, et ce n'est qu'à dater de la loi des XII tables que nous commençons à y trouver quelques renseignements, bien incomplets d'ailleurs.

Ce serait cependant une étude pleine d'intérêt pour l'historien et le jurisconsulte que de déterminer quelles furent, chez un peuple, dont la législation est si justement admirée, les origines du droit de punir, de rechercher les règles qui ont présidé à son développement, d'en suivre pas à pas les modifications et les progrès, d'essayer en un mot de restituer les divers éléments, dont il s'est formé.

Une telle entreprise ne semble-t-elle pas exiger la patience et le génie d'un Vico ou d'un Niébuhr? Et la moyenne des intelligences ne doit-elle pas reculer devant une réflexion décourageante qui se dresse tout d'abord ? Le silence des textes ne réduira-t-il pas à ne bâtir que des hypothèses, toujours hardies et souvent téméraires ; et le système, qu'on arrivera à édifier, quelque ingénieux et vraisemblable qu'il puisse paraître, ne présentera-t-il pas toujours un caractère absolument conjectural ?

Et cependant l'étude de l'histoire et la comparaison des législations antiques permettent d'affirmer que le développement des peuples et de leur organisation ne s'opère pas au hasard. L'esprit humain, en s'acheminant vers le progrès obéit à une règle uniforme. Les lois qui président à la formation des institutions chez les peuples naissants sont soumis à des principes constants. C'est que réellement les sociétés sont placées, à leur berceau en face des mêmes besoins qu'il faut satisfaire, des mêmes situations qu'il faut réglementer; et, dès lors, les lois qu'elles y consacrent, par cela même qu'elles répondent aux mêmes nécessités, doivent offrir des ressemblances inévitables. Sans doute elles différeront dans leurs procédés, dans leur forme ou la rapidité de leurs perfectionnements, suivant les temps, les mœurs et les croyances de chaque nation. Mais au fond, les principes essentiels qui lui servent d'assises resteront immuables; et les lois, dans leur développement, laisseront découvrir des analogies saisissantes.

Ne peut-on pas avancer dès lors que, quelque difficile qu'il puisse sembler au premier abord de rétablir les origines et les sources du droit pénal d'un peuple, quelque conjectural que doive nécessairement paraître un travail de cette nature, on peut, en combinant les renseignements, souvent plus complets, qui nous sont parvenus sur les législations primitives des autres peuples, avec les indications trop rares, hélas ! que nous pouvons puiser dans les lois ou la littérature romaine, reconstruire sans trop s'écarter de la vérité, sans émettre d'hypothèses absolument chimériques la théorie romaine telle quelle a été dans l'origine et la suivre ensuite dans ses transformations successives.

A l'origine de toutes les sociétés, la vengeance privée nous apparait comme le premier principe des peines. L'Etat, tel que nous le concevons actuellement, n'existe pas encore ; il ne se compose que d'un groupement de familles qui se sont réunies sous l'autorité d'un chef pour la défense contre un ennemi commun. Chacune de ces familles reste libre et indépendante, l'une vis-à-vis de l'autre, et il n'y a pas encore de pouvoir central assez puissant pour imposer sa volonté. Dans chacune d'elles, le chef jouit d'un pouvoir absolu sur les membres qui la composent, ses enfants, sa femme, ses esclaves : il peut aller jusqu'à les mettre à mort. Un délit, un crime est-il commis dans le sein de la famille, c'est à ce chef qu'il appartient de le punir, de prononcer souverainement la peine. Telle est l'organisation de la juridiction familiale, que nous retrouvons à la naissance de tous les peuples, et qui chez tous, peut être, a constitué le plus puissant obstacle à l'extension du droit pénal.

Le délit a-t-il au contraire été commis au préjudice d'un membre d'une autre famille, qui s'est trouvé lésé dans sa personne, son honneur ou ses biens, c'est à ce membre qu'il appartient de tirer vengeance de l'offense qui lui a été faite et d'obtenir la réparation du préjudice qui lui a été causé. Là ou il n'y a pas de justice sociale, la justice privée prend nécessairement sa place ; là ou la Société est impuissante à protéger les personnes, les personnes doivent nécessairement se protéger elles-mêmes.

Telle est la loi de tous les peuples chez qui la force matérielle n'est pas encore subordonnée à la force morale. C'est à la personne outragée ou à sa famille qu'est laissé le soin de poursuivre la réparation du préjudice qui lui a été causé, de l'offense qui lui a été infligée. C'est elle et elle seule qui doit chercher à se venger, à exercer des représailles, à infliger un châtiment. Et, ce pouvoir, la personne lésée l'exerce sans jugement, sans limitation, sans mesure. Il n'est soumis à aucune régle, borné par aucune loi.

Il était cependant certains cas très rares ou le pouvoir central, quelque peu développé qu'il fût, devait intervenir. C'est ce qui arrivait lorsque l'acte criminel était de nature à porter directement atteinte au but primitif que les familles s'étaient proposées en s'associant. Il en était ainsi lorsque le méfait s'attaquait directement au chef qu'elles s'étaient choisis ou pouvait compromettre la paix ou la sécurité générale du pays. Nous voyons que, dès les temps les plus reculés, alors que le droit pénal fonctionnait sans lois précises, par la seule force de la coutume et de l'instinct naturel, les Romains pouvaient déclarer coupables de haute trahison, de *perduellio*, l'auteur de certains crimes, tels que la perte d'une armée ou la tentative d'usurpation de pouvoirs, qui semblaient de nature à compromettre la sécurité de l'Etat.

A cette première cause d'intervention de l'Etat dans la répression, il faut en ajouter une autre. Les Romains punissaient en effet les crimes qui par le caractère exceptionnel de leur gravité leur semblaient attaquer directement la religion et constituer un outrage à la majesté de leurs Dieux. Fermement convaincues que certains actes coupables attireraient la malédiction et le châtiment du ciel non seulement sur le malfaiteur, ses biens et sa race, mais encore sur le peuple tout entier, les anciennes lois romaines demandaient, au nom de l'intérêt public, que les grands crimes fûssent l'objet d'une expiation religieuse (1).

Nous rencontrons cette confusion au berceau de toutes les sociétés : la justice humaine, défiante d'elle même s'appuie sur la justice divine. Le châtiment revêt la forme de l'expiation ou de la purification. L'auteur d'un crime, doit fléchir par des cérémonies la colère divine et purifier des souillures du crime sa personne, sa race et le peuple tout entier, en devenant lui même la victime offerte en holocauste. C'est ainsi que les lois romaines consacraient aux Dieux la tête du coupable (2) ; que les magistrats romains faisaient suspendre le criminel à l'arbre consacré aux divinités in-

---

(1) Tite Live I. 16 — Den. d'Halic. III. 22 — Tacite. Ann XII. 8

(2) Festus, v¹⁵ : aliuta, plorare, sacratæ, termino — Den. d'Halic. II. 10, VI. 89 — Tit. Liv, II. 8, III. 55.

fernales, *infelici arbori* (1). C'est ainsi encore que les biens du coupable étaient employés à des sacrifices ou à des prières publiques *(supplicationes)* (2).

Tel nous parait être l'état primitif du droit pénal. La puissance sociale, insuffisamment organisée, n'intervient que lorsqu'elle est directement attaquée. Le chef fait respecter son autorité dans la famille ou dans l'Etat. Il réprime en vertu de son pouvoir omnipotent tous les faits qui lui paraissent de nature à porter directement atteinte à la sécurité publique. Mais le cercle dans lequel il agit est très étroit. En dehors de cas très rares et absolument exceptionnels, la société se désintéresse absolument. Qu'un particulier ait été lésé dans sa personne, son honneur ou ses biens, peu lui importe. C'est à celui-ci qu'il appartient de faire respecter ses droits et de tirer une vengeance, aussi complète que possible de l'offense, dont il a été la victime.

Ces premières coutumes, qui se trouvent en quelque sorte associées à l'état primitif de chaque peuple se transforment bientôt. Les premiers efforts de la conscience humaine tendent à lutter contre un procédé aussi barbares qui soumet l'exercice des droits les plus légitimes à tous les caprices et à tous les arbitraires. D'un autre côté, le lien social tend de plus en plus à se resserrer, le pouvoir central grandit ; dès que dans chaque peuplade, dans chaque nation une autorité se développe, elle cherche à attirer à elle la distribution des peines et à s'opposer au développement d'un procédé qui devait

---

(1) Tit. Liv. I. 26 — Pline. Hist. Nat. XVIII. 3.

(2) Servius, ad Aen. I. 632 — Festus, v° sacratœ — Tit. Liv. II. 8.—Den. d'Halic. VIII. 79, X. 42.

à chaque instant jeter le trouble et le désordre dans l'État et qui entretenait soit entre les particuliers, soit entre les familles des luttes incessantes, de véritables guerres privées. Sous l'influence de ces diverses causes le droit de vengeance à force ouverte, né de l'indépendance des individus, doit donc, tendre naturellement à s'affaiblir.

La société cherche d'abord à régulariser l'exercice de cette vengeance qu'elle n'est pas encore assez puissante pour supprimer ; elle s'efforce de la contenir dans certaines limites, de l'empêcher de franchir certaines bornes.

Elle commence par limiter dans certains cas le droit de vengeance privée à la peine du talion. Le talion, qui ne s'appliquait qu'aux crimes contre les personnes, est l'expression grossière d'une règle primitive de la justice sociale. C'est la rétribution la plus complète du mal pour le mal, c'est l'expiation telle que la justice humaine en ces temps barbares a pu la concevoir. Nous en rencontrons l'application dans les lois de tous les peuples primitifs, chez les Hébreux, chez les Grecs, et même chez les Romains.

Nous en trouvons d'abord la formule dans l'Exode : « Redde animam pro animâ, oculum pro oculo, dentem pro dente, pedem pro pede, adustionem pro adustione, vulnus pro vulnere, livorem pro livore (1). »

De même les lois Grecques en consacraient l'usage. Une loi, attribuée à Solon par Diogène de Laerte (2) portait: «si quis monoculo oculum effoderit, uterque ei effodiatur.»

(1) Ex. 21, 23.
(2) Vit. Sol. § 9 — Arist. Nicom. 5, 8

Enfin les lois romaines prononçaient, elles aussi, dans certains cas, la peine du talion. En matière d'injures, la loi des XII tables permettait à la personne, victime d'une injure qui avait été jusqu'à la mutilation d'un membre, d'exercer la peine du talion : « Si membrum rupit, nî cum eo pâcit, talio esto (1). »

Cette première limitation, apportée au droit de punir, constituait certainement un progrès sur le droit primitif. Elle réglait l'exercice du droit de vengeance et tendait à en restreindre l'application à la proportion du préjudice éprouvé. Sous ce rapport, on y trouve un premier pas vers l'idée de justice.

Mais cette réforme ne constituait, il faut l'avouer, qu'un progrès bien insignifiant dans la législation.

Une limite plus sérieuse fut bientôt imposée au principe de la vengeance privée. Ce fut l'usage de la *composition* Le coupable, menacé de la vengeance de la partie lesée, pouvait proposer à celle-ci une transaction et lui demander de renoncer, moyennant le paiement d'une certaine somme d'argent ou l'abandon de quelqu'un de ses biens, à l'exercice de son droit de vengeance. Si cette proposition était acceptée, l'arrangement, que les parties consentaient, constituait une transaction purement privée, et la composition ne représentait qu'une des conditions, une des clauses du traité de paix conclu dans le but d'arrêter les hostilités. La peine corporelle se trouvait ainsi transformée en une peine pécuniaire. Cette coutume, dont nous trouvons déjà la trace dans les lois Grecques et Hébraïques, avaient reçu dans la législation germanique

---

(1) Aulu. Gelle, Noct. Att. X, 1.

une extension considérable. Les lois romaines, nous le verrons tout à l'heure, l'avaient aussi consacrée.

Dans le principe la composition était purement facultative. Les parties pouvaient à leur gré l'accepter ou exercer la vengeance privée. Mais c'est ici que nous voyons apparaître l'intervention de l'Etat. A mesure que la société se développera, que la notion de l'Etat se dégagera plus nettement, le pouvoir central s'efforcera d'attirer à lui la répression des crimes ; il tendra à supprimer l'exercice de ces vengeances privées, qui jettent le trouble au sein de la nation ; et, pour arriver à ce but, il favorisera par tous les moyens possibles l'usage de la composition. Il commencera par en fixer le taux, puis il permettra à l'offensé de s'adresser au juge pour l'obtenir; puis enfin il prohibera absolument l'exercice de la vengeance privée et imposera à toutes les parties la composition.

Ce travail s'accomplira lentement, par voie de réformes et d'améliorations successives; mais, lorsqu'il sera arrivé à son terme, le droit de poursuivre par la vengeance la réparation, aura disparu. La peine corporelle se trouvera transformée en une peine pécuniaire; la partie lésée ne pourra plus poursuivre par elle-même, sans jugement ni sans mesure, la réparation de l'offense, qui lui a été infligée. Elle devra s'adresser à l'Etat qui arbitrera le taux de la composition et en imposera le paiement à l'auteur du délit.

Telles sont les diverses phases que le droit pénal a dû successivement traverser chez les peuples de l'époque primitive. Ce n'est que par voie de réformes et d'améliorations, lentes mais progressives, que la vengeance privée, odieuse et arbitraire, a fini par faire place à une réparation pécuniaire, limitée et minutieusement réglementée par les lois.

Les diverses lois germaniques nous fournissent à cet égard des renseignements nombreux et précis qui nous permettent de suivre pour ainsi dire pas à pas ce travail de transformation. Les origines du droit pénal romain nous sont au contraire presque totalement inconnues. Ce n'est qu'à dater de la loi des XII tables que nous commençons à rencontrer certains textes, qui aient trait à notre matière ; et encore les quelques fragments de cette loi, qui nous sont parvenus, sont-ils trop peu précis pour que nous puissions en déduire avec certitude la nature des principes qui ont présidé à la naissance et au développement de l'action pénale à Rome.

Nous trouvons cependant dans la loi des XII tables les traces des diverses modifications qu'a subies le droit de vengeance dans la législation germanique : nous y voyons appliqués le talion, et la composition, tantôt facultative tantôt imposée suivant les cas. Ne pourrait-on pas dès lors affirmer, sans se livrer à une induction trop hardie, que la législation pénale, à dû subir à Rome les mêmes transformations, traverser les mêmes phases que la législation germanique ?

Nous pensons qu'un tel système, quelque conjectural qu'il doive nécessairement être dans le silence des textes, présente néanmoins un tel caractère de vraisemblance qu'on pourrait affirmer qu'il constitue réellement l'expression de la vérité.

Nous pouvons nous en convaincre en étudiant le système organisé par la loi des XII tables, pour réprimer les deux délits considérés comme les plus graves : l'Injure et le Vol.

En ce qui concerne les injures, la loi romaine faisait une distinction. L'injure était-elle *atroce*, consistait-elle dans la fracture d'un membre, elle était punie de la peine du talion. — Mais déjà les parties pouvaient éviter les rigueurs de cette répression au moyen de la composition. — La loi elle même le déclare : « Si membrum rupit, ni cum eo pacit, talio esto ». Mais cette composition est restée purement facultative. L'offensé est maître de l'accepter ou de la refuser à son gré.

Il en est autrement lorsque l'injure est plus légère et ne consiste pas dans la rupture d'un membre. — La loi fixe alors le taux de la composition. Et elle en impose l'usage. — L'offensé n'est plus libre de recourir à la vengeance privée ; il doit nécessairement s'adresser au juge et obtenir de lui une réparation pécuniaire, rigoureusement déterminée par la loi : pour un os fracturé ou écrasé, 300 as lorsque la victime est un homme libre, 150 quand c'est un esclave, 25 as pour les autres cas.

La loi des XII tables nous paraît donc consacrer un système intermédiaire. Dans la plupart des cas elle met obstacle à la vengeance privée, en imposant la composition ; mais, lorsque l'injure a revêtu un caractère tout particulier de gravité et a dû par suite inspirer à l'offensé un ressentiment plus vif et plus profond, la société ne se sent pas encore assez puissante pour se substituer entièrement à la victime, et elle laisse à celle-ci le droit de poursuivre elle même la réparation par la vengeance privée, sans permettre toutefois d'aller au delà de la peine du talion.

Plus tard les changements qu'éprouvèrent les mœurs et la valeur de l'argent rendirent ces dispositions insuffisantes. Alors, par une disposition spéciale relative à l'action d'injures, l'édit du préteur ordonna que le taux de la réparation du dommage, au lieu d'être fixé à l'avance par une disposition générale de la loi, serait, suivant les cas, arbitré par le plaignant lui-même ou estimé par le magistrat.

Et en même temps, et c'est là la disposition la plus importante qu'il consacra, cet édit substitua à la peine du talion, autorisée encore par la loi des XII tables dans le cas d'injure atroce, une condamnation pécuniaire ; et, dès lors, la composition, de facultative qu'elle était, devint, en matière d'injures, obligatoire dans tous les cas. Cette réforme n'introduisit pas d'ailleurs dans le droit de changement bien notable. Car la peine du talion, quoiqu'inscrite dans la loi, ne reçut peut-être jamais d'application. La plupart du temps les parties transigeaient pour une certaine somme d'argent, et dès lors il n'y avait plus de poursuite possible ; et même en cas de non-composition, la sentence du juge ne pouvait aboutir dans la plupart des cas qu'à une condamnation pécuniaire. (1).

Si nous passons maintenant aux diverses modes, organisés par la loi du XII tables, pour la répression du *Furtum*, nous pouvons nous convaincre que les règles qui ont présidé à son développement, ont présenté un caractère identique.

Lorsque la preuve du délit est incontestable, que le voleur a été pris sur le fait, en un mot que le vol est

---

(1) Aulu Gelie XX. 1.

manifeste, la loi laisse subsister le droit de vengeance privée. Mais elle le réglemente et l'organise : la victime du vol doit s'adresser au magistrat, qui constatera la réalité de son droit et remettra l'auteur du délit à sa disposition ; après cette sentence seulement, elle pourra soit en faire son esclave, soit exercer sur lui quelque vengeance qu'il lui plaira.

Mais la loi des XII tables autorisait déjà dans ce cas une sorte de composition entre les parties ; cela s'appelait : *pro fure damnum decidere oportere*; et, au moyen de cette transaction, l'action était éteinte, non point par exception seulement, mais *ipso jure* (1).

Mais, de même qu'en matière d'injure atroce, cette composition était purement facultative et l'offensé était libre de l'accepter ou de la refuser. Il restait ici encore un pas à faire pour la suppression totale de la vengeance privée. C'est au préteur que revint l'honneur de cette dernière réforme : il remplaça la peine capitale par une adjudication pécuniaire égale au quadruple de la chose volée, et supprima ainsi ce dernier vestige de l'antique théorie.

Il faut remarquer du reste que la peine capitale, dont la rigueur disproportionnée était calculée pour produire une grande intimidation, n'était applicable que lorsque le vol était manifeste, lorsque le voleur était pris sur le fait. Si ces conditions n'étaient pas réunies, si le vol n'était pas indubitable, la loi des XII tables imposait déjà la composition et elle en avait fixé le taux au double de la valeur de la chose volée.

---

(1) L. 7 § 14, 17 § 1 de pact. II. 14. — L. 54 § 5 de furtis XLVII. 2 — c. 3. c. de furtis VI. 2 — Cp. Rudorff, in Savigny ZS. XIV, 294, 295 — Rom Rechstig. II § 506 — Huschke. Gaius page 421 — Walter n° 793.

En résumé, la composition pécuniaire, facultative à l'origine, fut donc imposée, soit par la loi des XII tables, soit même antérieurement à cette loi, lorsque le vol n'était pas manifeste. Dans le cas contraire elle reste encore facultative sous cette loi ; mais elle est plus tard régulièrement portée au quadruple et rendue obligatoire par le préteur. Les diverses actions, *injuriarum, furti manifesti* ou *nec manifesti*, que nous venons d'étudier, ne sont donc qu'une transformation du droit de vengeance consacré par la législation antique. Le montant des condamnations, auxquelles elles aboutissent, représente la composition que la partie lésée eut obtenue dans le système primitif.

Telle est l'origine des actions pénales privées, dont la nature nous paraît si originale aujourd'hui. Voilà pourquoi, pour la plupart des délits, l'action en répression appartient à la partie lésée ; voilà pourquoi la peine, à laquelle elle tend, est exclusivement attribuée à l'offensé.

Les progrès de l'organisation sociale modifient peu à peu ces premiers essais de la justice pénale. La notion de l'Etat commence à se dégager d'une façon plus nette, le pouvoir central grandit. Du moment ou une autorité se développe, elle cherche à attirer à elle la distribution des châtiments, à se substituer aux parties lésées, à prononcer et à appliquer elle-même la peine que le coupable avait mérité. Le corps social, l'état prennent la querelle de l'offensé et s'identifient avec lui. C'est le droit de vengeance qui se transforme, la société menacée qui se venge elle même par des peines. Puis, peu à peu, à cette notion si fausse du principe de la répression, nous voyons s'en ajouter un autre. L'Etat entrevoit un autre but que celui de la vengeance ou de l'expiation : il sévit contre les malfaiteurs dans le seul intérêt de l'ordre et de sa propre conservation. Cicéron déclare en termes formels que toute peine n'a pour fondement que l'intérêt de l'État: *Omnem animadversionem et castigationem ad utilitatem reipublicæ pertinere* (1). Sénéque ne lui reconnaît également qu'un but, d'assurer la tranquilité publique, par la destruction des coupables *ut securiores cæteri vivant, sublatis malis* (2).

Les lois romaines affirment aussi à plusieurs reprises ce principe.

La loi 31 D. de *pœnis*, dit que le châtiment doit être infligé : *ut aliis exemplo ad deterrenda maleficia sit*. Justinien dans la novelle 17, cap 5 dit aussi : « Cum vehementiâ corrige ut paucorum supplicium alios omnes faciat salvos. »

Aussi vers la fin de la République, lorsque la décadence des mœurs et la chute des anciennes institutions eurent nécessité d'énergiques réformes dans le droit pénal, les délits publics, si rares dans la législation antique, devinrent-ils l'objet de l'attention spéciale des autorités qui gouvernaient l'Etat. Il parût concernant les crimes les plus graves des différentes espèces des lois qui organisaient pour chaque crime un tribunal spécial et permanent et édictaient les peines applicables à-sa répression. Telles furent notamment les lois Cornéliennes de Sylla, celles de Pompée, et les lois Juliæ de César et d'Octave.

Sous l'empire le mouvement continue à se développer; le nombre des délits directement punis par l'État s'ac-

---

(1) De off. lib. 3.
(2) De clementiâ I, 32 — de irâ 16. — Voyez aussi Aulu Gelle VI, 14.

croit. La plupart des délits privés finissent même par tomber sous le coup de la répression de l'État et devenir l'objet de poursuites publiques.

Aussi, pendant toute la période dans laquelle s'accomplit cette transformation, le législateur lorsqu'il se trouve nécessairement amené à créer au profit de la victime d'un délit une nouvelle action, tend-il de plus en plus à retirer à cette action le caractère purement pénal, qu'il avait attribué aux actions primitives, à l'action *injuriarum* ou à l'action *furti* par exemple. Le but auquel il tend se modifie.

L'Etat cherche à assurer à la victime du délit la réparation du préjudice qui lui a été causé et non plus à l'enrichir par l'attribution de la *pœna*. Le premier symptôme de cette tendance nouvelle se manifeste dans l'action *vi bonorum raptorum*. Lorsque le préteur eut jugé nécessaire d'instituer contre le *raptor*, c'est-à-dire le voleur avec violence, un système de répression distinct, il créa une action, qui, dans le principe, présentait tous les caractères de l'action *furti manifesti*, c'est-à-dire aboutissait à une condamnation égale au quadruple de la valeur de l'objet volé. Mais, sous l'empire des causes que nous venons de signaler, cette action tendit à se modifier, et l'opinion prévalut de comprendre dans la condamnation au quadruple l'estimation de la chose ravie (1). Telle fut l'origine des actions mixtes qui tendent, il est vrai, à l'attribution d'une peine au profit du demandeur, mais dont le but est avant tout d'assurer à celui-ci la

---

(1) Gaius IV. 5. — pr. Inst. de vi bon rapt. IV. 2.

réparation du préjudice qu'il a subi. La plupart des actions prétoriennes revêtent ce caractère.

Si cette transformation constituait en réalité un perfectionnement, en ce sens qu'elle se rapprochait d'une conception plus exacte du droit pénal, la confusion dans une seule formule de deux éléments qui devraient toujours rester indépendants, la réparation et la répression, ne fût pas sans entraîner de nombreux inconvénients ; et nous aurons souvent, dans la suite de ce travail, à signaler les difficultés et les controverses sans nombre que cette confusion fit naître dans la doctrine.

CHAPITRE PREMIER

DES DIVERSES ACTIONS QUI NAISSENT D'UN DÉLIT

SECTION PREMIÈRE.

De l'action en répression et de l'action en réparation.

La plupart des crimes offensent non seulement la société civile, mais portent encore atteinte aux intérêts des particuliers ; et dès lors un fait délictueux doit, dans toute bonne législation pénale, donner naissance à deux actions distinctes Les crimes, en tant qu'ils troublent la société civile, exigent une vengeance publique ; en tant qu'ils blessent les particuliers dans leurs personnes, leur honneur ou leurs biens, ils exigent une réparation civile, une condamnation à des dommages et intérêts.

De cette considération naissent deux manières différentes de poursuivre les crimes.

La première, qui tend à procurer au particulier offensé la réparation du préjudice qui lui a été injustement causé et à assurer ainsi l'intégrité de son patrimoine. On l'appelle action répersécutoire, *actio rei persequendæ gratiâ.*

La seconde, qui a pour base l'intérêt public et qui appartient à la société pour la punition des atteintes portées à l'ordre social. Son objet est l'application d'un châtiment, d'une peine ; aussi l'appelle-t-on action pénale, *actio pœnalis.*

Ces deux actions sont parfaitement distinctes et devraient, dans toute bonne législation, rester absolument indépendantes.

Il est facile de concevoir que, différant si profondément et par leur origine et par leur but, elles doivent être soumises à des principes essentiellement distincts et obéir à des règles qui leur sont propres.

L'action *rei persequendæ gratiâ* se transmet contre les héritiers de l'obligé ; c'est au contraire une règle absolue que les actions pénales non encore exercées s'éteignent par la mort du délinquant et ne peuvent être exercées contre ses successeurs (1). La peine est en effet essentiellement personnelle ; nous représentons nos héritiers en contractant, nous ne les représentons pas en commettant un délit.

Les actions, dont un père de famille n'est tenu qu'à raison du fait des personnes placées sous sa puissance, se donnent en général *de peculio* si elles ont pour objet la *persecutio rei*.

Quant elles sont pénales, elles ne se donnent au contraire que *noxaliter*. (2) Cela veut dire que, dans le premier cas, l'obligation du père de famille est garantie par le pécule entier, tandis que, dans le second, il peut se libérer en abandonnant l'auteur du délit.

En supposant plusieurs individus tenus de la même action à raison du même fait et de la même cause, s'il s'agit d'une action *rei persequendæ*, la satisfaction que l'un d'eux fournit libère tous les autres, car on ne se fait pas indemniser deux fois. L'action est-elle au contraire pénale, tous les délinquants sont tenus *in solidum*, en ce sens que la peine payée par l'un ne décharge par les autres. Supposons que deux personnes se soient associées pour me voler un esclave. Quand il m'aura été restitué ou que j'en aurai touché la valeur, l'action répersécutoire sera éteinte. Tout au contraire si la peine du double ou du quadruple, à laquelle aboutit

---

(1) Inst. § 1 de perpet. et temp. act. IV. 12.
(2) L. 1 § 7 de his qui eff. IX. 3.

l'action *furti* a déjà été acquittée par l'un des voleurs, chacun d'eux n'en continuera pas moins à en être tenu pour son propre compte.

L'action civile en réparation appartient au particulier lésé, qui peut en disposer à son gré, y renoncer, transiger ou s'en desister. L'action pénale en répression appartient a l'Etat qui seul peut en disposer. Sans doute il en confie nécessairement l'exercice soit à des magistrats nommés à cette effet, soit comme dans le système romain, à tous les citoyens, *cuivis ex populo* ; mais, dans l'une et l'autre hypothèse, l'action n'en continue pas moins à appartenir à l'Etat ; et ceux qui sont chargés de l'intenter, magistrats ou simples citoyens, ne peuvent dans aucun cas en disposer.

Les Romains sont loin d'avoir établi avec cette netteté et cette précision le caractère essentiellement impersonnel de l'action en répression et ils ont à cet égard établi une distinction dont nous avons déjà essayé d'expliquer l'origine et qui constitue certainement un des caractère les plus originaux du système pénal romain.

Parmi les méfaits, dont l'homme peut se rendre coupable, il en est qui semblent porter atteinte non seulement aux droits des individus, mais aux intérêts de la société elle même et méritent par conséquent une punition infligée par l'autorité sociale. Lorsque le crime revêt un caractère particulièrement grave, il donne lieu à une poursuite devant les tribunaux criminels : on donne à cette poursuite le nom d'action pénale publique.

Mais à coté de ces *crimina publica*, les Romains distinguaient certains délits, qu'ils appelaient *delicta privata*.

Certains faits dommageables, tout en leur paraissant mériter une peine, ne leur semblaient pas assez graves pour mettre en jeu l'action publique et donner lieu a un jugement public. La Société se désintéressait dans ce cas de la répression, et elle remettait au particulier et à lui seul le soin de poursuivre lui même la peine.

Cette peine que le particulier lésé poursuivait était pécuniaire.

Elle consistait dans le paiement d'une certaine somme, imposée au défendeur au profit du demandeur, et constituait donc un enrichissement pour ce dernier. Les Romains donnaient à ce mode de poursuite le nom *d'action pénale privée*: action pénale parce qu'elle n'a pas pour but de réparer le dommage, mais qu'elle tend au contraire à infliger une peine au coupable et par conséquent à punir celui-ci par une diminution de son patrimoine.

Action privée, parce que la poursuite ne constitue pas un jugement public, qu'elle n'est pas faite au nom de la société ni devant la juridiction criminelle, mais qu'elle est remise exclusivement au particulier lésé, qui seul peut l'exercer, et qu'elle tend à une condamnation pécuniaire au profit de celui-ci.

Ces actions pénales privées donnaient en en effet naissance à une instance devant les tribunaux civils ordinaires pour la poursuite d'une obligation ; les délits publics donnaient au contraire naissance à une plainte devant l'assemblée du peuple. Les premières étaient, comme d'autres parties du droit civil l'objet des prescriptions des édits du préteur; les dernières n'émanaient que de la loi elle même.

Mais, quelque profondes que soient ces distinctions, l'action pénale privée n'en constitue pas moins une action en répression, parfaitement distincte de l'action répersécutoire, et elle reste à ce titre soumise aux principes de l'action pénale, car son but est d'obtenir l'application d'une peine. C'est ainsi que l'action pénale privée, l'action *furti* ou l'action *injuriarum* par exemple, ne se donne que contre le coupable et n'est jamais accordée contre ses héritiers ; c'est ainsi encore que la peine peut être poursuivie en totalité contre chacun des auteurs du délit.

Mais les Romains n'ont pas toujours établi une distinction aussi nette entre l'action en réparation et l'action en répression et ils se sont trop souvent laissés entrainer à confondre ces deux éléments dans la même formule. Certaines actions tendent en effet à procurer en même temps la réparation du préjudice et la répression du délit, le paiement de la peine. On leur donne pour ce motif le nom d'actions mixtes, *actiones mixtæ*(1).

L'action mixte est donc celle ou l'on poursuit tout ensemble la *res* et la *pœna*. C'est ainsi, par exemple, que dans l'action *vi bonorum raptorum* le quadruple comprend, outre le montant du préjudice, la peine du triple ; de même l'action de la loi *Aquilia* est mixte, non seulement lorsqu'elle est donnée au double *adversus inficiantem*, mais encore lorsqu'elle est donnée au simple, parce qu'elle peut même dans cette hypothèse aboutir dans bien des cas à une condamnation supérieure à la valeur actuelle de l'objet (2).

Il n'y a pas au reste de règle spéciale à cet égard qui puisse enseigner à discerner l'action purement pénale de l'action mixte. Cette distinction ne peut être faite que par l'examen successif des différents délits.

La réunion dans une même formule de deux éléments si profondément distincts jette en toute cette matière beaucoup d'incertitude. Les actions mixtes ne se trouvent soumises, nous aurons souvent l'occasion de le voir, à aucun principe bien stable. Tantôt les jurisconsultes leur appliquent les règles relatives aux actions pénales, tantôt ils les traitent comme de simples actions répersécutoires et cette confusion constitue à notre avis, un des vices capitaux de la législation romaine en matière pénale.

A côté des actions pénales publiques proprement dites et des actions pénales privées, il faut encore citer les *actions populaires* qui ne rentrent ni dans l'une ni dans l'autre de ces catégories.

---

(1) § 18. Inst. de act. IV. 6
(2) § 19 ht.

Ces actions se rapportaient principalement à des questions d'intérêt général, que nous considérons aujourd'hui comme du domaine de la police. Tout citoyen pouvait les intenter, bien qu'il n'y eût aucun intérêt personnel; et à ce titre elles se rapprochaient de l'accusation pénale publique. Mais, d'un autre côté, elles étaient intentées devant les juges civils, et celui qui les faisait réussir acquérait le montant de la peine dont la loi frappait le fait illicite qui y avait donné lieu. L'action populaire présentait donc à cet égard les caractères d'une action pénale privée (1).

SECTION DEUXIÈME.

De l'action donnée à la partie lésée pour la réparation du dommage qu'elle a éprouvée.

La plupart des faits délictueux sont de nature à blesser deux intérêts distincts et donnent par suite naissance à deux actions, qui diffèrent et par leur base et par leur but.

En tant qu'ils portent atteinte à l'ordre social, ils font naître une action, qui a pour base l'intérêt public et tend à faire infliger au coupable un châtiment. Cette action appartient à la société et se nomme action en répression.

Mais le délit peut en même temps, et c'est ce qui arrivera le plus souvent, avoir blessé les particuliers dans leur personne, leur honneur ou leurs biens, et à ce titre nous voyons naître, parallèlement à l'action en répression, une action distincte, qui doit appartenir au particulier lésé, et dont le

---

(1) Voyez au Digeste le titre de popularibus actionibus XLVII. 23. — L. 2 § 34 si quid in loc, pub. XLIII. 8. — L. 3 § 9 ne quid in flumin pub. XLIII. 13 etc.

but est d'obtenir la réparation du préjudice, causé par le fait délictueux à ses intérêts privés.

On devrait poser comme base de toute bonne législation sur ce sujet le principe général que nul ne doit souffrir de délit d'autrui et que par conséquent la loi doit fournir à toute personne injustement lésée dans ses intérêts les moyens d'obtenir la réparation du préjudice, qui lui a été causé. La loi française contient à cet égard une disposition, qui consacre d'une façon aussi large que possible ces principes d'équité.

L'article 1382 du code civil porte en effet que : « Tout fait quelconque de l'homme qui cause à autrui un dommage, oblige celui par la faute duquel il est arrivé, à le réparer. »

Il ne faut pas nous attendre à trouver dans le droit romain de disposition de cette nature. Ce serait se faire une idée bien fausse du génie romain et du caractère de la législation de ce peuple.

La législation romaine ne procédait pas en effet par formules générales et abstraites. Les Romains commençaient par prévoir telle ou telle espèce de dommages, ceux qui étaient les plus frappants, ou qui, dans l'organisation sociale de l'époque étaient considérés comme les plus dangereux. A ces cas particuliers, prévus et strictement déterminés par la loi, venaient ensuite s'ajouter des hypothèses nouvelles, auxquelles le législateur n'avait pas songé tout d'abord ; et c'était le rôle des prudents et celui du préteur de combler par la voie de l'interprétation les lacunes de cette loi primitive.

C'est surtout en notre matière qu'on trouve les traces de ce curieux travail de perfectionnement et qu'on peut étudier avec fruit cette lutte incessante du progrès contre le caractère exclusif et rigoureux du vieux droit quiritaire

Il est intéressant de voir comment d'un point de départ étroit comme la loi *Aquilia*, qui ne prévoyait que certains dommages causés à des objets matériels, les Romains sont arrivés, par une série d'améliorations successives, à assurer la réparation de toute espèce de préjudice, matériel ou immatériel, provenant d'un délit ou d'une simple faute.

L'action est le terme technique pour désigner les moyens que la loi offre aux particuliers à l'effet de faire valoir leurs droits. Or, comme en fait un droit n'a d'utilité qu'en tant qu'on peut le faire valoir, on s'habitua de bonne heure a considérer l'action comme devant nécessairement accompagner tout droit. Dans le langage romain un rapport quelconque ne reçoit le nom de droit que lorsque la loi positive a créé une action pour le protéger. Il en résultait qu'a Rome une demande ne pouvait être admise, quand même elle aurait été conforme aux idées de justice et d'équité, lorsqu'elle ne s'adaptait pas entièrement à une formule existante : Le droit des Quirites n'avait pas créé de condamnation pour ce cas, et par conséquent personne ne pouvait de ce chef invoquer la protection des magistrats établis par le *jus civile*.

Nous avons donc à rechercher quelles sont les actions mises à la disposition des particuliers, pour obtenir la réparation du dommage qui leur a été causé.

Une personne peut en premier lieu avoir été dépouillée de sa chose; elle peut, d'un autre côté, avoir éprouvé du fait d'un tiers quelque dommage, soit que sa chose ait subi quelque dégradation matérielle, soit que cette personne se soit simplement trouvée pour quelque autre cause, lésée dans ses intérêts.

Nous étudierons, dans une première section, les moyens donnés à la personne volée, pour rentrer en possession de l'objet détourné ; nous rechercherons ensuite les diverses actions que le droit romain accordait à la personne lésée pour assurer la réparation des dommages, qui lui avaient été injustement causés.

§ I. — Des actions civiles données à la victime du vol.

En dehors des actions pénales, la victime du vol peut user des moyens qui lui compètent, abstraction faite du délit commis à son préjudice, en vertu du droit propre qu'elle avait sur la chose volée.

Parmi ces moyens le plus simple et le plus direct était la revendication.

Mais cette action exigeait une condition, qui en rendait en notre matière l'emploi fréquemment difficile, à savoir la possession du chef du défendeur. Or le voleur cherche naturellement à se débarrasser le plus promptement possible du corps du délit qui peut le trahir; ou, tout au moins, il a soin de le cacher de manière à rendre la preuve de la possession impossible. Le propriétaire se trouvait donc dans biens des cas complétement désarmé, car la revendication contre celui *qui dolo desiit possidere* ne fut admise que sous Adrien.

Aussi, pour remédier à l'insuffisance de cette garantie, la jurisprudence mit-elle à la disposition de la personne volée un procédé plus sûr et plus efficace. Elle admit la victime du vol à répéter la chose au moyen d'une action personnelle, d'une *condictio*.

Cette action, fondée sur ce fait que le demandeur détient la chose sans droit, constituait dans l'espèce, au moins dans le principe, une exception remarquable aux règles générales qui sont applicables à la *condictio*. Le but de la *condictio* est en effet d'obtenir la translation de la propriété d'une chose au profit du demandeur; et rigoureusement la conclusion *dare oportere* n'était pas applicable ici, par la raison qu'on ne peut pas nous donner une chose dont nous avons déjà la propriété. Gaius en fait déjà la remarque (1).

Les Romains, en accordant à la personne volée le droit d'exercice la *condictio furtiva* ont donc introduit une exception aux règles générales des actions. Leur raisonnement a sans doute été celui-ci: puisque le voleur a voulu se comporter comme propriétaire, soit ; mais au moins sera-t-il considéré comme débiteur de la chose et comme débiteur *in morâ*.

(1) Gaius VI. 4.

Au reste cette action, introduite pour assurer au vol une répression plus efficace, *odio furum*, aboutit dans la pratitique à une aggravation notable de la situation du voleur.

1º Elle est donnée contre lui, alors même qu'il ne possède pas.

2º Lorsque le possesseur meurt, la revendication et l'action *ad exhibendum*, dont il pouvait être tenu, ne se donnent contre les héritiers qu'autant qu'ils possèdent eux mêmes (1) ; La *condictio* se donne au contraire, dans tous les cas, contre les héritiers du coupables, qu'ils possèdent ou qu'ils ne possèdent pas; car s'ils ne succèdent pas à la possession de leur auteur, ils succèdent à ses dettes (2).

2º Lorsque la chose périt par cas fortuit la revendication et l'action *ad exhibendum* s'éteignent (3).

La *condictio* continue de subsister même après la perte de la chose car le vol emporte demeure et le débiteur *in morâ* est tenu des cas fortuits ; et cette décision s'applique, que la chose ait péri entre les mains du voleur ou qu'elle ait péri entre les mains de ses héritiers, car la demeure se transmet aux héritiers (4).

4º Enfin le défendeur à la revendication ou à l'action *ad exhibendum* se libère valablement en livrant la chose dans l'état ou elle se trouve sans son dol ni sa faute.

Dans la *condictio furtiva* au contraire, la condamnation se mesure toujours sur la plus haute valeur que la chose a atteinte depuis le délit, et cela quand même cette valeur aurait actuellement disparu.

On ne fait en décidant ainsi que pousser très loin le principe qui met les cas fortuits à la charge du défendeur.

Ulpien le déclare formellement dans la loi 8, § 1 de cond.

---

(1) L. 42 de rei vind. VI. 1.
(2) § 19 Inst. de obl. ex del. — L. 7 § 2 de cond. furt. XIII 1
(3) Inst. § 26 de divis. rer. II. I.
(4) L. 28 de cond. furt.

furt. XIII. 1 « Si ex causâ furtivâ res condicatur, cujus temporis existimatio fiat, quœritur. Placet tamen id tempus spectandum quo rem unquam plurimi fuit ; maxime cum deteriorem rem factam fur dando non liberatur : semper enim moram fur facere videtur. »

Tels sont les principaux moyens mis à la disposition du propriétaire volé: D'une part les actions réelles en revendication qu'il puise dans sa qualité de propriétaire, dont il n'a pu être dépouillé contre son gré ; et, d'autre part, une action personnelle en restitution, qui, dans la rigueur du droit primitif, était toujours refusée au propriétaire, mais qu'on lui accorde exceptionnellement pour mieux sauvegarder ses intérêts. Nous devons dire toutefois que cette *condictio*, qui constitua pendant longtemps une disposition absolument exorbitante du droit commun, tendit dans la suite à perdre ce caractère ; et cela provint de l'extension que les prudents donnèrent à cette action originairement destinée à sanctionner l'obligation d'une somme d'argent, étendue plus tard par la loi *Calpurnia* à toutes les obligations consistant à donner une chose determinée, *dare rem certam*, et dont on finit par étendre le principe à tous les cas ou il s'agissait d'une prestation quelconque. Et dès lors sa formule se modifia on put poursuivre en même temps toute obligation de faire : *quidquid dare facere. oportet*. C'est ainsi qu'on pût par suite de cette extension demander l'exécution d'une obligation qui consiste à nous faire restituer la simple possession d'une chose : (1) et dès ce moment il ne fut plus rare de voir le propriétaire lui même user de la *condictio* pour obtenir la restitution de la chose qui lui appartenait.

---

(1) L. 25 § 1 de furtis XLVII. 2.

§ II. — Du dommage causé à autrui.

L'équité naturelle exige que celui qui nous cause un dommage soit en détruisant notre chose, soit en la dégradant, soit en lésant nos intérêts se trouve tenu de réparer le préjudice qu'il a injustement causé.

La loi des XII tables s'était déjà occupé de cette matière mais il est bien difficile, sans tomber dans le domaine des conjectures, de reconstituer à cet égard la législation antique. Les vestiges, que nous en trouvons dans les anciens auteurs, sont trop peu nombreux. Nous savons cependant que les dispositions, que cette loi contenait sur la réparation des dommages causés par un fait illicite, se rapportaient pour la plupart à l'agriculture et punissaient de peines diverses et quelquefois très rigoureuses, puisqu'elles allaient jusqu'à la mort, les dommages causés aux arbres et aux moissons (1).

Le caractère exclusif de ces dispositions s'explique par ce fait qu'il n'y avait pas à l'origine, aux yeux du peuple romain qui était essentiellement agricole, de délit plus grave et plus sensible que celui qui était dirigé contre la fortune agricole, la seule qu'on connût alors.

Nous devons, de la législation des XII tables, passer directetement à la loi *Aquilia*, bien qu'il se soit écoulé entre ces deux lois une période de plus d'un siècle. Il ne ne nous reste en effet aucun document de nature à nous éclairer sur les dispositions législatives, qui ont nécessairement surgi sur cette matière dans un aussi long espace de temps. Les jurisconsultes n'ont pas jugé à propos de nous faire connaître

---

(1) Pline H. N. XVII. 1 et 3; XXVIII, 2. — Servius, ad. Virg. egl. VII, 99. — Sénèque. Quæst. nat. IV, 7.

cette législation intermédiaire, par la raison que la loi *Aquilia* déroge à toutes les dispositions antérieures :

« Lex Aquilia, omnibus legibus, quœ antèa de damno injuriâ locuta sunt, derogavit, sive XII tabulis sive alia quæ fuit, quas leges nunc referre non est necesse (1). »

Une matière aussi importante demandait cependant à être réglementée ; car les dispositions de la loi des XII tables étaient devenues, par suite de l'extension des transactions sociales et du développement de la fortune publique, manifestement insuffisantes.

C'est pour répondre à cette nécessité que fut votée la loi *Aquilia*. Cette loi, ou plutôt ce plébiscite, fut proposée par le tribun Aquilius Gallus, et date, suivant l'opinion de Théophile, de la troisième sécession de la plèbe. Lorsque celle-ci se retira sur le Janicule, elle obtint le droit de voter des plébiscites auxquels la loi *Hortensia* attribua les mêmes effets qu'aux décisions des anciens comices. La loi *Aquilia* fut peut être le premier essai que les plébéiens aient fait du droit nouveau qui venait de leur être concédé.

Cette loi a pour but de réprimer le dommage injustement causé à autrui ; le delit qu'elle prévoit s'appelle *damnum injuriâ datum*.

Quoiqu'elle soit, à certains égards, mélangé d'un élément pénal, elle a pour but principal d'indemniser la partie lésée. L'action qu'elle organise appartient donc par la nature des choses au droit civil et ne revêt qu'à certains égards le caractère d'une action en répression. C'est donc ici que nous devons surtout l'étudier.

La loi *Aquilia* comprenait trois chapitres.

Le premier prévoyait le meurtre des esclaves et de certains animaux : *alienum servum, quadrupedem vel pecudem*. On s'accordait généralement à comprendre parmi ces ani-

(1) L. 1. ad. leg. Aq. IX. 2.

maux ceux qui vont en troupe et rendent les mêmes services que les bêtes de somme.

Celui qui a tué *injuriâ* un esclave ou un animal de cette espèce est tenu de payer la plus grande valeur que cet animal ou cet esclave a atteinte dans l'année du délit.

Le second chef de la loi *Aquilia* réglait une hypothèse, qui nous est absolument étrangère.

Le troisième chapitre de cette loi réprimait tous les dommages matériels qui ne rentraient pas dans le premier, c'est-à-dire: Les dommages qui, sans aller jusqu'au meurtre, atteignaient un esclave ou un des animaux précédemment indiqués.

Ceux qui atteignaient un animal quelconque non compris dans le premier chef, qu'il y ait eu mort ou non;

Enfin ceux qui portaient sur une chose inanimée, mobilière ou immobilière, qu'il y ait eu destruction ou simple détérioration.

L'action, résultant de ce chef, aboutit à faire prononcer contre l'auteur du dommage une condamnation égale à la plus haute valeur que la chose ait atteinte durant les trente jours qui ont précédé le délit.

Ce chapitre, il est facile de s'en convaincre, est évidemment le plus compréhensif et le seul vraiment général. Il nous montre que le but de la loi *Aquilia* fut de garantir absolument la propriété contre les atteintes des tiers.

La loi *Aquilia* tendait donc, si nous l'examinons dans l'ensemble de ses dispositions, à réparer le préjudice injustement causé à autrui.

Elle supposait un dommage réellement causé à autrui, un dommage causé *injuriâ* c'est-à-dire à tort, résultant du dol ou de la faute et non d'une simple négligence.

Le législateur avait voulu que la personne lésée trouvât dans tous les cas la réparation intégrale du préjudice, qui lui avait été causé; et non seulement ce préjudice s'apprécie d'après la valeur vénale de la chose qui a été endommagée ou détruite, mais encore les jurisconsultes veulent avec beaucoup de raison qu'on tienne compte au demandeur des pertes accessoires qu'il a pu subir comme aussi des gains dont il a été frustré. S'agit-il par exemple d'un *chirographum* détruit, la condamnation contiendra le montant de la créance (1). S'agit-il d'un esclave tué, s'il était dû *sub pœnâ* ou qu'une hérédité lui fut déférée, il faudrait ajouter à sa valeur ce que le maître perd à payer la peine ou ce qu'il eut gagné a recueillir l'hérédité (2).

La loi *Aquilia* contenait de nombreuses lacunes. Le législateur en avait soumis l'exercice à des conditions rigoureuses et en avait singulièrement restreint les limites d'application. Et en effet, d'une part, cette loi n'avait eu pour but que de réprimer le dommage matériel causé à une chose corporelle ; et d'autre part elle était loin d'assurer la réparation de tous les préjudices de cette nature.

Il fallait en premier lieu, pour qu'elle fut applicable, que le dommage fut causé *corpori*, c'est-à-dire qu'il consistât essentiellement dans la dégradation d'une chose corporelle. Tout autre dommage, si grave qu'il fut, restait impuni.

Mais cette condition ne suffisait pas et la loi était bien loin d'assurer même la réparation de tous les dommages matériels.

1° L'action ne naissait pas en effet lorsque le dommage affectait une chose qui se trouvait en dehors du commerce.

2° Elle n'était accordée qu'au propriétaire, et était refusée lorsque c'était un autre que celui-ci qui avait souffert du dommage.

3° Enfin la loi ne s'appliquait que lorsque ce dommage avait été causé *corpore*, c'est-à-dire qu'il devait résulter directement du fait même du délinquant et non pas de l'action d'une cause étrangère que ce fait a mis en mouvement.

---

(1) § 16. Inst. de leg. Aquil. IV, 3.
(2) LL. 2, 1 § 2, 23 ad. leg. Aquil. IX, 2

Ainsi, par exemple, je tue votre esclave, je suis passible des peines de la loi *Aquilia*. Je l'enferme et je le laisse mourir de faim, je ne puis pas être poursuivi, en vertu de cette loi, parce que la mort n'a pas été la conséquence directe de mon fait ; je n'ai pas causé le dommage *corpore meo*, je l'ai occasionné plutôt que je ne l'ai commis. Et dès lors l'acte, qu'on me reproche, ne tombe pas directement sous le coup de la loi.

De même je mets aux mains de votre esclave le glaive dont il doit se percer, le poison qui doit lui procurer la mort, je ne tombe pas sous le coup de la loi *Aquilia*. Je ne suis poursuivable que si j'ai frappé moi-même l'esclave, ou si je lui ai personnellement administré le poison (1).

Sur ces trois points, la loi était manifestement incomplète et présentait des lacunes, qu'il était nécessaire de combler.

Aussi ne faut-il pas nous étonner de rencontrer ici, comme partout où il y avait des réformes utiles à opérer, l'action bienfaisante du préteur.

C'est qu'en effet sous l'empire d'une législation aussi laconique que celle de Rome, à une époque où l'on ne se faisait pas sur la séparation des pouvoirs des idées aussi absolues que celles que nous professons aujourd'hui, les magistrats chargés d'exercer la juridiction, et en particulier le préteur, avaient le droit de publier des réglements sur l'exercice de leur propre juridiction et sur les moyens qu'ils emploieraient pour procurer l'exécution des lois dont ils étaient chargés. La loi *Cornelia* leur en avait même fait un devoir. Ainsi se produisit, sans aucune loi qui l'ait introduit, mais par l'usage, par la nature des idées et le caractère des institutions, le droit des édits, destiné avant tout à procurer exécution, à donner secours au droit civil, mais employé le plus souvent à suppléer aux lacunes de ce droit et à en corriger les défectuosités. Ces édits n'étaient sans doute que des actes

---

(1) LL. 7 § 6, 9 pr, ht, — L. 56 loc cond. XIX. 2.

émanés de la puissance personnelle du magistrat, ils ne provenaient pas de la puissance législative et devaient à ce titre expirer avec les pouvoirs de leurs auteurs. Mais le plus souvent le préteur qui suivait, les maintenait et se les appropriait ; et il se rencontrait des dispositions si utiles qu'elles se transmettaient d'année en année et figuraient régulièrement dans tous les édits. L'usage successif en fit une espèce de loi, et l'édit prétorien, compté déjà par Cicéron au nombre des sources les plus importantes du droit coutumier, vint plus tard prendre place dans le droit écrit.

Telle est l'origine du droit prétorien qui marcha dans la jurisprudence romaine parallèlement avec le droit écrit. Il ne repose pas sur les principes rigoureux et sévères du droit civil : il admet des tempéraments ; et à ce titre il convenait mieux aux besoins d'une époque plus avancée et préparait la disparition successive du droit primitif.

Nous trouvons peut-être en cette matière plus qu'en aucune autre les traces de ce travail de perfectionnement lent mais progressif et continu ; et il est curieux de rechercher comment, en partant d'une loi, rigoureuse dans son texte, étroite dans son principe, les Romains sont parvenus à assurer presque complétement la réparation des dommages de toute nature causés à autrui.

La loi *Aquilia*, nous venons de le voir, laissait sans réparation de nombreuses catégories de dommages et soumettait l'exercice de l'action qu'elle avait créée, à des conditions rigoureuses et strictement déterminées.

Il fallait pour que cette action fut accordée que la chose fut dans le commerce, que le dommage fut causé *corpore* et enfin que la personne lésée fut le propriétaire lui-même.

Si ces conditions n'étaient pas remplies, l'action dans le principe était refusée ; mais le préteur intervint et fit sortir la loi des limites étroites qui lui avaient été primitivement assignées. Le préteur, et c'était là le moyen auquel il recourait le plus souvent, pouvait par voie d'analogie étendre des actions civiles à des cas qui ne réunissaient pas véritablement tous les caractères exigés par le droit civil. Il créait alors une action qu'on qualifiait d'utile, par opposition à l'action dérivant du droit civil, qu'on nommait directe.

Grâce à l'emploi de ce procédé le préteur parvint à enlever aux dispositions de la loi *Aquilia,* le caractère étroit et restrictif, qui résultait de sa rédaction, et à en étendre le bénéfice aux trois hypothèses que nous venons d'indiquer.

Supposons d'abord que la chose détruite ou endommagée fut hors du commerce. Ici comme en général aucun intérêt privé n'est en jeu et que d'ailleurs les lois répressives ne manquaient pas, il n'y avait guère lieu à l'action utile de la loi *Aquilia* ; et cependant on la donne sans difficulté, lorsqu'il s'agit de coups et de blessures portés à un homme libre (1).

Si la personne lésée était autre que le propriétaire, l'action utile de la loi *Aquilia* est encore accordée et nous savons qu'elle l'est d'une façon générale ; c'est ainsi qu'on la donne à l'usufruitier, à l'usager et à tous ceux qui ont un *jus in re* sur la chose ou aux risques desquels elle est, en un mot à tous ceux qui ont un intérêt direct et immédiat à sa conservation. Notons toutefois qu'on la refuse au simple créancier (2).

Enfin, et c'est là le point particulièrement curieux de cette réforme, le préteur accorde une action utile toutes les fois que le dommage n'a pas été causé *corpore.* La solution du droit civil ne reposait que sur une subtilité injustifiable : car, que je tue votre esclave de ma propre main, ou que l'ayant enfermé, je l'amène à mourir lentement d'inanition, quelle différence peut-on établir entre ces deux faits, soit qu'on s'attache à la faute commise soit que l'on considère

---

(1) L.L. 5 § 3, 6, 8 pr. ht.

(2) L. 7 § 4 de dol. mal, III. 3. — L. 17 § 3 de usufr. VII. 1. — L.L. 11 § 10, 12. ad eg. Aq.

le dommage qu'elle a entraîné. Aussi le préteur écarte-t-il toutes ces subtilités et accorde-t-il dans ce cas l'action utile (1).

Grâce à cette dernière extension, on peut dire que l'action de la loi *Aquilia* réprime pleinement les atteintes matérielles portées à la propriété ; et c'est ce qui explique peut-être pourquoi les rédacteurs du Code Justinien ont placé le titre consacré à la loi *Aquilia* (III. 35) immédiatement après les titres qui s'occupent de la propriété et de ses démembrements.

Mais la loi *Aquilia* laissait absolument de côté les dommages même les plus considérables et les plus injustes qui n'atteignaient pas une chose corporelle : *non corpori datum*, c'està-dire qui ne consistaient pas dans la destruction ou la dégradation d'un objet matériel. C'était là certainement la lacune la plus considérable qu'on eut à lui reprocher. Le préteur pour la combler, ne pouvait plus recourir ici au procédé si ingénieux, qu'il avait employé dans les hypothèses précédentes et créer pour ce genre de préjudice une action utile. Il n'était plus possible d'étendre ici les dispositions de la loi *Aquilia*. Cette loi n'avait en effet visé que le dommage matériel. Le mot *rupere*, qui figure dans la rédaction de son texte, déterminait en effet trop nettement la nature du dommage qu'elle avait eu en vue. Il fallait donc de toute nécessité établir, à côté de cette loi, un système complémentaire, qui embrassât tous les dommages, qu'on ne pouvait, même par voie d'analogie, faire rentrer dans ses termes. Ce fut le rôle du préteur ; mais il dut ici créer de toutes pièces une action nouvelle.

Ce système apparaît vers la fin du septième siècle de Rome et peut se résumer ainsi. Partout ou un dommage causé sans droit ne peut-être réparé par aucune autre voie légale, le

---

(1) § 16. Inst. h t. — L. 53 D. h. t. — L. 4 de serv. corr. XI. 3

préteur donne : s'il y a eu dol l'action *de dolo*, sinon une action *in factum*.

L'une et l'autre de ces actions tendent à rendre le demandeur pleinement indemne, mais ne doivent jamais aboutir à l'enrichir, et à ce titre elles diffèrent de la plupart de celles que nous venons d'étudier.

A. — De l'Action *de Dolo*

D'après le droit civil, le dol, même le plus dommageable, n'était pas en principe une cause d'obligation ou d'action. L'auteur du dol échappait à toute poursuite, et celui qui en avait été la victime ne trouvait dans le droit commun aucun moyen d'obtenir la réparation du préjudice qu'il avait subi.

Sans doute, si le fait constituait par lui-même un délit, soit à raison même du dol comme le *furtum*, soit indépendamment du dol comme le délit de la loi *Aquilia*, la personne lésée pouvait exercer l'action que faisait naître ce délit. Mais, en dehors de cette hypothèse le dol restait par lui-même à l'abri de toute répression.

Il y avait là une iniquité qui blessait la conscience et une lacune évidente dans la législation. Aussi ne faut il pas nous étonner de voir le préteur s'empresser de la combler.

En l'an de Rome 688, le préteur Aquilius Gallus, le collègue et l'ami de Cicéron, proposa dans son édit une action, qui avait pour but d'assurer dans tous les cas à la personne lésée la réparation du préjudice causé par le dol.

Il attacha à cette action un caractère absolu et général. Cicéron la compose à un filet ou viennent se prendre toutes les fraudes : *everriculum malitiarum omnium* (1).

Cette action trouvait dans l'équité une base si solide, elle répondait à un besoin si réel que tous les édits subsé-

---

(1) Cicéron de off. III. 14 — de nat. deor. III, 30.

quents la reproduisirent et qu'elle constitue une des créations les plus remarquables, les plus utiles et les plus fixes du droit prétorien.

Elle tend, et c'est là son but principal, à assurer la réparation du préjudice causé par le dol, et à indemniser la personne lésée de la diminution de son patrimoine (1).

Nous n'avons pas à rechercher ici quels étaient en droit romain les caractères constitutifs du dol. Le préteur Aquilius, qui a créé l'action de dol, n'avait eu en vue, nous apprend Servius Sulpicius son élève, que la simulation qui tend à tromper un tiers. Mais le principe était posé ; et la Jurisprudence et les préteurs qui suivirent en élargirent singulièrement l'application. Labéon, le premier, avait critiqué les limites étroites dans lesquelles on voulait enfermer la nouvelle action ; et peu à peu sous l'influence des prudents et grâce aux perfectionnements successifs apportés dans la rédaction de l'édit, on vit la notion du dol s'élargir et finir par embrasser tous les actes de mauvaise foi qui avaient porté préjudice à un tiers

Ulpien y fait rentrer toutes les ruses, fourberies ou manœuvres qui tendent à tromper un tiers : « Dolum malum Servius quidem ità definit machinationem quandam alterius decipiendi causâ cum aliud simulatur et aliud agitur. Labeo autem posse (et) sine simulatione, id agi, ut quis circunveniatur : posse et sine dolo malo aliud agi, aliud simulari : sicuti faciunt qui per ejusmodi dissimulationem deserviant, et tuentur vel sua vel aliena. Itaque ipse sic definit dolum malum esse *omnem calliditatem, fallaciam, machinationem ad circumveniendum, fallendum, decipiendum alterum adhibitam.* La beonis definitio vera est (2). »

Dans le dernier état du droit romain, peut-être peut on supprimer toute définition et dire avec Paul que tout ici se

---

(1) L. 1 pr de dol, mal. IV. 3.
(2) L. 1 § 2 de dol. mal.

ramène à une pure question de fait « Sed an dolo, quid factum sit, ex facto intelligitur (1) ».

L'action de dol tend uniquement à assurer la réparation du préjudice causé de mauvaise foi. Il semble donc qu'elle devrait à cet égard constituer une action purement civile et être soumise à toutes les règles, qui régissent les actions répersécutoires. Il n'en était cependant point ainsi. Les Romains se sont encore ici laissés malheureusement entraîner à confondre l'action en répression avec l'action en réparation, à unir deux éléments qui devraient, dans toute bonne législation, rester toujours indépendants ; et ils ont à beaucoup d'égards traité l'action de dol comme une action pénale. Ils la font à grand tort naître *ex delicto*, et dans bien des cas lui appliquent les règles des actions pénales (2).

C'est ainsi, par exemple, que l'action *de dolo* meurt avec l'auteur du dol et ne se transmet point contre ses héritiers.

De même lorsque cette action a son origine dans le fait d'une personne *alieni juris*, le père de famille n'est tenu que *noxaliter*, tandis qu'il serait tenu jusqu'à concurrence du pécule si l'action était répersécutoire (3).

De plus l'action est annale, comme la plupart des actions pénales qui procèdent de la juridiction du préteur.

Il faut remarquer toutefois qu'on ne lui applique pas sans distinction tous les principes des actions pénales. Lorsque l'action de dol résulte du fait de plusieurs personnes chacune d'elles peut être poursuivie *in solidum*; mais un seul paiement les libère toutes (4). L'action *de dolo* est donc à cet égard traitée comme une action répersécutoire, et cela se comprend, puisqu'elle a pour objet la réparation d'un dommage.

Enfin l'action de dol entraine l'infamie ; et c'est ce qui

---

(1) L. 1 § 2 de dol mal et met. exc. XLIV. 4.
(2) L. 29. ht.
(3) L. 9 § 4. ht.
(4) L. 17 pr. ht.

contribue peut être le plus à lui imprimer un caractère pénal. Le préteur cherche, autant que possible, à éviter un résultat aussi grave ; il répugne, pour ainsi dire, à user de cette action ; aussi ne l'accorde-t-il que très difficilement et à défaut de toute autre voie de recours.

L'action de dol est en effet subsidiaire, c'est-à-dire qu'elle n'est accordée que lorsque le demandeur ne peut par aucune autre action obtenir la réparation du dommage qui lui a été causé. Une autre action même pénale suffit pour l'écarter.

Elle est arbitraire, c'est-à-dire que le défendeur peut en exécutant la satisfaction arbitrée et ordonnée par le juge, éviter la condamnation et se soustraire par conséquent à l'infamie.

Enfin, elle n'est donnée que *causâ cognitâ*, « si justa causa videbitur »; c'est-à-dire que, nonobstant la réunion des conditions essentielles de l'action, en tenant les faits allégués par le demandeur pour vrais et assez graves pour constituer un dol, le préteur ne s'en réserve pas moins le droit absolu d'accorder ou de refuser l'action, suivant son bon plaisir (1).

Enfin le préteur la refuse dans certains cas pour des raisons de convenance. C'est ainsi que l'affranchine peut l'exercer contre son patron, le descendant contre son ascendant (2).

B. — Des actions in factum données à défaut de l'action *de dolo*.

La création de l'action *de dolo* constituait dans la législation romaine un perfectionnement notable. Elle aboutissait à procurer la réparation du préjudice causé de mauvaise foi, préjudice qui jusqu'alors était resté souvent impuni, puisque

---

(1) LL. 1 § 1, 7 § 10, 9 § 5, 11 pr. ht.
(2) L. 11 § 1 ht.

la loi *Aquilia* ne prévoyait que le dommage matériel causé à un objet corporel.

Cette action ne laissait pas néanmoins que d'être insuffisante dans bien des cas :

En premier lieu elle n'atteignait que les faits délictueux et n'assurait pas la réparation du préjudice causé par simple faute. A défaut d'aucune autre voie de droit commun, la personne lésée se trouvait dans l'impossibilité de se faire indemniser.

En second lieu l'action *de dolo*, à raison du caractère pénal que les Romains avaient cru, par une confusion malheureuse, devoir lui attribuer, en raison aussi du caractère infamant qui y était attaché, était subordonnée, nous venons de le voir, à des conditions rigoureuses qui en rendaient trop souvent l'exercice impossible ; elle était essentiellement personnelle et ne pouvait être donnée que contre le délinquant lui-même : il en résultait, d'abord, que si le dol avait été commis par un administrateur de la fortune d'autrui, un mandataire ou un tuteur par exemple, l'action n'était pas donnée contre ceux qui avaient bénéficié du dol commis par leurs représentants (1). Il en résultait en second lieu, qu'elle était intransmissible passivement et ne pouvait être exercée contre les héritiers du délinquant (2).

En outre, elle était annale et refusée contre le délinquant lui-même lorsque la poursuite n'avait pas été exercée dans l'année utile, alors même que son dol l'aurait enrichi (3).

Dans tous ces cas l'action *de dolo* est refusée, mais le préteur la remplace par des actions *in factum*, qui s'en distinguent essentiellement, non par le caractère général de leur forme, puisque l'action *de dolo* est conçue elle même *in factum*, mais par les résultats auxquels elles aboutissent.

---

(1) L. 15 pr. § 1 et 3. ht.
(2) LL. 26 à 30 ht. — L. 35 pr. de obl. et act. XLIV. 6.
(3) L. 28. ht.

Ces actions n'ont en effet aucun caractère pénal, elles n'entrainent point l'infamie ; et dès lors sont soumises aux principes qui régissent les actions répersécutoires. Elles sont par conséquent perpétuelles ; elles n'affectent point un caractère personnel, et peuvent être exercées contre les héritiers et contre les personnes représentées dans la limite de leur enrichissement : *quatenus locupletiores facti sunt.*

Il est facile de se convaincre que l'action *in factum* accordée dans ces conditions vient combler les lacunes, qu'avait laissées l'action *de dolo*, et lui est de beaucoup supérieure.

Cette action revêtait toutefois un caractère particulier dans un cas spécial. Lorsque l'action *de dolo* était refusée par des motifs de convenance, à raison de la qualité de la personne contre qui on voulait l'exercer, le préteur accordait aussi une action *in factum*, mais cette action diffère profondément de celle qui était donnée dans les hypothèses précédentes. Elle ne constitue qu'une simple modification de l'action *de dolo*. On lui enlève le nom d'action de dol ; mais, sauf l'infamie, elle en produit tous les effets ; et on la tient pour pénale au même titre qu'elle. Elle expire par une année utile et n'est point donnée contre les héritiers du délinquant. Autrement celui-ci n'éviterait l'infamie que pour voir à d'autres égards sa condition fort aggravée.

L'action, délivrée dans ces conditions, a-t-elle pour résultat, comme l'action *de dolo* proprement dite, de procurer à la partie lésée la réparation totale du préjudice qui lui a été causé, ou n'aboutit-elle comme dans les hypothèses précédentes, qu'à une condamnation limitée à l'enrichissement de l'auteur du dol ? Il y a controverse sur ce point. La loi 12 pr. ht. parait limiter l'action à l'enrichissement. Mais M. Accarias pense que cette ligne de Paul, intercalée entre deux textes d'Ulpien, n'est pas assez précise, et qu'il vaut mieux s'en tenir au motif pour lequel le préteur a cru devoir substituer l'action *in factum* à l'action *de dolo*. Les convenances voulaient que le défendeur échappât à l'infamie, mais n'exigeaient pas que le demandeur fut constitué en perte. Le savant auteur estime en conséquence que l'action *in factum* procurait dans ce cas à la partie lésée la réparation totale du préjudice.

L'action *de dolo* n'était applicable que lorsque le dommage avait été causé par un fait délictueux. Elle ne pouvait être accordée si le préjudice, causé à autrui, résultait de la simple faute. Ce préjudice restait donc sans réparation, à moins qu'il ne rentrât sous un des chefs de la loi *Aquilia*, qui, nous le savons, ne faisait pas de distinction à cet égard, ou que la personne lésée n'eût à sa disposition quelque action contractuelle.

Mais, ici encore, le préteur intervint et assura la réparation du dommage en accordant une action *in factum* (1).

Cette action tend à la réparation intégrale du préjudice causé, et elle est à beaucoup d'égards bien plus avantageuse que l'action de dol. L'exercice en est moins périlleux et la preuve est plus facile à fournir ; car le dol ne se présume pas et on peut avoir beaucoup de peine à l'établir. Aussi les parties y recourent-elles de préférence. C'est ce qui nous explique pourquoi les Jurisconsultes, et notamment Ulpien et Paul, lorsqu'ils s'occupent des hypothèses ou la loi *Aquilia* ne peut recevoir d'application, font souvent abstraction de l'action *de dolo* et présentent l'action *in factum*, comme celle qui est régulièrement destinée à combler la lacune (2).

Il est assez difficile de déterminer les caractères de cette action. M. Accarias (Précis II, n° 843 3°) estime que cette action n'est ni perpétuelle ni transmissible passivement ; et il en donne pour raison que la faute ne saurait être punie avec plus de sévérité que le dol.

Quelque considérable que soit une telle autorité, nous

---

(1) Inst. § 11 de obl. ex del. ; § 16 de leg. Aquil. — L. 7 § 7 de dol. mal. — L. 14 pr. de præsc. verb. XIX. 5. — L. 55, de acq. rer. dom. XLI. 1.
(2) LL. 27, § 14, 33 § 1 ad leg. Aquil. — § 16 Inst. ht.

avouerons que cette solution n'est pas sans nous laisser des doutes sérieux. Nous opinerions assez à croire, dans le silence absolu des textes, que cette action était au contraire perpétuelle et transmissible. C'est qu'en effet elle ne présente pas, comme l'action de dol, de caractère pénal ; elle tend uniquement à la réparation du préjudice causé et elle doit, nous semble-t-il, être soumise dès lors aux principes qui régissent les actions répersécutoires. Quelque ingénieux que soit l'argument que le savant auteur invoque à l'appui de son affirmation, il ne suffit pas à nous convaincre. Il n'y a là au reste qu'un simple doute que nous émettons ; car les textes sont muets ; et la solution qu'on peut adopter, dans leur silence, risquera fort de présenter toujours un caractère purement hypothétique.

« Envisagée dans cet ordre d'application, qui est sans contredit le plus compréhensif, dit M. Accarias (1), l'action *in factum* supplée d'une manière générale à l'insuffisance de l'action *de dolo*, et l'une et l'autre comblent une vaste lacune laissée par la loi *Aquilia* (2). S'agit-il en effet d'un dommage matériel qui affecte la chose d'autrui, la personne lésée est investi de l'action Aquilienne, directe ou utile. S'agit-il d'une autre espèce de dommage, l'action Aquilienne est remplacée par l'action *de dolo*, s'il y a eu dol et par l'action *in factum*, s'il y a simplement eu faute ou que la preuve du dol soit trop difficile à fournir. — Ces trois actions réunies forment donc un système de répression complet, relativement aux dommages qui ont été causés sans droit et en dehors de toute relation contractuelle ».

Les Romains seraient donc arrivés, dans le dernier état de leur droit, à une conception complète du principe général de notre article 1382. — Cette affirmation n'est peut-être pas sans présenter un caractère un peu trop absolu. Que les

---

(1) Loc., cit.
(2) L. 33 § 1. ad. leg. Aquil.

Romains soient parvenus à procurer la réparation de toutes les natures de dommages ; que tout ce travail de perfectionnement que nous venons d'étudier, ait abouti à assurer dans tous les cas à la personne lésée une action qui lui permette d'obtenir une indemnité pour le préjudice qui lui a été causé, nous le voulons bien. Mais les procédés, qu'ils ont cru devoir employer pour obtenir ce résultat, constituaient en réalité le système romain en notable infériorité sur le notre et devaient aboutir dans bien des cas à paralyser les effets qu'on aurait pu attendre des réformes du préteur et à faire souvent obstacle à la réparation complète de bien des préjudices injustement causés. — Et cela provient d'un vice capital de la théorie romaine, que nous signalions déjà au début de cette étude. — C'est que les Jurisconsultes, à Rome, n'ont pas su établir entre la réparation du dommage et l'action en répression, de distinction bien nette. — Trop souvent, ils se sont laissés entraîner à confondre ces deux éléments, qui devraient toujours rester distincts. Et dans les cas mêmes ou l'action ne tendait qu'à assurer la réparation du dommage, la *res*, ils continuèrent néanmoins à lui reconnaître, un caractère pénal. — C'est ce que nous voyons par exemple pour l'action *de dolo*.

Cette confusion aboutissait pratiquement à soumettre des actions, qui n'auraient dû tendre en réalité qu'à la réparation du dommage, aux règles rigoureuses applicables aux actions pénales, à les rendre par exemple annales et intransmissibles passivement. — Le délai d'une année est-il expiré, le coupable est-il décédé, la partie lésée ne peut plus obtenir la réparation du préjudice que d'une manière incomplète, puisque l'action *in factum*, accordée dans ce cas par le préteur est limitée à l'enrichissement de celui contre qui on l'exerce. Voilà donc deux hypothèses ou la théorie romaine est manifestement insuffisante à procurer la réparation du dommage et ou la supériorité de notre article 1382 ne saurait être mise en doute.

Ajoutons toutefois que si, contrairement à l'opinion généralement admise, on reconnaissait avec nous que l'action *in factum* tendant à la réparation du dommage causé par simple faute, est perpétuelle et transmissible passivement, on pourrait peut-être affirmer que cette action aboutissait dans tous les cas à la réparation intégrale du dommage et contenait ainsi en germe le principe général et absolu de l'article 1382. Mais cette affirmation présente, nous le savons un caractère purement conjectural ; elle parait à beaucoup d'auteurs contredite par les principes qui président en général à la création des actions *in factum* ; et dès lors nous en sommes reduits à n'émettre ici qu'une simple supposition.

CHAPITRE DEUXIÈME.

DES PERSONNES, A QUI APPARTIENNENT L'ACTION EN RÉPRESSION ET L'ACTION EN RÉPARATION.

Les lois pénales sont destinées à protéger et à maintenir le lien social en réprimant les faits qui portent atteinte à l'ordre établi, à la personne des citoyens ou à leur propriété. Il est vrai de dire en ce sens que l'action en répression appartient à la société toute entière, car elle a pour but sa conservation.

Le droit d'accuser c'est-à-dire de forcer un citoyen à se justifier de l'imputation d'un crime ou d'un délit et de provoquer contre lui la vengeance des lois est un des attributs les plus importants peut-être de la puissance publique. Selon que les personnes chargées de ce pouvoir l'exerceront, les lois pénales seront un frein salutaire, réprimeront les passions coupables, affermiront le bon ordre et assureront la paix et la tranquilité des citoyens, ou bien elles ne seront que de vaines menaces ou des moyens odieux de persécution.

Le droit d'accusation appartient à la société, mais à qui doit en être délégué l'exercice? Doit-il être laissé à l'initiative individuelle des citoyens? Convient-il au contraire de le déléguer à un fonctionnaire obligé, par le titre de son office, de surveiller les actions des citoyens, de dénoncer aux tribunaux tout ce qui pourrait troubler l'harmonie sociale et d'appeler l'attention des juges et la vengeance des lois sur tous les crimes et même sur les moindres délits?

Les transformations successives de la procédure criminelle chez les Romains offrent à cet égard une étude pleine d'intérêt. C'est qu'en effet la solution de cette question se lie intimement avec les diverses phases politiques d'un état et varie avec tous les développements de son système administratif. Le droit d'accusation est un des attributs les plus importants de la souveraineté, et comme tel, l'exercice de ce droit doit être en harmonie avec la constitution du pays ou il s'exerce. Aucun changement important ne peut s'accomplir dans la constitution, sans entrainer un changement analogue dans la manière de poursuivre les crimes et de rendre la justice. Aussi les formes de l'accusation ont elles varié aux différentes époques, suivant que la souveraineté à résidé sur des rois, dans la masse du peuple ou qu'elle a passé dans les mains des empereurs. On ne peut donc se rendre compte des transformations succcessives qu'elles ont subies, sans étudier en même temps les variations qui se produisirent dans l'organisation de la procédure criminelle. Il convient à cet égard de distinguer plusieurs périodes. La première s'étend jusqu'a la loi *Valeria*, qui établit l'appel au peuple ; la seconde jusqu'à l'institution des *quæstiones perpetuæ* ; la troisième jusqu'a l'introduction définitive de la procédure extraordinaire sous Dioclétien ; la quatrième comprend les derniers temps de l'empire.

Dans les premiers temps de Rome, le droit de punir les citoyens dans leur corps, leur vie et leurs biens était un des attributs de la toute puissance attachée à la souveraineté royale. L'exercice de ce droit était uniquement réglé par la coutume, c'est ce qui explique l'incertitude qui règne sur la procédure pendant toute cette période. Il est probable toutefois que les pouvoirs du roi n'étaient soumis qu'à très peu de restrictions, et qu'en particulier ses décisions n'étaient point exposées à la *provocatio* (1).

---

(1) Walter n° 828. — Wœniger. *das Provocation verfahren der Römer*. — Laboulaye. Essai sur les lois criminelles des Romains Liv. 1er ch. 1er. — Tite Live L. 28.

Sans vouloir entrer dans la controverse qui a été soulevée à ce sujet, nous ne pensons pas que le caractère absolu et essentiellement théocratique de la royauté chez les Romains permit qu'on pût en réformer les arrêts.

Le roi jugeait lui-même, avec ou sans l'assistance d'un conseil, les crimes les plus graves. Lorsqu'il le jugeait à propos, le plus souvent pour les délits moins importants, il abandonnait le jugement à quelques sénateurs ou à des citoyens choisis par les comices-curies. (1).

Les citoyens chargés de cette magistrature extraordinaire s'appelaient *inquisitores* ou *quæstores*. C'est ainsi que nous voyons figurer dans les procès criminels des premiers temps des *duoviri perduellionis* ou des *quæstores parricidii*.

Leurs pouvoirs variaient avec la teneur du mandat qu'ils recevaient lors de leur nomination. Tantôt ils étaient chargés de prononcer eux-mêmes le jugement. Tite Live nous montre roi le Tullus nommant des duumvirs pour juger le crime d'Horace selon la loi (2).

Dans ce cas leur jugement pouvait toujours être déféré au peuple, réuni dans ses comices (3).

Tantôt au contraire, leurs fonctions se bornaient à rechercher et à poursuivre le crime. C'était évidemment là le cas le plus fréquent. L'étymologie même du mot *quæstor*, qui vient de *quærere*, rechercher, indique que régulièrement, ils ne doivent agir que comme accusateurs (4).

Après l'abolition de la royauté, la puissance répressive vint se placer dans toute sa plénitude sur la tête des consuls ; mais le génie de la liberté naissante ne tarda pas à en limiter essentiellement l'étendue.

---

(1) Tite Live I, 49 — Denis d'Halic. II. 14, 29 ; IV, 25.

(2) Tit. Liv. I, 26.

(3) Cicéron de rep. II. 31.

(4) Lydus de mag. I. 25 et 27 — Cic. de rep. II, 35. — Tit. Liv. II, 41; III. 24; VI. 20 — Denys d'Hal. VIII, 77, 78 — Festus, v° *Quæstores* — Ulpien L. 1, § 1 de off. quæst. I, 13.

Une loi Valeria (245) en instituant l'appel au peuple vint oter à ces magistrats le droit de vie et de mort sur les citoyens. En fait cette loi enlevait aux consuls la juridiction criminelle. Le droit de juger passait ainsi pour les crimes les plus importants aux comices-curies. Le principe du jugement par la nation fut enfin invariablement fixé par la loi des XII tables, d'après laquelle les citoyens ne pouvaient être jugés criminellement que par les comices des centuries, *comitiatus maximus*; et cette situation renouvelée par une loi *Sempronia* resta la même jusqu'aux derniers temps de la république (1).

Les tribuns avaient de leur côté conquis le droit de porter des accusations devant les comices-tribus; mais, malgré tous leurs efforts, ces comices n'obtinrent que le droit de prononcer une peine pécuniaire; ils trouvèrent au reste le moyen, en exagérant l'amende, d'aboutir indirectement à infliger la confiscation et l'exil.

La juridiction criminelle appartient donc régulièrement pendant cette période aux Comices-Centuries. Ce sont eux qui forment à Rome le tribunal criminel de droit commun. Le peuple, réuni dans ses comices, procédait au jugement des causes capitales de la même façon qu'il exerçait le pouvoir législatif. Pour poursuivre une accusation devant lui, il fallait obtenir le concours d'un magistrat ayant le pouvoir de le convoquer. L'accusation n'est donc pas encore abandonnée au premier venu, *cuivis ex populo*. C'est le magistrat, chargé de convoquer les comices qui se porte accusateur. Ce sont les consuls, les préteurs et plus tard les édiles; nous savons en effet que lorsque Clodius accusa Milon, ce fut encore en sa qualité d'édile. (2)

Devant la majesté des comices, le dénonciateur s'effaçait et c'était le magistrat lui-même qui remplissait les fonctions

---

(1) Cic. XXI. 1 ; de Rep. II. 36 ; de legibus III 3, 19. — Polybe VI, 13, 14, 16.
(2) Dion Cassius XXXIX, 18.

d'accusateur, Le peuple pouvait cependant charger un citoyen d'intenter et de soutenir une accusation capitale. Le citoyen investi de cette sorte de magistrature portait le nom de *quæstor*. (1)

Au reste le peuple n'intervenait pas toujours lui-même dans les débats. Il abandonnait volontiers soit à des commissaires élus à cet effet *inquisitores*, soit même au sénat l'information et le jugement de la plupart des affaires, ne se réservant le plus souvent que le jugement des causes exclusivement politiques.

Le Sénat jouissait aussi à cet égard d'un pouvoir spécial Il pouvait dénoncer les crimes, faire les enquêtes et ordonner que les accusations seraient portées devant le peuple réuni dans ses comices. C'est ainsi qu'il décrète la mise en accusation de Manlius « ut videant magistratus ne quid perniciosis conciliis Manlii respublica detrimenti capiat. » (2) Le Sénat était donc investi d'une sorte d'action publique, il veillait au maintien de l'ordre, il recueillait les premiers éléments des crimes qui jetaient le trouble dans l'Etat et les dénonçait au pouvoir chargé de les juger.

Il ne s'agit au reste ici que de la poursuite criminelle ordinaire dirigée par le *populus* contre un membre du *populus*. A côté de cette juridiction régulière, il en existait plusieurs autres qui étaient compétentes pour certaines causes spéciales.

C'est ainsi que le Sénat avait la connaissance des délits, qui se rapportaient à l'Administration supérieure ou étaient de nature à porter le trouble dans l'Etat. Il statuait aussi, soit par lui-même soit par délégation, dans le cas ou il le croyait nécessaire pour assurer la paix du pays et l'autorité de la loi, sur les crimes les plus graves commis en Italie. Il poursuivait encore dans Rome même et

---

(1) Tit. Liv I. 26 II, 41; III, 24 ; IV, 50; IX, 26, XXVI; 33, 34, XXXVII, 84, et passim.
(2) Tit. Liv, VI. 19.

contre les citoyens romains les délits qui par leur nombre, leur nouveauté ou leurs ramifications troublaient la République : telles furent, par exemple, les poursuites dirigées à l'occasion des Bacchanales, la condamnation de Catilina, etc. (1).

Mais il est bon de noter que des poursuites de cette nature revêtaient un caractère absolument exceptionnel et trouvaient leur justification soit dans la nature particulière des faits ou des crimes, soit dans cette raison que le Sénat en agissant ainsi ne faisait que prévenir la volonté du peuple, dont l'assentiment n'était pas douteux, comme dans les poursuites dirigées à l'occasion des Bacchanales. Mais dans l'ordre régulier des choses, le Sénat ne pouvait connaître, sans une délégation du peuple, des affaires capitales concernant les citoyens romains. Polybe (2) dit expressément que le Sénat, tout puissant qu'il est, ne peut sans l'autorisation préalable du peuple exercer de poursuites publiques et capitales ; et ce principe fut formellement consacré par une loi *Sempronia*, rendue sur la proposition de Caius Gracchus (3).

Nous nous contenterons de mentionner encore le pouvoir pénal des magistrats à l'égard des délits de moindre importance et les accusations dirigées par les tribuns de la plèbe contre les magistrats qui abusaient de leur pouvoir, comme Coriolan, ou contre les patriciens qui se rendaient coupables d'outrages envers la plèbe,

Il est utile de remarquer aussi que la loi Valeria, que les citoyens romains regardaient comme le plus précieux de leurs privilèges, *unicum præsidium libertatis*, s'appliquait exclusivement à Rome et à sa banlieue. Partout ailleurs régnait le pouvoir discrétionnaire des consuls, des préteurs

---

(1) Denys d'Halic VI. 55-57—Tit. Liv, VIII, 18; IX. 26 ; XXXIV. 44; XXXIX. 14; XL. 9, 37, 44 — Cicéron à Att II, 24.

(2) VI, 14.

(3) Cic. in Cat. IV, 5; in Verrem II, 5, 63 ; Pro Rabirio 4 — Aulu-Gelle X, 3 — Tit. Liv. XXVI. 33, 24.

et plus tard des gouverneurs de province; c'est ce qui a fait dire avec raison à Montesquieu, que la liberté était au centre et la tyrannie aux extrêmités.

Nous ne nous étendrons pas sur l'organisation et la compétence de ces diverses juridictions ; cette étude sortirait du cadre que nous nous sommes tracés. Ce que nous tenons essentiellement à constater c'est que dans toute cette période le droit d'accusation n'est pas encore abandonné au premier venu, *cuivis ex populo*, et qu'il ne peut être exercé que par un magistrat, armé du pouvoir de convoquer les comices, ou par un citoyen spécialement délégué par le peuple.

Au commencement du septième siècle de Rome, un changement important fut introduit dans la procédure criminelle. Les assemblées du peuple n'étaient pas assez fréquentes pour permettre la poursuite des crimes qui devenaient de plus en plus nombreux ; et les influences politiques empêchaient souvent des condamnations contre les hommes puissants, qui avaient abusé des pouvoirs qui leur avaient été confiés.

Pour remédier à ces abus, le tribun C. Calpurnius Piso proposa en l'an 603, pour le plus fréquent des crimes de ce genre, la concussion, de ne plus convoquer la nation entière mais de confier le jugement à un jury composé d'un certain nombre de citoyens et présidé par un préteur appelé *quæstor*

On ne faisait ainsi que régulariser et rendre permanent l'usage qu'avait déjà le peuple de déléguer a des commissions le jugement des crimes, qui etaient portés devant lui. Aussi cette réforme, spéciale d'abord au crime de concussion, s'étendit-elle rapidement; et, vers la fin de la république, il y avait des commissions permanentes, chargées de juger la plupart des crimes.

C'est seulement à cette époque que l'exercice de l'action publique est remis entre les mains de tous les citoyens.

Le droit d'accuser appartient à tout citoyen, *cuivis ex populo*,

Celui qui veut se porter accusateur doit simplement en faire la déclaration au président de la commission. Ce magistrat vérifiait si le fait dénoncé constituait un crime, était de la compétence de sa juridiction, s'il n'était pas voilé par quelque fin de non recevoir et acceptait ou refusait alors l'accusation (1).

Si plusieurs accusateurs se présentaient en même temps, il fallait avant tout avoir recours à une procédure particulière, nommée *divinatio*, pour donner la préférence a l'un d'eux; car il ne pouvait jamais y avoir qu'un seul accusateur pour le même crime (2). Le préteur désignait alors celui qui lui paraissait le plus propre à poursuivre l'action ou qui était personnellement intéressé à ce que cette action suivit son cours (3). Les autres accusateurs avaient cependant la faculté de se joindre au premier à titre de *suscriptores* (4).

Nous n'avons pas a nous occuper ici des formes qu'affectait la procédure criminelle à Rome (5). Signalons toutefois les traits distinctifs qui la caractérisent. C'est l'accusateur qui est chargé de tous les actes de l'instruction. C'est lui qui doit réunir toutes les preuves du crime. C'est lui enfin qui doit venir soutenir devant le tribunal l'accusation qu'il a portée.

La juridiction des *quæstiones perpetuæ* continua d'exister sous l'Empire; mais leur compétence fut successivement restreinte et elles finirent par disparaître pour faire place à un nouveau système que l'on nomme procédure extraordinaire. Les *judices selecti* sont supprimés; c'est au préfet de la ville ou au préteur suivant les cas qu'appartient le droit de prononcer le jugement.

---

(1) Sigonius cap. 6.
(2) Aulu. Gelle II. 4. — Cicéron. ad. Quint. Fr. III. 2.
(3) L. 3 pr. de acc. XLVIII. 2 — LL. 2 et 3 § 1 de pop. act. XLVII. 23.
(4) Cicéron. Civ. in Cœc. X 15. 16. Apulée Apol. page 380. ed. Oudendorf.
(5) Voyez sur ce point dans l'ouvrage de Walter, Histoire du droit criminel chez les Romains, le chapitre qu'il consacre à la procédure pénale; ch. 8 n°s 846 et 599.

Nous n'avons pas à rechercher ici sous l'empire de quelles causes s'accomplit cette transformation. Peut-être faut-il l'attribuer aux difficultés sans cesse croissantes, qu'on rencontrait dans l'organisation des *quæstiones* : il était en effet devenu presque impossible de trouver des citoyens de bonne volonté pour supporter une charge réellement fort onéreuse et dont chacun cherchait a s'exempter. Peut être aussi, et c'est là sans doute qu'il faut voir le principal motif de leur disparition, ces commissions permanentes constituaient elle une vestige des institutions républicaines, qui gênait le pouvoir ombrageux et défiant des empereurs.

Quoiqu'il en soit, à partir du troisième siècle, la procédure fut extraordinaire dans tous les cas. Un rescrit de Septime Sévère, datant de l'année 205, attribue au préfet de la ville la répression de tous les délits commis à Rome ou dans un rayon de cent milles. Le magistrat juge alors seul, sans être assisté d'aucun conseil.

Le droit d'accusation se maintint toutefois entre les mains des citoyens et plusieurs constitutions impériales le confirmèrent; mais le législateur parait avoir obéi en cette matière à deux tendances différentes : d'une part, ils emble vouloir restreindre l'exercice de ce droit lorsqu'il s'agit du seul intérêt des particuliers en le règlementant sévèrement ; d'autre part, il l'étend dans l'intérêt du prince en enlevant toute entrave lorsqu'il s'agit d'un crime de lèse-majesté.

La loi, en remettant aux citoyens le soin de poursuivre eux mêmes la répression des crimes, leur confiait un droit réellement exorbitant et l'on conçoit que les jurisconsultes se soient appliqués à en réglementer minutieusement l'exercice.

Le droit d'accuser présente en effet dans le système romain des dangers multiples ; il met à la discrétion du premier venu la vie et l'honneur des citoyens qui peuvent à chaque instant devenir l'objet de poursuites inconsidérées ou calomnieuses; et, d'un autre coté, il met en péril les intérêts de l'état en ce sens qu'il risque dans bien des cas d'assurer l'impunité au coupable. Celui ci peut en effet trouver des accusateurs complaisan's, qui ne se livreront qu'à une instruction insuffisante, dissimuleront aux débats les charges les plus graves et obtiendront ainsi une absolution frauduleuse, qui mettra dans l'avenir le coupable à l'abri de toute nouvelle poursuite, grâce au principe de la chose jugée.

La loi doit donc tendre à combattre ces deux dangers. Elle doit se préoccuper de sauvegarder les intérêts des personnes et empêcher autant que possible des poursuites intentées dans le seul dessein de nuire ; mais elle doit d'un autre coté sauvegarder en même temps les intérêts de l'état et réprimer sévèrement toutes les collusions entre les accusateurs et les accusés. Les jurisconsultes romains ont consacré à cette matière des dispositions excessivement nombreuses.

Ils ont soumis la capacité de l'accusateur à des prescriptions minutieuses et ils ont trouvé contre le double danger que nous signalons une garantie salutaire, en proclamant la responsabilité absolue de l'accusateur.

§ 1er. — Des conditions de capacité requises chez l'accusateur.

La loi romaine règle d'abord dans les plus grands détails les conditions de capacité exigées de celui qui veut se porter accusateur. Un titre du Digeste et un titre du Code sont consacrés presque en entier à cette importante matière.
Les Jurisconsultes écartent du droit d'accusation un grand nombre de personnes :

Les unes, parce qu'elles ne paraissent pas avoir assez de discernement pour exercer un droit d'une aussi haute importance, comme les impubères (1) et les femmes (2).

---

(1) L. 1 § 1 de acc. XLVIII. 2. — L. 6 de pop. act. XLVIII. 23.
(2) LL. 1, 2 § 1 de acc. — L. 4. de pop. act.

Les autres parcequ'elle ne paraissent pas présenter des garanties suffisantes de moralité ou d'intégrité, comme les personnes notées d'infamie (1), celles qui ont subi antérieurement une condamnation publique pour calomnie ou prévarication (2) ou qui ont été convaincues d'avoir reçu de l'argent pour intenter une accusation ou s'en désister (3).

On peut encore citer les personnes qui possèdent moins de cinquante aurei, et que la loi exclut parcequ'elle craint que leur pauvreté ne les rende trop facilement accessibles à la corruption (4).

D'autres enfin se trouvent exclues, soit par des raisons politiques, comme les militaires; (5) soit par des raisons de convenance, comme l'esclave ou l'affranchi, qui. capables en principe, ne peuvent cependant par un sentiment de respect accuser leur maître (6), ou leur patron (7).

Enfin la même personne n'est point admise à intenter en même temps deux actions publiques (8).

Lorsqu'on était accusé soi-même on n'était autorisé à poursuivre contre un autre qu'une accusation plus grave (9).

Toutes ces restrictions, fort sages d'ailleurs, et sur lesquelles nous ne croyons pas nécessaire de nous étendre plus longuement, cessaient d'être applicables dans ceux cas.

En premier lieu lorsque ces personnes dénonçaient leurs propres injures.

C'est ainsi qu'il était permis aux femmes de poursuivre

---

(1) L. 4 ht. — L. 4 § 4 de his. qui not. IX. 2.
(2) L. 4 ht.
(3) LL. 4 et 8 ht.
(4) L. 10 ht.
(5) c. 8. C. de his. qui acc. IX. 1.
(6) Paul. Sent. V. 13 § 3. — L. 1 § 16 de quœst. XXVIII. 18.
(7) c. 21 C. ht.
(8) LL. 8 et 12 § 2. ht.
(9) cc. 1 et 19. C. ht.

le meurtrier de leurs ascendants, de leurs descendants ou de leur patron (1).

La même faculté était accordée dans cette hypothèse aux impubères (2), aux infâmes (3), aux militaires (4), aux personnes qui étaient elles-mêmes sous le coup d'une accusation (5).

Toutes les restrictions, apportées à l'exercice du droit d'accusation tombaient encore lorsqu'il s'agissait du crime de lèse majesté. Toute personne était admise à poursuivre dans ce cas la répression : les impubères, les femmes (6), les personnes notées d'infamie (7), les affranchis et les esclaves (8), qui pouvaient accuser leur patron ou leur maître.

§ 2. — De la responsabilité de l'accusateur.

La loi romaine considérait le succès d'une accusation comme un service rendu à la société et elle y attachait des récompenses. C'est ainsi que, déjà sous la République, l'accusateur qui triomphait dans une poursuite sur *l'ambitus*, jouissait de diverses faveurs. Il entrait dans la tribu du condamné s'il y trouvait un avantage ; et si lui-même avait été condamné antérieurement pour le même délit, il était restitué contre les conséquences de sa peine. Mais la récompense n'était jamais pécuniaire (9).

---

(1) LL. 1 et 2 pr. D. ht. — c. 12 C. ht.
(2) L. 1 § 1 D. ht.
(3) L. 4 ht.
(4) c. 8. C. ht.
(5) c. 19. C. ht.
(6) L. 6. ad. leg. Jul. maj XLVIII. 4 — L. 1. D. ht.
(7) L. 7. ad. leg. Jul. maj.
(8) L. 7 pr. § 1 et 2. ht.
(9) Tacite Ann. IV. 20, 30—Suétone Tibére. 61—Dion Cassius LVIII. 14 — L. 1 § 2. de leg. Jul. de amb. XLVIII. 4.

Il en fut autrement sous l'empire. A l'exemple de la loi attique, qui attribuait à l'accusateur une partie des biens confisqués, les empereurs romains attribuèrent au citoyen qui avait triomphé dans une poursuite intentée pour crime de lèse majesté (1), ou de fabrication de fausse monnaie (2) une gratification en argent: « et præmio et honore a nobis donabitur. »

Mais d'un autre côté la loi avait proclamé la responsabilité de l'accusateur et en avait réglé les détails avec une extrême rigueur. L'accusation publique présentait, nous le savons, des dangers de deux ordres différents. En premier lieu l'accusateur ne devait pas trahir les intérêts de la Société, qui lui étaient confiés ; et d'autre part il ne devait agir ni trop légèrement ni dans le pur dessein de nuire.

L'accusateur, nous dit la loi 1 pr. ad. S. C. Turpillianum peut se rendre coupable de trois fautes distinctes :

« Accusatorum temeritas tribus modis detegitur et tribus pœnis subjicitur: aut enim calumniantur; aut prœvaricantur aut tergiversantur. » Vis-à-vis de la société, l'accusateur peut se rendre coupable de prévarication ou de tergiversation ; vis-à-vis de l'accusé, il peut-être convaincu de calomnie.

La loi romaine a organisé pour ces trois espèces de fautes un système très complet de répression, auquel il n'est pas sans intérêt de consacrer quelques développements.

La Prévarication était la collusion frauduleuse de l'accusateur avec l'accusé. Cette collusion s'opérait soit en omettant à dessein des chefs d'accusation soit en dissimulant des preuves, soit enfin en admettant de fausses excuses (2).

Par ces actes de connivence, l'accusateur trahissait sa propre cause, il trompait la mission que le préteur lui avait confiée et abdiquait les devoirs d'une fonction publique. Il

---

(1) c. 5 § 7. C. ad. leg. Jul. maj. IX. 8.
(2) c. 2. C. de fal. monet. IX. 24.
(3) L. 1 § 6 ad. S. C. Turpill.

y avait là un danger très réel, qui ne se présente que rarement dans les pays ou l'exercice de l'action publique est délégué à un magistrat, mais qui entraîne les plus graves inconvénients lorsque l'accusation est remise, comme à Rome, entre les mains de tous les citoyens sans distinction. Le coupable pouvait en effet se procurer facilement l'impunité, en obtenant, grâce au concours d'accusateurs complaisants ou corrompus, une absolution frauduleuse.

Aussi le Sénatusconsulte Turpillien, rendu sous Néron en 814, eut-il pour but de réprimer ce délit. Le prévaricateur était frappé par ce Sénatusconsulte d'une peine extraordinaire, laissée à l'arbitraire du juge : *extra ordinem solet puniri* ; (1) mais dans tous les cas il était déclaré infâme et déchu pour l'avenir du droit d'accusation (2). Plus tard dans les poursuites extraordinaires, *in criminibus quæ extra ordinem objiciuntur*, la loi frappa le prévaricateur de la peine qu'aurait encourue l'accusé, dont il avait frauduleusement procuré l'acquittement.

Le second crime dont l'accusateur pouvait se rendre coupable était la Tergiversation.

Pour empêcher que des accusations ne fussent portées trop légèrement, les Romains imposèrent à l'accusateur l'obligation de poursuivre jusqu'au bout l'accusation qu'il avait intentée. L'accusateur devait à cet effet prêter serment de soutenir son accusation jusqu'au jugement : « perseveraturum se in crimine usque ad sententiam ». Il était même obligé de donner caution à cet égard (3).

Les empereurs, effrayés des abus toujours croissants de la délation, poussèrent même la rigueur jusqu'à ordonner que l'accusateur serait l'objet des mêmes mesures de précaution

---

(1) Tacite Ann. XIV. 41 — L. 1 de prævar. XLVII. 15.

(2) LL. 4 et 5 ht.

(3) L. 7 § 1. de acc. XLVIII. 2 — c. 3 de his qui acc. IX. 1 — c. 1 et 2. C. ad S.C. Turpill. IX. 45.

que l'accusé et que l'un et l'autre seraient détenus jusqu'à la fin du procès (1).

On ne pouvait donc en général abandonner l'accusation qu'on avait portée. Toutefois l'accusateur qui, après avoir intenté son action de bonne foi, s'apercevait en procédant à l'enquête que cette accusation n'était pas fondée, ou pouvait invoquer quelque empêchement légitime, jouissait de la faculté de se désister ; mais il devait au préalable faire agréer les causes de son désistement, obtenir ce que les Romains appelaient l'*Abolitio*.

Cette *abolitio* n'était accordée par le magistrat qu'après examen ; (2) on ne pouvait en général l'obtenir que du consentement de l'accusé, surtout si celui-ci avait souffert de l'accusation, si, par exemple, il avait été mis en prison (3).

Elle était refusée lorsque l'accusation avait été intentée de mauvaise foi, (4) ou lorsqu'elle portait sur certains crimes, d'une nature particulièrement grave, comme la lèse majesté, la trahison, le péculat (5).

Quelquefois aussi une *abolitio* générale était accordée pour célébrer quelque événement heureux pour l'état. Cette mesure était, il est curieux de le remarquer, instituée surtout dans l'intérêt de l'accusateur qu'elle dégageait de sa responsabilité. Elle ne protégeait que bien peu l'accusé puisqu'il restait permis à l'accusateur de reprendre à nouveau son accusation pendant trente jours (6).

Ce que la loi punissait, c'était la connivence de l'accusateur pour faire tomber l'accusation, c'était le désistement acheté par l'accusé. Les dispositions du Sénatusconsulte

---

(1) c. 17. C. de acc. — c. 2. C. de exh. et trans. IX. 3

(2) LL. 1 § 8, 10 pr. ad S. C. Turpill. XLVIII. 19 — c. 2. C. de abol. IX. 42 — c. 16. C. ad. leg. Jul. adult. IX. 9.

(3) L. 18 § 1 ad. S. C. Turpill. — c. 3 C. de abol.

(4) cc. 2 et 3 C. de abol.

(5) c. 3 C. ht.

(6) LL. 7 § 10, 8, 9, 10 § 2, 12, 15 § 6, 17, ad SC. Turpill. — Pauli Sent. V. 17. § 2.

Turpillien étaient très sévères. Elles punissaient le seul fait d'avoir échangé des paroles pour la composition du crime, la seule intention d'abandonner l'accusation quand elle se manifestait par la négligence ou la mollesse de l'accusateur, enfin les simples retards apportés dans les actes de l'instruction et la citation de l'accusé (1).

Les peines sont les mêmes que celles de la prévarication ; le tergiversateur est frappé de peines extraordinaires, qui sont laissées à l'arbitraire du juge. Il est noté d'infamie et doit en outre supporter tous les frais du procès (2).

Ces principes ne s'appliquaient pas en matière d'adultère. Le mari peut se désister de la plainte soit expressément soit tacitement par la réconciliation ; mais il ne peut plus, en suite de cette réconciliation, porter contre sa femme une nouvelle accusation à raison du même fait (3).

Nous devons dire toutefois que cette faveur fut supprimée sous les empereurs. La loi 16. C. ad leg. Jul. adult. IX 9. refuse au mari le droit d'abandonner l'accusation, sans avoir préalablement obtenu l'*abolitio*.

Il fallait en second lieu mettre les particuliers à l'abri des dénonciations calomnieuses portées dans le seul dessein de nuire. Dans ce but le législateur avait édicté des peines très graves contre les calomniateurs.

Lorsque l'accusé avait été acquitté, on procédait à l'examen de la conduite de l'accusateur. On distinguait à cet égard l'accusation téméraire de l'accusation calomnieuse.

La première n'était, suivant la décision de Papinien, passible d'aucune peine (4). En effet, de ce que l'accusé ait été absous, il ne s'ensuit nullement que l'accusateur n'ait pas eu de justes motifs d'intenter son action.

---

(1) L. 6 ht.
(2) c. 3 C. de his qui acc. IX. 1 — c. 2. C. ad SC. Turpill IX. 45.
(3) L. 15 § 2. D. ad SC. Turpill.
(4) L. 1 § 5 ad. SC. Turpill.

Les preuves qu'il a fournies ont pu ne pas être suffisantes pour démontrer le crime, mais être assez graves cependant pour établir sa bonne foi (1).

La loi Attique exemptait de peine l'accusateur qui avait réuni le cinquième des suffrages. Il n'existait point à Rome de règles fixes à cet égard ; c'était au juge qu'il appartenait de prononcer spécialement sur cette question (2).

Mais si l'accusateur téméraire était souvent, au moins dans le dernier état du droit, à l'abri de toute peine, il n'en était pas de même des calomniateurs.

Une loi *Remmia* dont la date est incertaine, mais qui existait déjà au temps de Cicéron formula diverses pénalités contre ceux qui avaient été parties dans une accusation criminelle calomnieuse (3).

La loi romaine entendait par calomnie non-seulement la fausse imputation d'un crime, mais encore toutes les fraudes employées pour assurer le succès d'une accusation dénuée de preuves, telles que les témoignages, et les écrits mensongers (4).

Il est vraisemblable qu'à l'origine la peine était corporelle et qu'elle consistait à imprimer avec un fer rouge la lettre K au front du Kalumniator.

Cette peine dut disparaître de bonne heure ; les expressions, empruntées à Cicéron et aux sources postérieures, qui s'y réfèrent, sont prises très probablement dans un sens métaphorique. Ce châtiment fut probablement remplacé dès l'origine par une peine pécuniaire. Le calomniateur devait être puni par le paiement du quadruple de la somme qu'il avait reçue pour intenter l'accusation.

C'est ce qui ressort d'un texte rapporté par Ulpien dans la loi 1 pr. de calumn. III. 6.

---

(1) c. 3. C de calumn. IX. 46
(2) c. 1 C. ht.
(3) Cicéron, pro Roscio Amer. 19 — LL. 1, 2. ad SC. Turpill.
(4) LL. 1 et 6 § 4. ad SC. Turpill.

Mais on subtitua bientôt à ce mode de répression, purement privé, une poursuite criminelle. Trajan voulût que le calomniateur encourût la peine que l'accusé aurait subi dans le cas où il aurait été condamné ; et cette disposition fut maintenue par Honorius et Arcadius (1).

La peine était en réalité extraordinaire, et laissée par conséquent à l'arbitraire du juge ; elle était graduée sur le préjudice que l'accusation avait causé, sur le rang de la personne accusée ; c'est ainsi qu'elle s'élevait si l'accusé avait été jeté en prison. « Et in privatis et in publicis judiciis et in extraordinariis calumniosi extra ordinem pro qualitate admissi plectuntur. » Dans tous les cas la condamnation entraînait l'infamie (2).

L'auteur d'une poursuite calomnieuse, intentée pour crime de lèse majesté, devait en outre être mis à la torture, afin qu'il désignât les noms de ceux qui pouvaient être les instigateurs du crime. Le propriétaire des esclaves, qui avaient été torturés par suite d'une accusation calomnieuse, avait une action en dédommagement du double de la valeur de l'esclave.

Il y avait au reste certaines actions qu'on pouvait intenter sans avoir à craindre de poursuites de ce genre (3).

C'est ainsi que la mère peut poursuivre le meurtre de son fils, le fils le meurtre de son père, sans s'exposer aux peines de la calomnie. Il en est de même de l'héritier à qui le *de cujus*, ayant des pressentiments sur sa mort, a recommandé d'agir (4).

La loi *Julia de adulteriis* décidait encore que celui qui accusait, en matière d'adultère, *jure mariti* ou *jure patris*

---

(1) Pline, Panég. 35 — c. 17 C. de acc. IX. 2.

(2) L. 3 ad SC. Turpill. XLVIII 16.—Pauli Sent. I. 5 § 2; V. 3 § 11—c. 3. C. de calum. IX. 46.

(3) L. 15 § 2 ad SC. Turpill.

(4) cc. 2 et 4. C. de calum.

ne pouvait être condamné comme *calumniator* et cela se conçoit très bien : hier, pour la femme du moins, le mari et le père étaient des juges ; on ne peut aujourd'hui les traiter comme des accusateurs ordinaires (1).

Cette opinion ne fut pas au reste admise sans discussion et elle est contredite formellement par plusieurs lois (2).

On a cherché plusieurs moyens de concilier ces textes divergents.

L'opinion généralement admise consiste à dire qu'on sera beaucoup plus difficile pour admettre la *calumnia* dans l'accusation *jure patris* ou *mariti* que dans l'accusation *jure extranei*.

Cette conciliation n'en est pas une, car il y a entre les textes une antinomie formelle. Nous pensons, avec M. Esmein (3), que ces textes remontent à des époques différentes. Il y aurait eu deux doctrines successives en matière de *calumnia*. Il suffisait à l'origine que l'accusation n'eut pas réussi pour que l'accusateur put être condamné comme *calumniator*. C'était là une théorie bien dangereuse surtout avec le jury. Aussi en vint-on à déclarer que celui-là seul pouvait encourir les peines de la calomnie, qui était de mauvaise foi. Or, sous l'empire de l'ancienne doctrine, il était absolument juste d'écarter toute action en *calumnia* lorsqu'il s'agissait du père ou du mari accusateur. C'est ce qu'avait fait la loi Julia. Avec l'opinion nouvelle qui ne punit le *calumniator* que lorsqu'il y a dol évident, cette exception n'avait plus sa raison d'être; aussi entendit on la loi en ce sens qu'elle avait seulement voulu dire, ce qui était devenu le droit commun, qu'on ne pourrait point condamner le père ou le mari pour une simple faute.

Plus tard le mari fut puni plus sévèrement peut-être que

---

(1) L. 37 § 1 de min. IV. 4 — c. 6 C. ad leg. Jul. de adult.
(2) LL. 14 § 3 et 30 pr. D. ad leg. jul. de ad.
(3) Le délit d'adultère à Rome p. 39.

tout autre. La novelle 117. ch 9 § 4 veut que le mari, qui, ayant accusé sa femme, n'a pu réussir à la faire condamner soit puni de la même peine que celle qui aurait été infligée à la femme, si elle eut été convaincue d'adultère. Elle frappe en outre le mari de certaines peines pécuniaires, au profit de la femme.

Le droit d'accusation, et c'est là peut-être un des traits les plus originaux du droit pénal romain, était donc remis entre les mains de tous les citoyens. La loi leur confiait le soin de veiller à la sureté, à la tranquilité, au salut de l'Etat. Chacun d'eux se trouvait investi par elle d'une sorte de magistrature qui lui accordait le droit et lui imposait même le devoir de dénoncer et de poursuivre à ses risques et périls les crimes dont il avait connaissance.

Ce système reposait tout entier sur ce principe que tous les membres d'une société ont un égal intérêt à la répression des attentats qui la troublent et sont nécessairement parties dans les procès criminels. « In plerisque judiciis crederet populus romanus sua interesse quid judicaretur » (1).

Il est au premier abord, nous devons en convenir, fait pour séduire. Il laisse aux mains des citoyens un des attributs les plus importants de la souveraineté; et, à ce titre, il parait présenter une de ces qualités essentielles, qu'on recherche dans les constitutions des peuples vraiment libres.

Aussi a-t-il trouvé des admirateurs passionnés et des défenseurs convaincus (2).

Mais pour peu qu'on aille au fond des choses et, que sortant du domaine de la théorie pure, on l'étudie dans ses effets; pour peu qu'on recherche les résultats qu'il a produits partout ou il a été appliqué, on en saisit bien vite les inconvénients et les dangers. Impuissante à sauvegarder les intérêts de la société, l'accusation publi-

---

(1) Tacite. Dialogue sur les Orateurs. c. 30.
(2) Filangieri liv. 3. ch. 2.

que est plutôt propre à intimider les bons citoyens qu'à contenir les mauvais ; elle favorise les passions particulières et ne peut que jeter dans l'Etat le trouble et le désordre. L'histoire de la législation romaine contient à cet égard d'utiles enseignements, que les législateurs modernes ont médités et su presque tous mettre à profit.

C'est qu'en effet si l'esprit de la République veut que chaque citoyen ait pour le bien public un zèle sans bornes, la nature du cœur humain est telle que l'homme écoute presque toujours de préférence ses passions et son intérêt. C'est pourquoi l'institution de la liberté des accusations, au lieu de favoriser le bien public, excite et favorise d'abord les passions particulières. Elle répand sur toute la société civile des germes affreux et féconds de haines héréditaires, d'inimitiés et de factions. L'esprit de parti, les préventions vulgaires, les préjugés et les ressentiments individuels peuvent trop souvent troubler la tranquillité publique sous prétexte de l'assurer. Il faudrait, pour qu'un tel principe fut applicable, un gouvernement tellement bon que toutes les passions en fussent bannies.

C'est là malheureusement un rêve impossible à réaliser, et il suffit pour nous en convaincre de nous reporter à cet égard à l'histoire de la législation romaine. Tacite (1) nous a tracé un tableau frappant de l'effroyable désordre, qui régna dans la société romaine lorsque l'accusation fut remise entre les mains de tous les citoyens. Il nous montre le nombre toujours croissant des délateurs, les récompenses qui leur sont accordées et nous peint l'épouvante que ces accusations, nées de la cupidité ou de la haine, qu'il n'était possible ni d'eviter ni de combattre, faisaient naitre dans les âmes. Il nous fait voir cette espèce d'hommes avides, suscités par l'appât des récompenses, se ruant comme des oi-

(1) Ann. IV. 30.

seaux de proie sur toutes les personnes que la fantaisie ou la cupidité du maître leur indiquait.

On vit paraitre alors, dit Montesquieu (1), qui porte sur le système romain un jugement sévère, un genre d'hommes funestes, une troupe de délateurs. Quiconque avait bien des vices et bien des talents ; une âme bien basse et un esprit ambitieux cherchait un criminel dont la condamnation pût plaire au prince : c'était la voie la plus sûre pour aller aux honneurs et à la fortune.

L'abus des délations et de ces manœuvres odieuses devint telle que les empereurs dûrent chercher tous les moyens de réagir. Pline félicite Trajan d'avoir mis un terme aux délations et par là rendu la tranquillité aux familles (2). Les législateurs prescrivent à plusieurs reprises contre les délateurs les mesures les plus sévères.

Mais toutes les précautions furent vaines pour combattre un tel abus ; et nous savons qu'il arriva un moment ou les empereurs furent tellement effrayés du nombre toujours croissant des délations, qu'ils ordonnèrent que l'accusateur serait l'objet des mêmes mesures de précaution que l'accusé et que l'un et l'autre seraient détenus jusqu'à la fin du procès (3).

C'était une immense garantie pour l'accusé. On empêchait la légèreté des accusations ; mais on arrivait d'autre part à rendre presque impossible la poursuite publique.

Enfin l'accusation publique imposait à ceux qui l'intentaient des charges si onéreuses que chacun cherchait à s'en dispenser. L'accusateur était en effet chargé de soutenir son accusation et il contractait à cet égard une triple obligation : til dénonçait le crime, il était chargé d'instruire la procédure et de réunir les preuves, il devait finalement, soutenir l'ac-

---

(1) Esprit des lois liv. 6. ch. 8.
(2) Panég. de Trajan 42.
(3) Constitutions de Valentinien et de Théodose.

cusation et s'exposait s'il succombait à des peines très sévères. Il était à la fois, plaignant, juge d'instruction et ministère public. Nous n'avons pas à rechercher les nombreux inconvénients qui résultaient de la réunion dans les mêmes mains de rôles qui doivent rester distincts et séparés dans toute bonne législation. Nous ne nous demanderons pas si ce mode de procéder assurait à l'instruction des garanties suffisantes d'impartialité ; nous ne rechercherons pas non plus quelles garanties de capacité on pouvait exiger, en une matière aussi grave et aussi délicate, d'un citoyen qui n'avait à cet égard aucune connaissance spéciale.

Nous retiendrons seulement ce vice capital du système romain, c'est que dans bien des cas il assurait aux coupables l'impunité. M. Faustin Hélie (1) nous explique très clairement ce résultat :

« Qu'il fallait en effet, dit-il, de zèle et de désintéressement à ces accusateurs, lorsqu'ils n'avaient pas à la répression du crime un intérêt personnel ? Peut-on supposer qu'il y eut sous la République un grand nombre de personnes assez dévouées à l'intérêt public, assez insouciantes de leur propre intérêt, pour assumer l'énorme fardeau d'une accusation, pour se charger d'une longue et pénible instruction, s'exposer volontairement aux suites onéreuses d'une grave responsabilité ? Un état doit-il prendre pour base de l'ordre un principe qui suppose le dévouement et en quelque sorte l'héroïsme dans chacun de ses membres. On peut concevoir ce zèle à l'égard des affaires politiques, qui illustraient les accusateurs, qui préparaient leur carrière et leur ouvraient l'accès des grandes charges ; mais les crimes communs n'excitaient en rien les ambitions ni le patriotisme, leur poursuite était dénuée d'éclat : et comme nulle poursuite ne pouvait être exercée sans accusateur, qu'aucune peine ne pouvait être appliquée, si elle n'avait pas été requise dans un

---

(1) Traité d'Instruction criminelle. I p. 111.

jugement public par un citoyen, un grand nombre de crimes dont aucun particulier ne sollicitait la poursuite devait demeurer impuni (1). »

« Aussi quand l'appât du lucre cessa de provoquer les accusations, quand la loi leur imposa des conditions plus rigoureuses, quand l'amour de l'ordre et du bien général devint leur but unique, les accusateurs devinrent de plus en plus rares, ils manquèrent même fréquemment et les crimes restèrent impunis. Pline cite plusieurs procès importants ou il fallut que le Sénat et l'Empereur désignassent d'office l'accusateur. (2).

« Alors, et du sein de ces circonstances, naquit un principe nouveau, qui exerça dans la suite sur la législation criminelle une immense influence. Lorsque les citoyens laissèrent s'amollir entre leurs mains ce droit d'accusation que la loi leur avait confié, il fallût bien que la société, privée de leur défense, trouvât quelque moyen de se défendre elle même. Elle dut chercher, sinon à détruire, du moins à éluder la maxime qui voulait qu'aucune poursuite ne put être exercée sans un accusateur (3).

« L'usage s'établit donc, contrairement à ce principe, d'arrêter certains malfaiteurs sans que les formalités de l'accusation eussent été remplies contre eux ; et puis quand ils se trouvèrent en prison, il fallut bien procéder à leur procès. »

On retrouve des exemples de cette procédure extraordinaire, employée par la puissance publique pour la recherche et la punition des crimes, à des époques assez reculées. Nous voyons par exemple qu'à l'origine de Rome, dans certains cas exceptionnels, le peuple ou le Sénat donnait l'ordre de poursuivre d'office un crime qui avait été dénoncé aux autorités (4). Ce

---

(1) Cp. Cicéron. *Pro Roscio.*
(2) Epistol. III. 4 ; VI. 31 ; VII. 33.
(3) L. 6 § 2. de muneribus L. IV.
(4) Tite Live XXXIX, 14, 17,— Dion Cass. LV. X 27.

mode de procéder employé d'abord dans les provinces, se généralisa vers la fin de l'Empire. Il est probable qu'il s'appliqua d'abord aux coupables surpris en flagrant délit, aux vagabonds, aux malfaiteurs de profession, et en général aux gens dangereux et ennemis du repos public. C'est dans cet esprit que furent dirigées tant d'enquêtes contre les chrétiens (1).

Il résulte d'une texte de Paul que les accusations irrégulières étaient déjà pratiquées de son temps et qu'elles obligeaient seulement à plus de ménagements dans l'instruction de la procédure (2). Ulpien est plus explicite ; il reconnait formellement aux proconsuls dans les provinces le droit de rechercher et de poursuivre d'office les criminels. « Congruit bono et gravi præsidi curare ut pacata atque quieta provincia sit ; quod non difficile obtinebit si sollicite agat, ut malis hominibus provincia careat, eosque conquirat ; nam et sacrilegos, latrones, plagiarios, fures conquirere debet et prout quisque deliquerit, in eum animavertere. » (3)

Nous trouvons encore les preuves de l'existence de cette poursuite d'office, parallèle à la poursuite formaliste de l'accusation et dégagée de ses entraves dans la c. 7. C. *de Accusationibus* et dans la c. 5, C. *de delatoribus* ou Constantin prévoit formellement le cas ou l'accusé est poursuivi, non par la voie de l'accusation mais par la sollicitude de l'autorité publique, *publicæ sollicitudinis curâ*.

«Il résulte bien de ces différents textes, conclut M. Faustin Helie, que le droit d'accusation tendait déjà à remonter des mains des citoyens dans celle de l'autorité publique ; et, bien que cette tendance ne soit pas nettement prononcée, il est difficile de ne pas apercevoir le germe de l'institution du ministère public, qui, après avoir été recueillie par le droit

---

(1) Actes de St Justin 1. 5,; de St Cyprien 1.2.3.; de St Jacques 2. — Pline lettres X. 97. 98.

(2) L. 22 de quœst. XLVIII. 18.

(3) L. 13 pr. de off. præs. I. 18.

canonique au milieu des débris du Bas-Empire, devait envahir plus tard, mais pour la féconder, notre législation moderne. »

SECTION DEUXIÈME.

De la poursuite en matière d'actions pénales privées.

La loi a remis en cette matière à la partie lésée le droit de poursuivre à son profit la répression du délit dont elle a été la victime. C'est à celle-ci, et à elle seule qu'appartient le droit d'intenter l'action. Mais, si le principe est incontesté, des difficultés peuvent s'élever sur son application.

Les Jurisconsultes romains appliquaient en effet, suivant les cas, cette règle d'une façon plus ou moins large; et nous ne pouvons nous rendre un compte bien exact des limites qu'ils lui avaient tracées, qu'en examinant successivement les principaux délits de cette nature.

§ I. — De l'action Furti.

L'action pénale, qui naît du vol, peut-être intentée par les personnes qui avaient intérêt à ce que le vol n'ait pas lieu, *cujus interfuit rem non subripi* (1); mais il faut que cet intérêt ait une cause honnête. C'est ainsi que le possesseur de mauvaise foi et le voleur n'ont pas l'action *furti*, du chef du vol commis à leur préjudice. Nul ne peut en effet puiser une action dans son propre délit : *nemo ex improbitate suâ actionem consequi potest* (2).

(1) LL. 10 et 85 de furtis. XLVII. 2.
(2) LL. 10, 12 § 1, 14 § 3 et 4, 76 § 1. ht.

Celui qui en général a le plus grand intérêt à ce que le vol n'ait pas lieu est évidemment le propriétaire, et, concurremment avec lui, toutes les personnes qui ont sur la chose un droit réel. Mais il peut se faire, par suite de circonstances particulières, que ces personnes se trouvent sans intérêt à la conservation de la chose. Si par exemple cette chose a été volée entre les mains d'une personne qui est tenue de la *custodia*, d'un commodataire, d'un locataire, d'un usufruitier qui sont obligés de restituer la chose en bon état et sont tenus de dommages et intérêts s'ils ne satisfont pas à cette obligation, ce sont eces personnes et non le propriétaire qui ont en réalité l'intérêt le plus direct à la conservation de la chose; aussi est-ce à elles et non au propriétaire que la loi accorde l'action *Furti* (1).

Les Institutes développent ce principe par quelques exemples.

L'action *furti* appartient en premier lieu au propriétaire, à l'usufruitier est en général à tous ceux qui ont sur la chose volée un *jus in re*.

Elle est aussi accordée au possesseur de bonne foi, qui a intérêt à posséder la chose pour l'usucaper.

Si la chose était affectée à un droit de gage, l'action *furti* compéterait au créancier gagiste.

L'intérêt de celui ci à la conservation de la chose entre ses mains est double : non seulement elle lui assure le remboursement intégral de la créance ; mais encore il est bien plus avantageux pour lui d'avoir une chose avec laquelle il peut se payer que d'être obligé d'intenter une action personnelle contre le débiteur, et d'être contraint peut être, pour se voir désintéressé, de passer par les procédures si lentes de la *bonorum venditio* ou de la *bonorum distractio*. Le gagiste serait donc admis à exercer l'action

---

(1) § 8 et 15 Inst. de obl. ex del. IV. 1. — LL. 12 pr, 14 § 3, 16, 53 § 3, 85 de furtis.

furti alors même son débiteur serait solvable. Il est curieux de remarquer qu'il pourrait agir même contre le propriétaire, si celui ci était frauduleusement rentré en possession de la chose qu'il avait affectée à un droit de gage, c'est ce que les Romains appelaient le *Furtum possessionis* (1).

La situation du créancier gagiste est d'ailleurs réglée d'une façon toute particulière.

D'abord c'est en vain qu'une convention spéciale l'aurait dégagé de la *custodia*, l'action *furti* lui compéterait néanmoins en raison de son droit réel.

En second lieu, le propriétaire est investi de cette action concurremment avec lui ; et, quand il l'exerce, le gagiste ne répond plus du *Furtum*. Si l'action *furti* est au contraire intentée par le créancier gagiste lui-même, il n'en retient le bénéfice que jusqu'à concurrence du montant de sa créance. Le surplus est restitué au propriétaire et l'action *furti* se trouve éteinte vis-à-vis de lui ; le gagiste agit donc à la fois pour le compte de celui ci et pour le sien. Cette solution se trouve écrite dans la loi 15 pr. de *furtis* « Creditoris, cujus pignus subreptum est, non credito tenus interest, sed omnimodo in solidum furti agere potest : sed et pignoratitiâ actione, id quod debitum excedit debitori præstabit (2).

Cette décision fait perdre à l'action *furti*, vis à vis du gagiste, son caractère d'action pénale et l'assimile à son égard à une simple action répersécutoire. Elle nous semble fort peu logique et ne pouvait d'ailleurs recevoir d'application, lorsque c'était contre le propriétaire lui même que l'action était exercée. Dans ce cas il n'y a pas lieu d'imputer le montant de la peine sur la créance (3).

Si des vêtements ont été confiés à un foulon pour les dégraisser ou à un tailleur pour les réparer l'action *furti*

---

(1) L. 12 § 2 de furtis.
(2) Voyez aussi L. 87 ht. — L. 22 pr. de pign. act. XIII 7.
(3) L. 22 pr. de pign. act. — L. 74 de solut XLVI. 3.

— 81 —

appartient au foulon ou au tailleur et non au propriétaire. Toutefois on ne leur accorde cette action qu'autant qu'ils sont solvables, *quam si solvendo sint* ; car s'il n'étaient pas solvables, le propriétaire ne pouvant obtenir d'eux la valeur de sa chose aurait un intérêt personnel à la conserver, et c'est à lui que compéterait l'action (1).

La même distinction fut à l'origine appliquée au commodataire.

Etait-il solvable, c'est à lui qu'on accordait l'action *furti* Ne l'était-il pas, on le dépouillait de cette action au profit du propriétaire (2).

Mais Justinien modifia cette législation. Il décida que le commodant aurait le choix entre l'action en responsabilité contre le commodataire et l'action *furti* contre le voleur. Seulement, le choix une fois fait, il ne peut plus revenir sur sa détermination, ce qui suppose une renonciation à l'action dont il n'a pas usé (3).

L'action *furti* se donne, suivant les cas, au double ou au quadruple et sera souvent plus avantageuse que l'action qui naît du contrat ; il en serait autrement toutefois si le voleur était insolvable : le commodant aurait plus d'intérêt à exercer alors l'action *commodati* et l'action de vol appartiendrait, dans cette hypothèse, au commodataire.

L'action *furti* est donc en général, et sous les restrictions que nous venons d'exposer, accordée à tous ceux qui sont tenus de la perte de la chose, aux risques desquels elle est, *omnibus quorum periculo res alienæ sunt*, dit Ulpien (4).

Elle est au contraire refusée au dépositaire et au précariste (5). Ces personnes ne répondent en effet que de leur

---

(1) Gaius IV 205. — § 15 Inst de obl. ex del. IV. — L. 12 pr. de furtis.
(2) § 16 Inst. de obl. ex del.
(3) cc. 22 § 1 et 2. C. de furtis VI 2.
(4) L. 14 § 16 de furtis.
(5) § 17 Inst. de obl. ex del. — c. 14 § 1 C. de furtis.

dol et de leur faute lourde et ne sont pas en principe responsables si la chose a été volée. Il en serait autrement toutefois s'il avait été convenu, lors de la formation du contrat, que le dépositaire ou le précariste seraient astreints à la *custodia* et tenus par conséquent même de leur faute légère.

Dans un autre ordre d'idées, il faut pour avoir droit à l'action *furti* avoir un intérêt direct et immédiat à la conservation de la chose. On ne prend en considération que l'intérêt du propriétaire et celui du détenteur (1). Si par exemple un vol avait été commis entre les mains de mon débiteur, ce vol pourrait dans plusieurs cas me causer un préjudice véritable. C'est ce qui arriverait s'il portait sur la chose même qui m'était due, ou s'il avait pour effet de rendre mon débiteur insolvable ; et cependant, dans l'un et l'autre cas, l'action *furti* me serait refusée (2).

A qui appartiendrait l'action *furti* si une chose vendue, mais non encore livrée, venait à être soustraite frauduleusement au vendeur ? A partir de la vente les risques sont en principe à la charge de l'acheteur. Par conséquent le vendeur ne souffrira pas du vol, puisqu'il pourra malgré la perte de la chose exiger de l'acheteur le paiement du prix ; c'est donc l'acheteur qui devrait avoir l'action *furti*.

Il n'en est cependant pas ainsi, et c'est au vendeur qu'on accorde cette action. C'est qu'en effet le seul intérêt à ce que la chose ne soit pas volée ne suffit pas pour donner droit à l'action de vol, il faut en outre qu'on ait au moment du vol la chose en sa possession ou du moins entre ses mains à un titre ou à un autre.

Ulpien le déclare formellement : « Eum qui emit, si non tradita est ei res, furti actionem non habere, sed adhuc venditoris esse hanc actionem, Celsus scripsit. Mandare eum plane

---

(1) L. 7 § 5 de præsc. verb. XIX 5.
(2) LL. 13, 49, 85 de furtis.

oportebit emptori furti actionem et condictionem ; et vindicationem ; et si quid ex his actionibus fuerit consecutus, id præstare eum emptori oportebit.... Et sane periculum rei ad emptorem pertinet dummodo custodiam venditor ante traditionem præstet (1). »

Le vendeur est en effet tenu de la *custodia*; c'est donc lui qui a surtout intérêt à la conservation de la chose, et il doit à ce titre être admis à exercer l'action *furti*.

Mais il devra au moment du paiement du prix céder cette action à l'acheteur. Paul (2) tient probablement cette cession pour sous entendue lorsqu'il déclare que l'action appartient indifféremment à l'acheteur ou au vendeur, parce que tous les deux ont intérêt a ce que le vol n'ait pas lieu.

A coté de l'action pénale privée, nous savons que la jurisprudence admet la victime du vol à répéter la chose au moyen d'une *condictio*, bien que rigoureusement cette action fut inapplicable dans l'espèce. Mais cette *condictio*, accordée exceptionnellement, revêt par là même un caractère particulier, qui se manifeste par divers effets qui lui sont propres. C'est ainsi que la *condictio furtiva* compète exclusivement au propriétaire de la chose volée, (3) c'est à dire à celui qu'en avait la propriété au moment du vol et qui depuis n'a pas perdu cette qualité par une cause légale, une aliénation par exemple (4).

Si la victime du vol ne peut justifier de sa propriété, elle n'a point la *condictio furtiva* avec les effets qui y sont attachés ; mais elle pourra se servir de la *condictio sine causâ*, au moins dans le dernier état du droit, pour obtenir la restitution de la *possession*, que le défendeur tient sans cause, et, à défaut de cette restitution, une condamnation

---

(1) L. 1 pr. de furtis. — L. 80 ht.

(2) Sent. II. 31 § 17.

(3) L. 1 de cond. furt. XIII. 1

(4) LL. 10 § 2 et 14 § 16 de furtis. Cp. LL. 11, 12 pr. et § 1 de cond furt. — L. 76 § 1 in fine, de furtis.

à des dommages et intérêts « id quod interest possessionem restitui (1). »

C'est cette action par exemple que le créancier gagiste pourrait exercer dans les limites de son droit (2).

§ II. — De l'action *Vi bonorum raptorum*.

L'action *vi bonorum raptorum* appartient, comme l'action *furti*, à toutes les personnes qui avaient intérêt à ce que la chose ne fut pas enlevée par violence : à tous ceux qui ont sur elle un *jus in re* et à tous ceux qui sont tenus de la *custodia*, au locataire et au créancier gagiste par exemple. Mais les jurisconsultes l'accordent plus facilement. Le moindre intérêt à ce que la chose ne soit pas enlevée de nos biens suffit pour y donner droit : «Si quis igitur interesse suâ vel modice docebit debet habere vi bonorum raptorum actionem (3). »

Ulpien cite comme exemple le dépositaire qui n'a pas droit à l'action *furti* et qui obtient l'action *vi bonorum raptorum*, et il donne pour motif de cette différence la gravité et la publicité du vol accompagné de violence, dans lequel il y a même lieu à une accusation criminelle publique (4).

§ III. — De l'action *injuriarum*.

L'action civile d'injures, prévue par la loi *Cornelia*, se donne à la personne offensée et lui est exclusivement personnelle.

« Lex cornelia de injuriis competit *ei* qui injuriarum agere

---

(1) L. 2 de cond. tritic. XIII. 3 — L. 25 § 1 de furtis.
(2) L. 12 § 2 de cond. furt. XIII. 1 — L. 22 pr. de pign. act. XIII, 7
(3) § 2 Inst. vi bon rapt. IV. 1.
(4) L. 2 § 24 de vi bon rap. XLVII. 8.

volet quod *se* pulsatum verberatum ve, domum ve *suam* vi introitam esse dicat (1).

Mais il n'en est pas de même de l'action estimatoire du préteur qui nous compète aussi du chef d'injures faites aux personnes placées sous notre puissance ou notre protection, ou même d'outrages faits à la mémoire d'un défunt auquel nous avons succédé (2).

On peut en effet faire injure non seulement à celui qui est l'objet direct de l'outrage, mais indirectement à celui qui exerce une puissance sur une personne.

Aussi lorsqu'on injurie un fils de famille, il nait deux actions d'injures : l'une du chef du fils, l'autre du chef du *paterfamilias* sur lequel rejaillit l'injure faite à son fils (3).

De même l'injure faite à une femme mariée blesse le mari alors même qu'il n'aurait pas sur elle la *manus*; d'où il résulte que lorsqu'une offense est dirigée contre une femme mariée, il peut y avoir en même temps quatre personnes offensées : la femme, le père de famille sous la puissance duquel elle se trouve, le mari, et, si le mari est lui même fils de famille, le père du mari. (4).

On va plus loin encore et l'on décide que le fiancé est injurié dans la personne de sa fiancée, le beau père dans la personne de sa bru. Mais jamais l'injure adressée à un homme ne réfléchit contre sa femme ou contre sa fiancée parce que le rôle naturel de l'homme est de protéger la femme et non d'être protégé par elle.

Il faut remarquer que lorsqu'il s'agit des enfants, ce n'est que lorsqu'ils sont sous la puissance paternelle que l'injure qui leur est faite est censée faite aussi au père ou au chef de famille ; s'ils sont sortis de cette puissance,

---

(1) L. 5 pr. de inj. et fam. lib. XLVII. 10.
(2) L. 1 § 4 ht.
(3) Gaius III. 221 — Pauli. sent. V. 4 § 3
(4) § 2 et 3. Inst. de inj. IV. 4

s'ils sont, par exemple émancipés, l'injure leur reste personnelle. Il en est autrement à l'égard de la femme : peu importe qu'elle soit ou non *in manu*. Le droit naturel du mari et l'obligation de protection qu'il a contractée envers elle suffit dans tous les cas pour faire rejaillir l'injure jusqu'à lui.

La matière est assez délicate en ce qui concerne les injures adressées aux esclaves. Dans la rigueur du droit civil, l'esclave romain n'est pas une personne juridique. Il n'a ni réputation ni honneur à sauvegarder, et par conséquent il ne peut pas être personnellement offensé par une injure : *Servis ipsis nulla injuria intelligitur.*

Mais le préteur à apporté un tempérament à la rigueur de ce principe. Il a admis que dans certains cas, lorsque l'injure revêtait un caractère particulier de gravité, lorsque, suivant la terminologie romaine elle était atroce, l'esclave pourrait se considérer comme personnellement atteint par l'injure dont il a été la victime et obtiendrait de son chef l'action *injuriarum*.

On avait égard dans ce cas, pour fixer le montant de la condamnation a l'emploi que cet esclave tenait de l'estime de son maitre (1).

Mais l'injure adressée à un esclave peut aussi rejaillir contre le maitre et faire naitre à son profit l'action *injuriarum*. Toute injure n'entrainera pas ce résultat. Il faut pour faire naître l'action au profit du maitre que l'injure ait été grave et qu'elle ait été faite dans l'intention évidente d'humilier le maitre. Si, par exemple, on a outragé l'esclave d'autrui par des paroles offensantes, si on lui a donné un coup de poing, il n'y a pas là d'injure grave, et le maitre n'a pas d'action. Mais si on frappé de verges outre mesure cet esclave, il y a injure grave, atroce, offense faite au maitre et dont celui ci est admis à poursuivre la réparation.

(1) L. 15 §§ 34, 35, 44, 48, de inj.

Si l'esclave appartenait à plusieurs maîtres communs, l'action etait donnée à tous les maitres, non pas en proportion de leurs droits, mais à raison de la considération personnelle de chacun « non pro eâ parte quâ dominus quisque est sed ex dominorum personâ » ; car c'est la personnalité du maitre qui est injuriée dans l'esclave (1).

Au contraire lorsqu'il s'agit de l'action prétorienne donnée *nomine servi*, le bénéfice de l'action se divise entre chacun des maitres proportionnellement à leurs droits.

Si l'esclave appartenait en nue propriété à une personne et en usufruit à une autre, on présume que le propriétaire a été injurié plutot que l'usufruitier. Toutefois l'action d'injure appartiendrait à l'usufruitier si l'injure était évidemment dirigée contre la personne de ce dernier (2); de même pour le possesseur de bonne foi de l'esclave d'autrui, c'est le véritable maitre qui aurait l'action *injuriarum*, à défaut pour le possesseur de prouver que l'injure a été faite à son adresse (3).

Quant à l'action prétorienne donnée *nomine servi*, elle appartient toujours au propriétaire et n'est jamais accordée ni à l'usufruitier ni au possesseur de bonne foi.

Quid, si l'injure a été faite à un homme libre, possédé de bonne foi comme esclave ? Il faut distinguer : l'injure s'adresse-t-elle à l'homme libre seul, c'est à lui qu'appartiendra l'action ; on n'en accordera pas au possesseur de bonne foi. L'injure est-elle au contraire manifestement dirigée contre ce dernier en la personne de l'homme libre, tous les deux auront une action personnelle : il y aura alors double condamnation.

Dans tous les cas que nous venons d'étudier, le même fait donne donc naissance à plusieurs actions distinctes, l'une du chef de la personne injuriée, l'autre du chef du

---

(1) Inst. § 4. ht.
(2) Inst. § 5 ht.
(3) Inst. § 6. ht.

paterfamilias sous la puissance duquel cette personne est placée.

Le plus souvent ces deux actions seront exercées par la même personne, c'est-à-dire par le père de famille : ni le fils de famille ni l'esclave ne peuvent en effet ester en justice. Mais ces deux actions, quoique confiées à la même personne, ne restent pas moins absolument distinctes. Il y a autant d'injures et d'actions différentes que de personnes injuriées; et l'estimation de la condamnation variera de l'une à l'autre. Cette estimation se base en effet sur la considération et la dignité de la personne offensée. Elle peut donc être différente à l'égard du fils ou du père, de la femme ou du mari : « Cum utrique tam filio quam patri adquisita actio est, non eadem utique facienda æstimatio est, cum possit propter filii dignitatem major ipsi quam patri injuria facta esse (1). »

Nous devons ajouter que dans certains cas exceptionnels le préteur autorisait les fils de famille à exercer eux-mêmes les actions d'injures qui les concernaient, dans le cas, par exemple, ou celui, sous la puissance de qui ils se trouvaient, était absent et n'avait pas laissé de procureur. Mais cette autorisation n'était jamais accordée quand le père était présent et refusait d'agir (2).

§ IV. — De l'Action de la loi *Aquilia*.

Originairement les dispositions de la loi *Aquilia* ne protégeaient que le propriétaire de la chose endommagée (3). Les termes de cette loi étaient formels ; elle n'accordait l'action qu'au *dominus* et les autres personnes, qui avaient intérêt

---

(1) LL. 30, 31 de injur. XLVII. 10.
(2) L. 17 § 10 et 11. bit.
(3) LL. 11 § 6 et 9, 13 pr, 27 § 5, 43 ad. leg. Aquil. IX. 2.

— 89 —

à la conservation de la chose ne trouvaient dans le droit commun aucune action pour se faire indemniser du préjudice qui leur avait été causé.

Le mot *dominus* s'entendait toutefois avec une certaine largeur. Ainsi lorsque le délit portait sur une chose comprise dans les biens d'un captif ou d'une hérédité jacente, quoique cette chose n'appartînt véritablement à personne, l'action était donnée plus tard au captif de retour, ou à l'héritier qui faisait adition. Les jurisconsultes ne faisaient qu'appliquer ici les principes relatifs au *postliminium* et à la personnalité de l'hérédité jacente (1).

Ce système avait le grave inconvénient de laisser sans protection des intérêts tout aussi respectables que celui du propriétaire, ce qui constituait dans la loi une lacune considérable. Le préteur s'empressa de la combler : usant d'un procédé qui lui était familier, il étendit le cercle d'application de la loi en dehors des limites étroites qui lui avaient été primitivement tracées et accorda le bénéfice de l'action à des personnes qui n'avaient pas été comprises dans ses dispositions originaires.

C'est ainsi qu'on accorda une action utile, assimilable en tous points à l'action directe, au possesseur de bonne foi et aux personnes qui avaient un droit réel sur la chose et justifiaient par conséquent d'un intérêt à sa conservation. Le droit de ces personnes constitue un démembrement de la propriété et on pouvait dès lors, sans trop forcer le sens des mots, les faire rentrer sous l'expression générique de propriétaires. C'est ainsi qu'on admit à exercer l'action de la loi *Aquilia* : le gagiste, l'usufruitier, l'usager, le créancier hypothécaire (2).

On accorde même cette action au possesseur de bonne foi,

---

(1) L. 43 ht.
(2) LL. 17 pr, 30 § 1, 11 § 18, 12. ht.

qui a intérêt à conserver la chose qu'il est en voie d'usucaper (1).

Ainsi il peut se faire que l'usufruitier ou le créancier agissent contre le propriétaire même de la chose, ou qu'ils se trouvent en concours avec lui pour intenter l'action contre le tiers auteur du dommage (2).

On refuse toutefois le droit d'intenter l'action utile aux simples créanciers, à ceux qui n'ont intérêt à la conservation de la chose que par suite d'un droit d'obligation. Cet intérêt n'a pas paru assez direct pour mériter la protection quelquefois exorbitante, de la loi *Aquilia* (3) (4).

Pour qu'une personne puisse agir en vertu de la loi *Aquilia*, une seconde condition est nécessaire : il faut qu'elle ait souffert du délit.

Ainsi le meurtre d'un esclave que j'avais affranchi et institué dans mon testament me permet bien d'agir *ex lege Aquilia* ; mais si je meurs avant toute poursuite intentée, l'héritier qui me succède à la place de cet esclave prédécédé, ne sera pas reçu à agir; car un délit qui lui vaut une succession ne le lèse pas (5).

Cette nécessité d'un dommage éprouvé fait naître la question suivante. Si le propriétaire était débiteur de la chose détruite ou endommagée et que du reste il ne fut pas en demeure, serait-il admis à exercer l'action de la loi *Aquilia*? Les textes établissent à cet égard une distinction.

Si le propriétaire devait la chose en vertu d'une vente,

---

(1) LL. 11 § 8, 17 pr. ht.

(2) LL. 12, 17, 30 § 1 ht.

(3) L. 11 § 9 ht. LL. 18 § 5 de dol. mal. IV. 3. — On l'accorde toutefois par exception et dans un cas spécial au fermier d'un immeuble. L. 27 § 14 ht.

(4) On peut à titre de curiosité citer ici une extension toute particulière de la loi *Aquilia*. L'action est accordée même pour le dommage que nous éprouvons par la lésion de notre corps ou de celui d'un enfant soumis à notre puissance ; mais, dit le jurisconsulte, l'action sera utile et non directe : *quoniam dominus membrorum suorum nemo videtur*. LL. 5 § 3, 6, 7. pr. ht.

(5) L. 23 § 1. ht.

l'action naît en sa personne, mais il est tenu de la céder à l'acheteur.

Le vendeur était en effet tenu de garder la chose jusqu'à la tradition, astreint à la *Custodia* ; c'est donc lui qui a intérêt à la conservation de la chose.

Si l'obligation dérivait au contraire d'une stipulation, l'action ne lui compète pas, car le promettant n'est pas tenu de a *custodia* et n'est par conséquent pas directement intéressé à la conservation de la chose (1).

L'action ne pourrait prendre naissance non plus dans la personne du stipulant, qui n'est pas encore propriétaire. Ce dernier n'aurait d'autre ressource que d'intenter contre l'auteur du dommage soit l'action *de dolo*, soit l'action *in factum,* suivant les cas.

---

(1) LL. 12, 13. de peric. et comm. XVIII. 16. — L. 13 § 12 de act. empt. XIX 1.

CHAPITRE TROISIÈME.

CONTRE QUI S'EXERCENT LES ACTIONS NÉES D'UN DÉLIT

Les actions, nées d'un délit, se donnent en principe contre le coupable. Or, comme tout délit suppose *dolus* ou au moins *culpa* dans la personne de l'agent, c'est un principe fondamental du droit pénal Romain que les actions résultant d'un délit ne sauraient être intentées contre les personnes, à qui les actes qu'elles peuvent commettre matériellement ne sont pas imputables. Si l'agent manque de discernement, il n'est passible d'aucune poursuite. L'irresponsabilité se fonde donc sur cette donnée indiscutable que pour commettre un acte ayant une valeur morale quelconque, il faut que l'agent soit intelligent et libre.

Ni *l'infans* ni le *demens* ne sont donc tenus *ex delicto*. Le Jurisconsulte Modestin en donne la raison : « cum alterum innocentia consilii tuetur, alterum fati infelicitas » (1)

Il en est de même du *Furiosus* dont les Romains assimilent les actes à ceux d'un animal dénué de raison (2).

Mais la capacité de s'obliger s'entend toutefois ici beaucoup plus largement qu'en matière de contrat. C'est ainsi que les Romains considèrent comme responsables de leurs délits les impubères, s'ils ont l'intelligence assez développée, pour se rendre compte de la portée de leurs

---

(1) L. 12. ad. leg. Corn. de sicar. XLVIII. 8
(2) L. 5 § 2. ad leg. Aquil IX. 2 — L. 3 § 1 de injur. XLVII. 10.

— 93 —

actes, s'ils sont en un mot *doli capaces*. Les jurisconsultes avaient à cette égard créé des règles particulières. Jusqu'à sept ans, l'*infans* ou l'*infantiæ proximus* était regardé comme irresponsable. Il ne commençait à être tenu que lorsqu'ayant dépassé cet âge, il était devenu *pubertati proximus*; et même dans ce cas la question de responsabilité variait suivant les individus, et la présomption de non responsabilité militait encore en leur faveur. Il fallait la combattre et établir par des preuves qu'ils avaient la notion du bien ou du mal, qu'ils avaient commis l'acte en connaissance de cause et se trouvaient être par conséquent *doli capaces* (1).

De même le droit civil considère les esclaves comme s'obligeant par leur délits, en ce sens que dans quelques mains qu'ils passent, ils devront, si le maitre ne veut pas satisfaire à l'action résultant de leur délits, être livrés par abandon noxal, et que, s'ils viennent à être affranchis, l'action se donnera directement contre eux « servi ex delicto qui dem obligantur et si manumittantur, obligati remanent » (2).

Les anciens appliquaient les mêmes principes au fils et au filles de famille. Mais il y a toutefois, entre l'esclave et le fils de famille, tous deux obligés civilement par leur délit, cette différence que l'action ne peut être dirigée personnellement contre l'esclave, si ce n'est après affranchissement, tandis qu'elle peut l'être immédiatement contre le fils, qui est capable de défendre en justice. Il n'est pas nécessaire non plus de supposer que le fils de famille ait des pécules à lui ; sans doute, s'il en a, le paiement des créanciers en sera plus assuré; mais, n'eut-il rien, les voies d'exécution contre sa personne restent ; et, de même que le père de famille, s'il ne voulait payer la dette, née d'un délit commis par son fils, devait, dans l'ancien droit, se résigner

---

(1) L. 23 de furtis XLVII. 2. — L. 3 § 1. de injur. XLVII. 10 — L. 2 § 16. vi bon. rapt. XLVII. 3 — L. 111. de reg. jur. L. 17.

(2) § 5 Inst. de nox. act. IV. 8.

à faire l'abandon noxal de ce fils, de même, s'il ne voulait pas bénévolement, quoique n'y étant pas obligé en personne, payer les dettes contractées par son fils, il devait se résigner à voir exercer contre celui-ci la *manus injectio*, avec toutes ses conséquences qui pouvaient aller jusqu'à faire vendre ce fils comme esclave à l'étranger, *trans Tiberim*.

Au reste Justinien, touché du caractère particulièrement inhumain, que revêtait l'abandon noxal d'une personne libre, décida que les délits de ces personnes ne donneraient plus lieu à l'action noxale et que le créancier devrait se contenter de son action directe contre le délinquant (1).

En résumé, si nous demandons quelles sont les personnes incapables de s'obliger par un délit ou un quasi délit, la réponse est facile : ce sont seulement les fous et les impubères, *infantes* ou *infantiæ proximi*, à qui on ne peut imputer aucune faute.

Lorsque plusieurs personnes se sont rendues coupables d'un même délit, le demandeur pouvait exercer *in solidum* l'action pénale contre chacun des co-auteurs ; il pouvait donc obtenir autant de fois la peine qu'il y avait de délinquants.

C'est ainsi que, si plusieurs personnes se sont associées pour commettre un vol, l'action *furti* est donnée contre chacune d'elles. Il doit y avoir autant de paiements et autant de condamnations qu'il y a eu de coupables.

« Furti quidem actione singuli in solidum tenentur (2). »

Mais ce principe n'était vrai qu'autant qu'il s'agissait d'une action pénale, *ab utrâque parte*, c'est à dire de celles qui se traduisent en un enrichissement pour le demandeur et en un appauvrissement pour le défendeur, de l'action *furti* ou de l'action *injuriarum*, par exemple.

L'action pénale unilatérale, au contraire, c'est à dire celle

---

(1) § 7. Inst. ht.
(2) c. 1 C. de cond. furt. IV. 8 — L. 1. D. si is qui test. XLVII. 4.

qui tend avant tout à assurer au demandeur la réparation du préjudice qui lui a été causé, qui diminue le patrimoine du défendeur sans enrichir le demandeur, se trouvait soumise aux principes, qui régissaient les actions *rei persequendæ*. Elle constituait une dette solidaire pesant pour le tout sur plusieurs, mais susceptible de s'éteindre à l'égard de tous par un seul paiement. Les codélinquants étaient bien tenus *in solidum*, mais le paiement fait par l'un deux libérait tous les autres. « Si plures dolo fecerint et unus restituerit, omnes liberantur » ; et cela devait être, puisque ces actions avaient pour unique fin la réparation du dommage.

Nous voyons ce principe appliqué par les Romains à l'action *de dolo* (1), à l'action *quod metus causâ* à l'action *de dejectis* et *effusis* et à un grand nombre d'autres actions pénales unilatérales (2).

Par exception, les Romains traitaient l'action de la loi *Aquilia*, comme si elle eut été purement pénale et ils permettaient de demander une condamnation intégrale contre chacun des auteurs du délit.

C'est ainsi que si un esclave est mort à la suite de coups qui lui ont été portés par plusieurs personnes ensemble, toutes sont tenues de la peine de la loi *Aquilia* « et si cum uno agatur, cœteri non liberantur, cum sit pœna » (3).

Cette solution est assurément fort peu logique ; car le but de la loi *Aquilia* est avant tout d'assurer au demandeur la réparation du préjudice qui lui a été causé, et dans bien des cas elle ne lui offrira aucun avantage de plus qu'une simple action répersécutoire. Elle aurait donc dû à ce titre être soumise aux règles des actions pénales unilatérales. Les Romains se sont ici laissés égarer par le nom d'action

---

(1) L. 17 pr. de dol. mal. IV. 3.
(2) L. 14 § 15 quod met. caus. IV. 2. — L. 7 § 4 quod fals. tut. auct. XXVII. 6
(3) LL. 11 § 2 et 4, 51 § 1. ad leg. Aquil. IV. 2.

pénale, qu'ils attribuaient à cette action ; ils ont jugé plutôt d'après la forme que d'après la réalité. Ils ont oublié le caractère et le but de l'action pour n'en voir que les dehors. Leur décision constitue en réalité une anomalie dans la législation.

La même exception se rencontre pour l'action *arborum furtim cæsarum* (1).

Les diverses décisions, que nous venons de rapporter sont toutes relatives aux coauteurs, mais les mêmes principes s'appliquent en général aux complices.

Les Romains considéraient comme complices tous ceux qui ont coopéré au délit en fournissant aide et conseil, *is cujus ope consilio furtum factum est.*

La complicité n'implique donc point nécessairement un concours actif et matériel ; elle peut résulter d'un simple concours moral, *consilium*, tel que des menaces ou des promesses (2).

Ou a allégué en sens contraire le langage des Institues (§ 11 *de priv del. IV.* 1) qui paraissent exiger la réunion de ces deux éléments : *cujus ope consilio factum sit.*

Mais il y a là une exagération certaine. Les Institues veulent simplement dire, et elles s'en expliquent avec netteté, qu'un simple conseil ne suffit jamais. Deux exemples vont faire comprendre leur pensée. Je conseille à un esclave de prendre la fuite : il m'écoute; je ne suis pas tenu de l'action *furti* quoique l'esclave soit réputé se voler lui-même. Mais si mon projet avait pour but de servir les projets d'un tiers qui voulait s'emparer de l'esclave, et qui s'en est effectivement emparé, je serai tenu de cette action (3).

La complicité résulte aussi du recel ; car il encourage les voleurs par l'espérance de l'impunité (4). La loi romaine,

---

(1) L. 6. pr. arb. furt. cœs. XLVII. 7.
(2) L. 50 § 3. de furt. XLVII. 2
(3) L. 36. pr. de furtis. Cp. L. 53. § 2 de verb. sign. L. 17.
(4) L. 1 de recept. XLVII. 16.

regarde aussi comme complices ceux qui, une fois le délit commis, s'y associent par une approbation et en tirent profit. *In maleficio ratihabitio mandato æquiparatur* (1).

Les complices sont passibles des mêmes peines que l'auteur du délit (2). Cette règle admet toufois une exception qu'il faut signaler. La *condictio furtiva* se donne contre les auteurs et coauteurs du délit; mais, à la différence de l'action *furti*, elle ne se donne point contre les complices du vol, qui ne sont point coauteurs. La complicité ne peut s'entendre ici que d'une coopération materielle (3).

---

(1) L. 152 § 2 de reg. jur. 4. 17 — L. 1 § 4 de vi. XLIII. 16.
(2) Pauli sent. II. 31 § 10 — Gaius II. 202 — Aulu Gelle XI. 18.
(3) L. 56 de cond. furt. XIII. 1 — L. 13/§ 2 de verb. sign. L. 16.

CHAPITRE QUATRIÈME.

DES CAUSES QUI SUSPENDENT L'EXERCICE DE L'ACTION.

L'exercice de l'action publique peut se trouver suspendu par des motifs de deux ordres différents, qui peuvent résulter soit de la nature des faits qui constituent la prévention, soit de la qualité des personnes qui sont l'objet de cette prévention.

SECTION PREMIÈRE.

Des causes qui proviennent de la nature des faits qui font l'objet de la prévention.

L'action publique est en premier lieu suspendue lorsqu'elle a pour objet des délits qui ne peuvent être poursuivis que sur la plainte de la partie lésée. Nous trouvons à cet égard, dans la législation romaine, des lois très curieuses, qui réglementent minutieusement l'exercice du droit de poursuite en matière d'adultère.

Nous aurons à examiner en second lieu si l'exercice de l'action était suspendu à Rome, lorsqu'elle se trouvait subordonnée au jugement d'une question qui lui était préjudicielle.

§ Ier. — Des crimes qui ne peuvent être poursuivis que sur la plainte des parties.

L'action publique peut, en matière de *judicia publica*, être en principe exercée sans avoir été provoquée par la partie lésée.

Il en était autrement toutefois en matière d'adultère de la femme. Le caractère particulier et tout intime du délit avait fait admettre en cette matière des règles spéciales qu'il n'est pas sans intérêt d'étudier.

L'adultère de la femme est seul punissable à Rome ; l'infidélité du mari n'est qu'une faute morale, dont il ne doit compte à personne. Les mœurs antiques interdisent à la femme trompée toute vengeance et toute plainte. « Illa te si adulterares, digito non auderet contingere, nec jus est » disait Caton (1). L'adultère de la femme avait au contraire été puni de tout temps à Rome et la; loi *Julia de adulteriis*, rendue sous Auguste, avait organisé pour ce crime un système de répression rigoureux ; mais elle avait soumis l'exercice de la poursuite à des règles spéciales et minutieuses, dont l'étude est pleine d'intérêt, parce qu'elle permet de mieux saisir le mécanisme général du droit criminel romain (2).

On peut dire que dans le principe l'action appartient au mari et n'appartient qu'à lui seul, et cela s'explique.

Non seulement le mari a un intérêt principal et dominant dans la conduite de sa femme ; mais il a même intérêt à ce qu'elle ne puisse être poursuivie sans son aveu ; car une telle accusation rejaillirait sur lui et attaquerait l'honneur de son

---

(1) Aulu Gelle, Noct. Att. X. 23.
(2) Voyez sur cette loi l'intéressant opuscule de M. Esmein, agrégé à la Faculté de droit de Paris : Le délit d'adultère à Rome et la loi *Julia de adulteriis coercendis*. Sous ce titre modeste, le savant professeur nous a doté en réalité d'un traité complet du droit pénal public romain.

mariage. Admettre de pareilles poursuites indépendamment du mari, ce serait exposer la tranquilité d'un ménage concordant à des orages d'une conséquence funeste, ouvrir à la malignité une voie trop facile pour soulever des discussions et faire naître dans l'âme du mari des ombrages que l'absolution même de sa femme ne dissiperait peut être pas entièrement. Aussi la loi romaine rendait-elle en un sens le mari absolument maître de l'action.

Pendant la durée du mariage, personne ne pouvait en effet accuser la femme d'adultère. Il était de toute nécessité, pour qu'une poursuite fût possible, que le mari répudiât d'abord la coupable.

Ni les étrangers ni le mari lui-même ne peuvent jusque-là intenter d'accusation et le Jurisconsulte donne le motif exact de cette exception aux règles générales, c'est qu'il ne faut pas troubler la paix des ménages. « Constante matrimonio ab eo qui extra maritum ad accusationem admittitur accusari mulier adulterii non potest : probatam enim a marito uxorem et quiescens matrimonium non debet alius turbare atque inquietare (1). »

Ce système, qui ne permet au mari d'accuser sa femme que s'il l'avait d'abord répudiée, subit dans le Bas Empire une modification profonde. Le droit nouveau décide que le mari ne pourra divorcer pour cause d'adultère que s'il a d'abord poursuivi et fait condamner sa femme. Il est naturel en effet d'attendre pour dissoudre le mariage que la faute ait été prouvée d'une manière certaine. C'était d'ailleurs un moyen d'assurer l'indissolubilité de cette union (2).

On ne pouvait non plus intenter dans ces conditions de poursuites contre le complice. On conçoit en effet, que bien que le complice de la femme puisse mériter moins d'égards que celle-ci, la poursuite rejaillirait néanmoins sur la femme

---

(1) L. 2 pr. ad leg Jul. de ad. XLVIII. 7. — c. 11. C. ad. leg. Jul. de ad. IX. 9.
(2) Nov, 117 ch. 8 § 2 — c. 11 C. in authent. ht.

et par voie de conséquence sur le mari. C'est ce que déclare la loi 11 § 10. h.t. « Non ignorare debuisti, durante eo matrimonio in quo adulterium dicitur esse commissum, non posse mulierem ream adulterii fieri, sed nec adulterum interum accusari posse (1). » Ce texte nous parait assez formel pour nous dispenser d'examiner en détail l'opinion contraire soutenue par Cujas.

Il ne faudrait pas croire toutefois que la complaisance du mari suffira toujours pour assurer l'impunité à la femme. La loi romaine, si sévère en matière d'adultère, donnait un moyen d'éviter ce résultat. Le mari qui conservait sa femme adultère se rendait coupable du crime de *lenocinium*. Tout citoyen pouvait le poursuivre et le faire condamner ; et, la condamnation intervenue, rien n'empêchait plus d'accuser la femme (2).

Lorsque le mariage sera dissous, comment les choses vont-elles se passer ? La dissolution peut avoir lieu par le divorce ou par la mort. Examinons successivement ces deux hypothèses.

Le mari répudie l'épouse coupable. Dès lors l'accusation est possible ; mais le vœu du législateur est qu'elle soit intentée par un de ceux qui ont autorité dans la famille, et qui ont le plus intérêt à obtenir la répression. Pendant soixante jours à compter du divorce, le mari et le père peuvent seuls intenter l'accusation. Ce privilège, qui leur est exclusivement concédé, constitue un dernier vestige de la juridiction familiale. « Marito primum vel patri eam filiam quam in potestate habet intra dies sexaginta divortii accusare permittitur nec ulli alii in id tempus agendi potestas datur (3). »

Le mari est préféré au père, alors même que celui-ci au-

---

(1) contra L. 39 § 1. ht.
(2) L. 26 pr. ht.
(3) LL. 14 § 2, 4 § 1, 11 § 6, 15 § 5, 30 § 1 ht. — c. 6. C. ht. — Coll. leg. mos IV, 4.

rait déjà déposé la plainte, si le mari ne s'est pas montré négligent mais a utilisé le temps à préparer les preuves (1).

Ce n'était pas là du reste le seul privilège, qui fut accordé au mari. Nous verrons dans les chapitres suivants qu'on n'exigeait pas de lui les conditions de capacité qui étaient requises de tout autre accusateur et qu'on l'exemptait des peines de la *calumnia* et de la *tergiversatio*.

A l'expiration de ce délai de soixante jours, les règles du droit commun reprenait leur empire, et le droit d'accusation appartenait à tout citoyen. Mais le mari pouvait encore agir et lorsqu'il se présentait il était préféré aux tiers, pourvu qu'il ne fut pas coupable de négligence, alors même que ceux-ci auraient déjà intenté l'action (2).

Bien plus, si la femme sur l'accusation d'un tiers avait été acquittée, le mari pouvait, contrairement au principe général de la chose jugée, introduire une nouvelle action : restaurare accusationem si idoneas causas allegare possit, quibus impeditus non instituit accusationem.

Le droit d'accusation était encore, en matière d'adultère, soumis à deux autres causes de suspension.

En premier lieu, on ne pouvait point exercer l'action d'adultère contre les deux prévenus en même temps ; il fal, lait agir séparément contre l'un ou l'autre. Si l'on accusait les deux en même temps, les poursuites étaient nulles et devaient être recommencées, comme si rien n'avait été fait. Cette règle était appliquée alors même que l'accusation avait été portée par deux personnes différentes (3).

L'accusateur avait en général le droit de commencer par celui des deux prévenus qu'il lui convenait de choisir (4).

Mais cette faculté cessait lorsque la femme avait contracté

---

(1) LL. 2 § 8, 3 ht. — Tacite Ann. II. 85.

(2) L. 4 § 1 et 2 ht.

(3) LL. 15 § 9, 32 § 1, 37 § 6, ht.

(4) L. 13 § 8. ht.

un nouveau mariage, postérieurement à la dissolution du premier. Dans ce cas, et c'est la seconde exception que nous nous proposions de signaler, la femme ne pouvait pas être poursuivie la première. Il fallait commencer d'abord par mettre en cause le complice (1), en supposant qu'il vécut encore. S'il était prédécédé, l'accusation pouvait être de prime abord intentée contre la femme (2). Mais même dans cette hypothèse, il fallait, pour que la femme put être poursuivie, que l'accusation dont on la menaçait lui eut été dénoncée avant la célébration de son nouveau mariage (3) ; la nécessité de cette dénonciation fut supprimée plus tard par Dioclétien (4).

§ II. — Des questions préjudicielles.

Il arrive souvent qu'un fait n'est puni par la loi qu'autant qu'il se rattache à un fait antérieur sans lequel il n'y aurait ni crime ni délit. Ainsi par exemple le crime d'adultère suppose nécessairement l'existence d'un mariage valable ; car on ne peut décider qu'il y a eu adultère qu'en établissant au préalable que le prévenu était au moment de l'acte coupable engagé dans les liens du mariage. Or la solution de cette question rentre par sa nature dans le droit civil et paraît échapper aux attributions de la juridiction criminelle.

Faut-il par suite en conclure que l'action publique doit demeurer suspendue jusqu'à ce que le juge civil l'ait résolue? Ne faut-il pas plutôt décider que le tribunal de répression saisi pourra statuer exceptionnellement sur ce point?

Cette question, qui a été résolue en sens divers par les législations modernes, et qui soulève dans la pratique les

(1) LL. 17 § 6 ; 39 § 1 ht.
(2) LL. 2 pr. 19 § 1. ht.
(3) LL. 2. pr. 16, 17 pr. et § 1 à 6, 39 § 3 ht. — c. 14 C. ht.
(4) c. 28. C. ht.

controverses les plus délicates était nettement tranchée à Rome. Le juge, saisi du procès dans lequel il s'élevait une question incidente, devenait aussitôt compétent pour la juger. La constitution I, au Code, *de ordine judiciorum* III. 8, le déclare formellement « Neque enim impedit notionem ejus quod status quæstio in cognitione vertitur, etsi super status causâ cognoscere non possit : pertinet enim ad officium judicis, qui de hereditate cognoscit, universam incidentem quæstionem, quæ in judicium devocatur, examinare : quoniam non de eâ sed de hereditate pronunciat (1). »

Cette décision, qui attribue au juge criminel la connaissance de questions, sur lesquelles il serait régulièrement incompétent, s'imposait. Le juge appelé à se prononcer sur les circonstances d'un délit, sur les caractères de pénalité et sur la culpabilité de celui à qui on l'impute, doit avoir nécessairement le droit d'examiner et d'apprécier tous les faits, tous les actes élémentaires de ce délit et de prononcer sur toutes les autres questions qui s'y rattachent. S'il en était autrement, si l'instruction et le jugement du délit devaient se diviser en autant de procès qu'il fait naître de questions, il en résulterait des lenteurs interminables qui entraveraient la marche de la justice. L'indépendance du juge dans l'examen des preuves se trouverait enchaînée par la décision d'un autre tribunal et dès lors les intérêts de la société seraient gravement compromis.

Lorsque des questions d'état se présentaient incidemment à d'autres questions qui en supposaient la solution, elles devaient être décidées préalablement. C'est ainsi que si un citoyen romain, en but à une accusation criminelle, prétendait que l'accusateur était son esclave, il fallait que ce point fut éclairci tout d'abord (2).

On trouve toutefois une exception à cette règle pour le cas

---

(1) Voyez aussi : c. 3 C. de judicis III. 1.
(2) cc. 1, 21, 31, C. de ord. cog. VII. 19.

ou l'esclave affranchi par testament porterait plainte en destruction de ce titre (1).

SECTION DEUXIÈME.

De diverses autres causes de suspension.

Il est utile pour la bonne administration des affaires de l'Etat que les hauts fonctionnaires ne puissent se trouver exposés à des accusations irréfléchies ou calomnieuses.

On ne saurait, sans mettre en péril l'équilibre du corps social et le bon fonctionnement des affaires publiques, autoriser sans garantie des poursuites de cette nature.

Aussi n'était-il point permis à Rome de mettre en accusation les magistrats en fonctions (2).

La poursuite devait être renvoyée jusqu'à la fin de leur magistrature, à moins qu'ils ne consentissent volontairement à y répondre.

Sous l'empire, le magistrat accusé conservait ses fonctions ; mais il ne pouvait pas prétendre à de nouveaux titres, avant d'avoir purgé l'accusation. Cette déchéance cessait cependant lorsqu'une année s'était écoulée sans qu'il eut été donné suite à l'accusation (3). Les personnes absentes pour le service de la République jouissaient du même privilège pendant toute la durée de leur absence.

On peut encore citer, parmi les causes qui suspendaient l'exercice de l'action publique, ce fait qu'aucune action judi-

---

(1) L. 7 D. ad. leg. Corn. de falsis XLVIII. 10.
(2) L. 12 de acc. XLVIII. 2.
(3) L. 21 § 5 ad. municip. L. 1. — L. 7 pr. de munerib. L. 4.

ciaire ne pouvait être intentée les jours de fête. On conçoit dès lors, que la connaissance des jours fastes et néfastes appartenant exclusivement aux patriciens, la justice se trouva longtemps à leur discrétion.

De même, lorsque la juridiction criminelle appartenait aux comices, toute accusation pouvait être arrêtée par le veto d'un tribun, ou par l'apparition d'un signe céleste, le tonnerre ou des auspices contraires. Ce sont là au reste des règles tout à fait spéciales, qui tombèrent bien vite en désuétude et sur lesquelles nous ne pensons pas devoir insister.

CHAPITRE CINQUIÈME.

DES CAUSES QUI ÉTEIGNENT L'EXERCICE DE L'ACTION PÉNALE ET DE L'ACTION CIVILE.

L'action pénale s'éteint :
- 1° par le décès du coupable ;
- 2° par la prescription ;
- 3° par un jugement, ayant force de chose jugée ;
- 4° par l'*Abolitio*, l'*Indulgentia* et la *Restitutio in integrum*.

Quant aux modes d'extinction de l'action civile, ils rentrent en général dans le droit commun. Nous n'aurons donc pas à les examiner ici.

SECTION PREMIÈRE.

Du décès du coupable.

Un des principes essentiels du droit pénal, c'est que l'action en répression est absolument personnelle au coupable et ne peut être exercée que contre lui et contre lui seul. Seul il a mérité la peine, seul il doit être exposé à la subir.

La mort du coupable éteint donc nécessairement l'action

en répression. Les héritiers ne sont, en principe, jamais passibles de l'action pénale ; car ces actions ne se transfèrent pas passivement par succession.

Les lois romaines affirment à plusieurs reprises ce principe de droit commun.

« Est enim certissima juris regula ex maleficiis pœnales actiones in heredem rei non transire (1). »

Paul nous en donne une explication remarquable dans la loi 20 de pœnis XLVIII. 19 « Si pœna alicui irrogatur receptum est commentitio jure ne ad heredes transeat : cujus rei illa ratio videtur quod pœna constituitur in emendationem hominum, quæ, mortuo eo in quem constitui videtur, desinit. »

Cette règle paraît tellement conforme aux principes les plus élémentaires de la logique et de l'equité qu'il semble qu'elle ait dû être proclamée sans restriction à toutes les époques et par tous les peuples. L'esprit inquiet des empereurs romains y avait cependant apporté d'odieuses exceptions. Certaines actions publiques pouvaient non-seulement se continuer mais même s'intenter après la mort du coupable. C'était le procès fait au cadavre ou à la mémoire du défunt.

Tel était le crime de lèse-majesté qui, depuis Marc-Aurèle, pouvait être poursuivi après la mort du coupable.

La loi 11 ad. leg. Jul. maj. XLVIII. 4 le déclare formellement. « Is qui in reatu decedit integri status decedit ; extinguitur enim crimen mortalitate ; nisi forte quis majestatis reus fuit ; nam hoc crimine, nisi a successoribus purgetur, hereditas fisco vindicatur. »

Les Empereurs voulaient rendre plus redoutable encore l'accusation pour crime de lèse-majesté, dont ils faisaient alors un si redoutable abus.

---

(1) § 1. Inst. de perpet et temp. IV. 12 — Voyez dans le même sens L. III § 1. de reg. jur. L. 17.

Ces poursuites aboutissaient à la condamnation de la mémoire du défunt à l'infamie, et surtout, à la confiscation des biens du condamné (1). « ut convicto mortuo, memoria ejus damnetur et ejus bona successori ejus eripiantur. » C'était au reste à cette confiscation que tendait surtout l'action. Elle procurait aux empereurs un moyen facile d'enrichissement et les mettait à même de satisfaire sans obstacles leur cupidité.

Indépendamment du crime de lèse-majesté, on pouvait encore poursuivre dans ces conditions les crimes de concussion et de corruption de magistrats (2).

Il ne faut voir au reste dans ce mode de poursuite que des dispositions, d'un ordre purement exceptionnel. Elles constituent une dérogation odieuse et injustifiable aux règles du droit commun, qui ne trouve sa justification que dans des considérations d'un ordre purement politique.

Mais la règle générale, est que l'action en répression s'éteint par la mort du coupable.

Cette règle est commune à l'action pénale publique et aux actions pénales privées.

C'est ainsi par exemple, que l'action *Furti* n'est pas donnée contre les héritiers du coupable (3). Il en est de même des actions populaires (4).

Mais il importe d'établir ici entre les actions publiques proprement dites et les actions pénales privées et populaires une distinction très importante.

Dans les *Crimina Publica* la mort du coupable éteint l'action alors même qu'elle aurait déjà été intentée (5).

Il en est autrement pour les actions pénales privées et

---

(1) c. 8. C. ad. leg. Jul. maj. IX. 8 — L. 1 § 3 D. de suis XXXVIII. 16.
(2) Pline. Lettres III. 9 — L· 20 de acc. XLVIII. 2.
(3) L. 1 pr. de priv. del. XLVII. 1.
(4) L. 5 § 5 de his qui eff. IX. 3.
(5) L. 11 ad. leg. Jul. maj. XLVIII. 4

pour les actions populaires. Ces actions s'intentent en effet devant le juge civil, conformément aux règles du droit civil ; et dès lors il y a lieu de combiner la règle que nous étudions avec les principes de la *litis contestatio*.

Du moment où ces actions auront été intentées, ou il y aura eu *litis contestatio*, elles auront changé de cause. L'action aura perdu son caractère pénal et ne tendra plus en réalité qu'à la poursuite de l'obligation purement civile que la *litis contestatio* a fait naître, au profit du demandeur.

A dater de ce moment, les actions pénales privées et les actions populaires deviennent donc transmissibles passivement.

« Pœnales autem actiones quas suprà diximus, si ab ipsis principalibus personis fuerint contestatæ et heredibus dantur et contra heredes transeunt (2). »

Mais si l'équité ne permet pas que l'héritier souffre des délits de son auteur, elle ne permet pas non plus qu'il en bénéficie. Aussi une Jurisprudence, confirmée à plusieurs reprises par des rescrits impériaux, admit-elle que l'héritier serait toujours tenu de restituer la totalité de son profit. L'action répersécutoire peut donc être intentée contre les héritiers jusqu'à concurrence de ce dont ils se trouvent enrichis : *in id quod ad eum pervenit*.

Ulpien pose nettement ce principe dans la loi 5 pr. de calum. III. 6. « In heredem autem competit (hæc actio) in id quod ad eum pervenit : nam est constitutum turpia lucra heredibus quoque extorqueri, licet crimina extinguantur. »

Nous pouvons encore citer la loi 38 de reg. jur. L. 17; qui établit la distinction entre l'action pénale et l'action répersécutoire « Sicuti pœna ex delicto heres teneri non

---

(2) § 1 In fine Inst. de perpet. et temp IV. 12 — Voyez dans le même sens L. 26 de obl et act. XLIV. 7 — c. un. C. ex. del. def. IV. 17.

debeat ; ità nec lucrum facere si quid ex eâ re ad eum perveniat (1). »

Les héritiers qui ne sont pas tenus de l'action pénale, sont donc obligés de répondre à l'action répersécutoire.

C'est ainsi qu'on peut intenter contre eux l'action *ad exhibendum* et la revendication (2).

Ils sont même tenus de la *condictio furtiva* (3).

En ce qui concerne cette dernière action, la chose eût pu faire doute ; car la *condictio furtiva* présente, nous le savons, un certain caractère pénal. Les héritiers en sont cependant tenus ; et ils en sont tenus non-seulement dans la mesure de leur enrichissement, mais pour le tout, *in solidum*.

Ulpien le décide formellement : « In condictione ex causâ furtiva non pro parte, quæ pervenit, sed in solidum tenemur, dum soli heredes sumus : pro parte autem heres, pro eâ parte pro quâ heres est, tenetur. »

Cette différence avec les autres actions répersécutoires résultant d'un fait illicite provient de ce que cette action est de sa nature une *condictio sine causâ*. Où les *condictiones sine causâ* se donnent contre les héritiers conformément aux règles générales c'est-à-dire pour le tout ; et dans l'espèce les héritiers seraient mal venus à se prévaloir du délit de leur auteur pour se soustraire au paiement d'une de ses dettes.

En résumé, et sans tenir compte des quelques exceptions que nous avons signalées, l'action en répression s'éteint par la mort du coupable ; l'action répersécutoire se donne au contraire contre les héritiers de celui-ci.

Comment faut-il traiter les actions mixtes, qui tendent tout à la fois à la condamnation à une peine et à la réparation du dommage ?

---

(1) V. aussi la loi 40 lit.
(2) L. 1 pr. de priv del. 47. 2 — § 19 in fine Inst. de obl ex. del. IV. 1.
(3) L. 9. de cond. furt. XIII. 1.

Il semblerait au premier abord qu'on devrait leur appliquer pour partie, les règles de l'action répersécutoire, et pour partie les règles de l'action pénale. Ce serait là un système rationnel, qui découlerait d'une sage analyse. Et cependant les Romains ne l'ont pas adopté et ils ne nous paraissent s'être réglés en cette matière sur aucune considération bien fixe.

Si nous nous attachons d'abord à la plus importante des actions mixtes, à l'action de la loi *Aquilia*, les Romains la regardaient comme intransmissible passivement : les héritiers du coupable n'en étaient point tenus.

« Quâ ratione creditum est pœnalem esse hujus legis actionem quia non solum tantum quisque obligatur quantum damni dederit sed aliquando longe pluris. Ideoque constat eam actionem in heredem non transire ; quæ transitura fuisset si ultrà damnum nunquam lis æstimaretur (1). »

La partie lésée n'a donc pour ressource, après la mort du coupable, que d'exercer l'action civile contre l'héritier dans la mesure du profit personnel de celui-ci.

C'est une décision qui protège peut-être insuffisamment la victime. Les Romains n'ont pas pris garde que l'action de la loi *Aquilia*, quoique dérivant d'un fait qualifié délit, n'est point en elle-même comparable aux actions *furti et injuriarum*, qu'elle tend avant tout à la réparation d'un dommage et qu'en fait c'en est très souvent l'unique conséquence. Ils n'ont voulu considérer que la cause de l'action qui est un délit.

De même l'action *vi bonorum raptorum* est entièrement éteinte par la mort du *raptor*.

Elle ne se donne jamais contre ses héritiers. Ceux-ci peuvent seulement être contraints à la restitution du profit qu'ils ont pu retirer par une *condictio sine causâ*. C'est ce qu'Ulpien décide en termes formels : (2)

(1) § 9 Inst. ad. leg. Aquil. IV. 3.
(2) L 2 § 27. Vi, bon. rapt. XLVII. 8.

« Hæc actio adversus heredes vel cœteros successores non dabitur, quia pœnalis actio in eos non datur. An autem in id, in quod locupletiores facti sunt, dari debeat, videamus? Et ego puto ideo prætorem non esse pollicitum in heredes in id quod ad eos pervenit, quia putavit sufficere condictionem. »

Ici comme pour l'action *legis Aquiliæ*, les Romains ont perdu de vue le caractère mixte de l'action et l'ont traitée, comme si elle eut été purement pénale.

Les mêmes règles ont encore été appliquées aux actions pénales *a parte rei tantum*. Ces actions meurent avec l'auteur du délit ; et l'héritier n'est tenu que d'une action répersécutoire, et dans les limites de son enrichissement.

Les Jurisconsultes romains appliquent ce principe à diverses hypothèses: aux actions de *dolo (1)*; *quod metus causâ (2)*; *rerum amotarum (3)*; en cas d'aliénation *judicii mutandi causâ* etc. (4). Nous trouvons même sur cette dernière action un texte, ou Gaius nous indique clairement l'intention de ne considérer que la cause de l'action, sans en envisager les résultats.

L'action est refusée, dit la loi 7, *de alien. jud. mut. caus.* IV. 7, « quia pertinet quidem ad rei persecutionem, videtur autem ex delicto dari. »

En appliquant ici une règle qui n'avait été faite que pour les actions pénales *ab utrâque parte*, et qui, ainsi restreinte, était fort sage, le législateur romain, comme le fait remarquer un éminent auteur (5), blesse l'équité ; car à tout moment la mort inattendue du délinquant peut rendre la perte du demandeur définitive, sans même que celui-ci ait eu peut-être

---

(1) L. 35 pr. de obl. et act. XLIV. 7.
(2) L. 16 § 2. quod. met caus. IV. 2.
(3) c. 3 C. rer. amot. V. XXI.
(4) LL. 4 in fine, 5, 6, 7. de alien. jud. mut. caus. IV. 7.
(5) M. Accarias. Précis de droit romain II n° 857.

le temps d'agir ou même ait été informé du délit. Pourquoi donc le sacrifier à des héritiers, qui auraient toute liberté de répudier une hérédité appauvrie par le délit du défunt?

Il faut en outre remarquer que le système romain aboutit ici le plus souvent à une incohérence. Si le dol, par exemple, se rattachait à un contrat de bonne foi, l'action qui le sanctionnerait se transmettrait sans difficulté contre les héritiers ; en d'autres termes il engendrerait alors une obligation réputée contractuelle (1). S'il se rattache au contraire à un contrat de droit strict et nécessite l'exercice de l'action spéciale de dol, les héritiers se trouvent libérés de cette action. Le dol change donc de nature selon les circonstances ; tantôt il est délit, tantôt il ne l'est pas ; et c'est précisément lorsqu'il est délit, que la sanction en est la moins assurée. C'est là un résultat bizarre, qui démontre à lui seul l'imperfection du système romain.

SECTION DEUXIÈME.

De la prescription.

Les actions publiques, les actions populaires et les actions pénales privées s'éteignent, de même que l'action civile, par la prescription.

Le législateur romain n'a pas voulu que la crainte du châtiment poursuivit jusqu'au tombeau l'auteur d'un crime ou d'un délit. Il arrive un moment ou il a voulu que toute action en répression fut éteinte. S'il avait fallu pour garan-

---

(1) L. 8 § 1. de fid. et nom., XXVII, 7. — LL. 152 § 3 ; 157 § 2 de reg. jur. L. 17. — L. 49, de obl. et act. XLIV. 7.

tir la propriété, établir une prescription de l'action civile, il était juste pour garantir la vie, l'honneur et la liberté des citoyens d'établir une prescription de l'action criminelle. D'un autre coté, rien n'est plus difficile que de se défendre d'une accusation, formée un grand nombre d'années après le crime ; le temps, en effaçant le souvenir des circonstances qui ont accompagné le délit, ôte a l'accusé les moyens de s'en justifier et permet à un calomniateur déterminé de triompher dans une injuste accusation. C'est là un danger que le système romain, qui confiait le droit d'accusation à tous les citoyens, rendait plus périlleux encore.

Tels sont donc les fondements de la prescription de l'action publique pour la poursuite des crimes et des délits : les angoisses des coupables, la difficulté de constater l'existence du crime et d'en rassembler les preuves, l'impossibilité enfin de se défendre d'une accusation dont les faits remontent a un grand nombre d'années.

Ces motifs sont si puissants que toutes les législations, et en particulier la législation romaine, ont cru devoir limiter à un certain nombre d'années l'exercice de l'action en répression.

Pour les actions pénales publiques, la loi romaine avait en général fixé à vingt ans la prescription du droit d'accusation : « Querela falsi temporalibus præscriptionibus non excluditur, nisi viginti annorum exceptione : sicut cœtera quoque fere crimina (1). »

Mais cette règle recevait de nombreuses exceptions.

Il y avait d'abord certains crimes imprescriptibles. Tels étaient : le parricide, et les Romains punissaient sous ce nom non seulement le meurtre des ascendants, mais encore celui des proches parents, et même, depuis Constantin, le meurtre des enfants. Le Senatus-consulte Silanien avait décidé que, pour ce crime, l'accusation serait toujours permise :

---

(1) C. 12. C. ad. leg. Corn, de Falsis IX. 22.

« Eorum qui parricidii pœnâ teneri possunt semper accusatio permittitur »

2° La supposition de part : « Accusatio suppositi partûs nullâ temporis præscriptione depellitur (1). »

A coté de ces crimes, qui ne prescrivaient par aucun laps de temps, il y en avait d'autres qui ne demandaient au contraire qu'un délai plus court que les vingt ans, ordinairement exigés.

C'est ainsi que l'action en poursuite pour délit d'adultère se prescrivait toujours par cinq ans, écoulés depuis le crime (2).

Le complice de la femme pouvait toujours être poursuivi dans ce délai, même après la mort de celle-ci (3).

Mais, en ce qui concerne la femme elle même, la prescription s'accomplissait dans le principe par un laps de temps beaucoup plus court. Il fallait à cet égard établir une distinction :

Le mariage était-il dissous par le divorce, la poursuite ne pouvait être exercée contre la femme que pendant six mois à dater de ce divorce ; mais il fallait en outre que l'on se trouvât encore dans les cinq ans du crime.

Le mariage se trouvait-il au contraire dissous par la mort du mari, la femme adultère ne pouvait encore être accusée que pendant six mois; mais, ce qui distingue cette hypothèse de la précédente, c'est qu'ici la prescription commençait à courir non du jour de la dissolution, mais du jour même du crime, *ex die commissi criminis* (4).

Ce système était très compliqué et assez peu logique; aussi Dioclétien, désireux de mettre fin à toutes les difficultés qu'il

---

(1) L. 19 § 1. D. ad leg. Corn. de Falsis XLVIII. 10.
(2) L. 29 § 6 et 7. ad. leg. Jul. de ad. XLVIII. 5. — L 1 § 10 ad. SC Turpill. XLVIII. 18.
(3) L. 11 § 4 ad. leg jul, de adult — c. 5 C. ad. leg. jul. des adult.IX: 9.
(4) L. 29, 5. D. § ht.

— 117 —

avait fait naître, abolit-il toutes ces prescriptions de six mois ; et dès lors il ne resta plus que la prescription unique de cinq ans. (1)

L'action d'adultère se prescrit donc, dans le dernier état du droit, par cinq ans à dater du crime, qu'elle soit exercée contre la femme ou contre son complice.

Il nous reste à signaler, en cette matière, un mode particulier d'extinction de l'action, qui ne constitue pas à proprement parler une prescription, mais qui trouverait difficilement place dans une autre partie de cette étude. La femme adultère, qui s'était remariée après la dissolution de la première union, ne pouvait être poursuivie qu'autant que l'accusation, dont on la menaçait, lui avait été dénoncée avant la célébration de son nouveau mariage (2). Cette restriction disparut au reste sous Dioclétien (3).

Le *stuprum*, le *lenocinium*, les crimes commis entre personnes du même sexe et en général tous les méfaits punis en vertu de la loi *Julia*, se prescrivaient aussi par le délai de cinq ans (4).

Il en était de même pour les crimes d'enlèvement, de péculat (5) et de violation de testament (6).

Toutes ces règles sont spéciales aux poursuites publiques proprement dites. Les actions pénales privées et les actions populaires, s'intentant devant la juridiction civile, se trouvent par cela même soumises aux principes généraux, qui règlent la durée des actions.

Les actions sont perpétuelles ou temporaires.

Elles sont perpétuelles, lorsque l'exercice peut en être

---

(1) c. 28. C. ht
(2) L. 39 § 3. ad leg. Jul. de adult.
(3) c. 28. C. ht.
(4) L. 29 § 6 à 9 D. ht
(5) L. 12. ad. leg. Jul. pecul. XLVIII. 13.
(6) L. 13, de SC. Silaniano. XXIX. 5.

ajourné indéfiniment. C'était au moins ainsi qu'on l'entendait dans le principe.

Mais en l'année 424, Théodose le jeune rendit une constitution célèbre, qui décida que les actions perpétuelles se prescriraient désormais par trente ans. L'expression action perpétuelle ne fut pas pour cela bannie de la langue juridique, mais elle changea de sens et signifia action trentenaire.

Les actions sont au contraire temporaires, lorsqu'elles doivent à peine de déchéance être exercées dans un délai déterminé ; ce délai est presque toujours d'une année, de sorte qu'on les appelle à peu près indifféremment actions temporaires ou actions annales.

En droit romain, les actions qui dérivaient du droit civil, c'est-à-dire d'une loi, d'un sénatus-consulte ou d'une constitution impériale étaient en général perpétuelles.

Etaient au contraire en général temporaires les actions nées de la juridiction du préteur, qui avaient pour but de combattre et de corriger un principe du droit civil ; mais, par exception, certaines de ces actions étaient perpétuelles, lorsqu'elles avaient été introduites pour adoucir les rigueurs du droit civil. C'est ainsi que l'action *Furti manifesti*, quoique pénale et prétorienne, n'en est pas moins perpétuelle, et cela parce que, comme le dit Gaius, elle substitue une peine pécuniaire à la peine capitale que la loi des XII tables avait édictée contre le voleur manifeste (1).

Lorsqu'au contraire le préteur crée des délits, il se montre par là même plus sévère que le droit civil, et voilà pourquoi il ne les sanctionne que par des actions temporaires. On peut donc poser ainsi en principe qu'en général les actions prétoriennes *ex delicto* ne peuvent être demandées que pendant un an. Telle est la règle exprimée par Paul dans la loi 35 pr. de obl. et act. XLIX. 7.

---

(1) Gaius IV. 111 — Pr. Inst. de perpet. et temp. IV. 12.

Ces principes posés, faisons en l'application aux actions pénales privées les plus importantes :

L'action *Furti* est perpétuelle ; nous venons d'en donner le motif.

L'action *vi bonorum raptorum* est au contraire temporaire ; (1) elle ne subsiste que pendant une année utile ; ou, du moins après ce délai, elle n'a plus rien de pénal. Loin de vouloir adoucir les régles du droit commun le préteur a voulu frapper en effet le *raptor* d'une peine plus sévère et dès lors l'action doit nécessairement être purement temporaire.

En matière d'injures, la partie lésée a le choix entre l'action de la loi Cornelia et l'action estimatoire du préteur.

La première dérive d'une loi et est par conséquent perpétuelle. Quant à l'action prétorienne, les textes décident qu'elle est annale.

Les actions de *dolo, quod metûs causa*, etc., toutes crées par le préteur sont aussi temporaires en tant que pénales, puisqu'elles sanctionnent des délits qui ne tombaient pas directement sous le coup du droit civil (2).

En ce qui concerne l'action de dol, l'année dont il s'agit est une simple année utile (3). Constantin lui substitua un délai de deux années continues (4).

Les actions populaires s'éteignent toutes par le bref délai d'un an : « Omnes populares actiones, dit Ulpien, neque in heredes dantur, neque supra annum extenduntur. »

Nous trouvons à plusieurs reprises l'application de cette règle générale, aux titres de *eo quod positum aut suspensum est, de sepulcro violato, de albo corrupto*, etc.

La prescription commence à courir du jour où le délit a été commis, *ex die commissi criminis*, et non du jour où il a été

---

(1) Pr. Inst. de vi bon. rapt IV. 2
(2) L. 35 pr. de obl. et act. XLIV. 7 — L. 14 § 1 quod met caus. IV. 2
(3) c 3. C. de dol mal II. 21.
(4) c. 8. C. ht.

connu et constaté. Il en était autrement dans le principe pour l'action de dol; l'année, dans laquelle cette action était enfermée, ne commençait jamais qu'à partir de la découverte du dol. Constantin, dans la constitution dont nous avons déja parlé, fit rentrer cette action dans le droit commun et plaça le point du départ du délai au jour même où le dol avait été commis (1).

SECTION TROISIÈME.

De la chose jugée.

C'est une maxime incontestable qu'un individu, qui a été souverainement, légalement jugé, ne peut plus être poursuivi une seconde fois à raison de la même accusation. Qu'il ait été condamné ou absous, peu importe ; la société est réputée avoir obtenu la réparation qui lui était due. La chose jugée est donc une égide qui protège dans l'avenir la vie, l'honneur, le repos des citoyens contre toute nouvelle accusation. C'est un principe indispensable à l'existence même des sociétés.

Aussi la législation romaine proclamait-elle hautement qu'on ne pouvait être accusé deux fois à raison du même crime. « Qui de crimine publico in accusationem deductus est, ab alio super publico eodem crimine deferri non potest (2). »

De même, ce qui avait été jugé dans une action populaire était opposable à tous. La personne poursuivie une secon-

---

(1) c. 8. C. de dol. mal II. 21
(2) c. 9 et 11. C. de acc. et inscript. IX, 2.

de fois pouvait opposer une exception, qu'Ulpien qualifie de vulgaire « Si ex eâdem causâ sæpius agatur, cum id factum sit, exceptio vulgaris rei judicatæ opponitur (1). »

Pour qu'il y eut réellement chose jugée, il fallait en premier lieu que la première poursuite ait abouti à une sentence soit de condamnation soit d'absolution. Il n'y aurait donc pas chose jugée si la première accusation avait été arrêtée soit par la mort de l'accusateur, soit par une *abolitio*, soit même par la transaction ou le désistement, dans les cas ou ces deux procédés étaient autorisés par la loi.

Il fallait, en second lieu, que le jugement, dont on voulait se prévaloir fut régulier, qu'il ne fût ni entaché de dol ni vicié par une incompétence radicale. Lorsqu'il y avait eu fraude dans le premier jugement soit de la part de l'accusé, soit de la part du juge, l'exception de chose jugée ne pouvait être opposée. Il en était de même lorsque la fraude ou la collusion provenait de l'accusateur, ce qui arrivait fréquemment à Rome ou l'accusation était remise indistinctement entre les mains de tous les citoyens. Nous avons déjà eu l'occasion de voir combien était grave le danger des collusions entre un coupable et un accusateur complaisant ; et les nombreuses mesures prises par le législateur pour combattre ce péril suffiraient, à elles seules, pour nous en démontrer l'étendue.

Or, quelque favorable que soit l'absolution pour l'accusé, il faut néanmoins que cette absolution ait été prononcée par une voie légitime. L'intention de la loi n'a jamais été en effet de favoriser l'impunité des crimes ; et les plus grands coupables échapperaient à la peine s'il leur était permis de choisir un tribunal favorable, un accusateur complaisant qui ne se livrerait qu'à une instruction incomplète, ou dissimulerait à dessein les preuves qu'il pourrait produire ; et

---

(1) L. 3 pr. D. de pop. act. XLVIII. 23

s'ils pouvaient ensuite se mettre à l'abri de toute poursuite en opposant la maxime *non bis in idem.*

Mais la loi romaine exigeait très sagement ici qu'on ne pût intenter la seconde poursuite, qu'après avoir judiciairement démontré que la première sentence n'était due qu'à la prévarication. C'est ce que décide la loi 3 § 1 de prævaric. XLVII, 15. « Si reus accusatori publico judicio ideo præscribat, quod dicat se eodem crimine ab alio accusatum et absolutum, cavetur lege Juliâ publicorum, ut non prius accusetur, quam de prioris accusatoris prævaricatione constiterit et pronunciatum fuerit : hujus ergo prævaricationis pronunciatio publici judicii intelligitur (1). »

Il fallait qu'il y eût identité des parties. Mais il faut noter qu'à Rome, l'accusation étant remise entre les mains de tous les citoyens, la société toute entière était censée avoir agi lorsque la poursuite avait été exercée en son nom par un accusateur quelconque.

Il fallait enfin qu'il y eût identité de cause.

C'est ici que va se soulever la question, qui nous paraît être la plus délicate de notre sujet, celle du concours des actions.

Il peut se faire en effet et cela se rencontre très fréquemment dans la pratique, qu'une lésion quelconque fasse naître plusieurs actions contre la même personne, que plusieurs actions différentes se trouvent avoir leur cause médiate ou immédiate dans le même fait. La personne qui en est investie peut-elle en cumuler le bénéfice c'est-à-dire obtenir et faire exécuter autant de condamnations qu'il y a d'actions ; ou bien au contraire le jugement rendu sur l'une de ces actions permettra-t-il au défendeur d'opposer l'exception de chose jugée, lorsqu'on voudra exercer contre lui une des autres actions. On ne peut à cet égard, donner de prime abord une solution générale.

---

(1) L. 3 § 1 de prævaric. XLVII. 15. — c. 11 C. de acc. IX. 2.

Il convient d'établir des distinctions.

Le même fait délictueux peut donner naissance :

1º A plusieurs actions répersécutoires.

2º A une action répersécutoire et à une action purement pénale.

3º A une action répersécutoire et à une action mixte.

D'un autre côté, en nous plaçant au point de vue purement pénal, le même fait peut contenir plusieurs délits, il peut donner naissance en même temps :

4º Soit à plusieurs actions publiques.

5º Soit à plusieurs actions pénales privées.

6º Enfin nous savons que beaucoup de délits privés furent avec le temps punis de peines publiques. Il peut donc ici encore y avoir concours entre l'action pénale publique et l'action pénale privée.

Comment régler ces divers conflits.

Il convient à cet égard d'examiner séparément chacun des hypothèses, que nous venons d'enumérer.

§ 1er. — Concours de plusieurs actions répersécutoires.

La règle générale qui régit ce concours est qu'il ne saurait y avoir cumul des deux actions. L'équité s'oppose en effet à ce qu'on demande par une nouvelle action ce qu'on a déjà obtenu par une autre ; or, les deux actions, tendant à satisfaire exactement le même intérêt, à réparer le même dommage ont en réalité la même cause, et dès lors on ne saurait être admis à en cumuler le bénéfice. Toutes les fois donc que le demandeur aura obtenu une prestation par la voie civile, il ne pourra intenter de nouvelle action tendant au même but.

Cette règle est posée par Ulpien, dans la loi 43 § 1, de reg. jur. L. 17. « Quotiens concurrunt plures actiones ejusdem rei nomine, unâ quis experiri debet. »

Ce principe posé, faisons en quelques applications.

Lorsqu'un vol était commis, la personne volée avait deux actions *rei persequendœ* à sa disposition : la revendication et la *condictio furtiva*. Elle peut exercer l'une ou l'autre à son choix ; mais du moment ou par l'une ou l'autre de ces actions, la revendication par exemple, elle a obtenu la valeur de sa chose, elle ne peut plus la réclamer une seconde fois en usant de la seconde action, de la *condictio furtiva*.

De même la personne lésée peut encore avoir recours dans cette hypothèse à l'action *ad exhibendum*. Si elle a obtenu par ce procédé la réparation du dommage subi, on lui refusera la revendication et la *condictio furtiva*; car l'action *ad exhibendum* est une action *rei persequendœ gratiâ* (1).

C'est ainsi encore que, si quelqu'un m'a volé une chose que je lui avais prêtée, il est évident que je pourrais intenter deux actions: l'une résultant du vol pour demander la réparation du dommage qui m'a été causé par ce délit, l'autre fondée sur l'obligation de restituer, que l'emprunteur a contractée en recevant la chose. Ces actions sont indépendantes l'une de l'autre. Celle qui résulte du prêt me compète, abstraction faite du vol, et celle qui provient du vol ne suppose pas l'existence du prêt. Elles ont donc des bases tout à fait différentes. Cependant du moment ou j'aurais obtenu par l'une ou l'autre de ces actions la réparation du préjudice que le vol m'a causé, l'autre action me sera refusée et cela est de toute équité.

« Si is, cui rem commodavero, eam subripuerit, tenebitur quidem et commodati actione et condictione, sed altera actio alteram perimit aut ipso jure aut per exceptionem : quod est totius.... Bona fides non patitur ut bis idem exigatur (2). »

Le Digeste nous fournit à cet égard un nombre considéra-

---

(1) Cf. Maynz. 144 notes 5 et 6.
(2) L. 34 § 1 de obl. et act. XLIV. 7.

de textes. Les juriconsultes romains refusent, par exemple, en cas de vol par un associé, d'accorder en même temps l'action *pro socio* et la *condictio furtiva*. Dans une hypothèse analogue, ils n'admettent pas le cumul de l'action *locati* et de la *condictio furtiva* (1).

La loi 41 § 1. de obl. et act. XLIV. 7 paraît contenir une négation de ce principe et accorder la seconde action pour le tout. Ce texte est ainsi conçu : « Si ex eodem facto duæ competant actiones, postea judicis potius partes esse, ut quo plus sit in reliquâ actione, id actor ferat ; si tantundem aut minus, id, consequatur. »

La simple lecture de ce texte suffit pour montrer qu'il est altéré. Il faut probablement, et le sens de la phrase l'exige, suppléer une négation. Cujas proposait de remplacer *id* par *nil*. C'est pensons nous le procédé le plus simple et le plus logique (2).

La même décision s'applique alors même qu'il y aurait plusieurs défendeurs tenus du même fait. Le demandeur qui a obtenu de l'un des défendeurs la réparation du dommage qu'il a éprouvé ne peut rien demander aux autres. Nous verrons au contraire, dans l'un des paragraphes suivants, que lorsque l'action était pénale le demandeur pouvait en principe obtenir la peine autant de fois qu'il y avait de délinquants.

Le demandeur ne peut donc, lorsque la loi met à sa disposition plusieurs actions répersécutoires, en exercer qu'une seule. Mais il ne s'ensuit pas qu'on le réduise à une option pure et simple. Il peut se faire en effet que de deux actions qui tendent en général au même but pratique, l'une soit plus avantageuse que l'autre. Pour ce cas le droit romain établit la règle que le choix de l'action la plus

---

(1) Cp. L. 14 § 13 quod met. caus. IV. 2. — LL. 3 § 5. 6 § 4 de naut. caup. IV. 9. — LL. 38 § 1, 43, 47 pro socio XVII. 2. — L. 35 § 1 locati XIX. 2. — L. 1 § 21 de tut. auct. XXVII. 23.

(2) Voyez sur ce point un essai très ingénieux de restitution dans Maynz. I. 145 n te 4.

avantageuse anéantit l'autre, tandis que le demandeur qui a commencé par l'action la moins avantageuse est encore admis à poursuivre l'autre, mais seulement pour demander la différence.

Si, par exemple, je pouvais exercer à mon choix la *con dictio furtiva* et l'action *pro socio* et que j'eusse choisi ce dernier mode, je pouvais néanmoins intenter encore la *condictio*, en tant que cette action m'était plus avantageuse. C'est ce qu'Ulpien décide formellement (1). « Sed si ex causâ furtivâ condixero, constabit pro socio actio, nisi si pluris mea intersit. »

De même le propriétaire volé peut user de la revendication ou de la *condictio furtiva*. S'il a recouru d'abord à la revendication il n'en sera pas moins recevable à demander par la *condictio* ce que cette action lui eut procuré de plus, s'il l'avait intentée tout d'abord. Nous supposons bien entendu qu'il n'a pas à l'avance, comme la suppose la loi 9 § 1 de furtis XLVII. 2, consenti la remise de cette *condictio*.

Mais qu'arriverait-il si le propriétaire avait d'abord intenté la *condictio furtiva* ? Pourrait-il ensuite se raviser et user de la *rei vindicatio* ? On serait tenté de le nier au premier abord; car la *condictio furtiva* parait être toujours plus avantageuse que la revendication. Ce serait cependant là une erreur; et Pomponius admet que le demandeur pourra intenter la revendication, sous la condition de renoncer à toucher le montant de la condamnation prononcée dans la *condictio furtiva* ou de le restituer s'il l'a déjà reçu. C'est qu'en effet le propriétaire peut avoir un intérêt immense à rentrer en possession de sa chose plutôt que d'en recevoir l'estimation Cet intérêt apparaît avec plus d'évidence encore, si l'on suppose que le défendeur est insolvable.

---

(1) L. 47 pro socio XVII. 2. — Cp. L. 43 ht. — L 28 empti IX. 1. — L. 2 § 3 du pr del. XLVII. 1.

§ II. — Concours d'une action repersécutoire et d'une action purement pénale.

Toutes les fois que le principe d'équité qui s'oppose a ce qu'on ne puisse réclamer plusieurs fois la réparation du même dommage ne peut être invoqué, il est permis d'intenter à la fois toutes les actions qui peuvent naître d'une lésion. C'est ce que les commentateurs appellent *concursus cumulativus*, en opposition avec celui dont nous venons de parler et qui s'appelle *concursus electivus*,

Ainsi un délit peut donner en même temps naissance à une action répersécutoire et à une action pénale. Ces deux actions sont parfaitement indépendantes l'une de l'autre, et elles peuvent s'intenter parallèlement. Elles diffèrent en effet essentiellement dans leur but. L'une tend à réparer un dommage, l'autre à punir un délit. Il n'y a donc aucune difficulté a admettre le cumul.

Le principe se trouve d'ailleurs nettement posé dans la c. un. C. quando civil. act. IX. 31 :

« Utrâque actione licet experiri, sive prius criminalis sive civilis actio moveatur, nec si civiliter fuerit actum, criminalem posse consumi, et similiter a contrario. »

La même solution s'applique en matière d'actions pénales privées, à supposer bien entendu qu'elles soient purement pénales. C'est ainsi que le propriétaire volé, exerçant l'action *furti*, ne perd aucune des actions répersécutoires qui lui compètent, et qu'exerçant l'une de celles-ci il conserve l'action *furti*.

« Furti actio pœnam petit legitimam, condictio rem ipsam ; ea res facit ut neque actio per condictionem neque condictio per furti actionem consumatur (1). »

---

(1) L. 7 § 1 de cond. furt. XIII. 1. — V. dans le même sens L. 34 § 2 de obl et act. XLIV. 7. — L. 54 § 3 de furtis XLVII. 2 — c. 12. C. de furt. VI. 2.

§ III. — Concours d'une action répersécutoire et d'une action mixte.

Les jurisconsultes romains règlent ce concours en combinant les règles que nous avons posées dans les deux hypothèses précédentes. Il suffit pour obtenir une solution exacte de décomposer l'action mixte et de distinguer avec soin les deux éléments, dont elle est formée. On est forcément amené par ce procédé à décider que l'action répersécutoire se cumulera avec l'action mixte dans la mesure où celle-ci est pénale, mais non au delà.

Ainsi un commodataire qui a détruit la chose est tenu tout à la fois de l'action *commodati* et de l'action *legis Aquiliæ* Ces deux actions ne pourront être intentées toutes les deux; car, pour une mesure, elles sont toutes deux répersécutoires. Mais si le demandeur a d'abord exercé l'action *commodati*, il n'a point éteint l'action de la loi *Aquilia* et reste maître de l'exercer pour tout ce qu'elle peut lui donner de plus. A-t-il au contraire exercé d'abord l'action de la loi *Aquilia* l'action *commodati* se trouve entièrement éteinte (1).

C'est ce que décide très nettement la loi 34 § 2. D. de obl. et act. XLIV. 7.

Paul après avoir posé en principe que les actions répersécutoires ne se cumulent pas, ajoute :

« Et hoc in legis aquiliæ actione dicitur, si tibi commodavero vestimenta et tu ea ruperis : utræquæ enim actiones rei persecutionem continent ; et quidem post legis Aquiliæ actionem, utrique commodati finietur ; post commodati an Aquilia remaneat in eo quod in repetitione triginta dierum amplius est dubitatur ; sed verius est remanere ; quia simplo accedit et simplo subducto locum non habet (2). »

(1) Maynz. 44. I. notes 6 et 7.
(2) Dans le § même sens. L. 7 1 Comm. XIII. 6. — L. 2 § 3. de priv. del. XLVII. 1.

Il faut remarquer toutefois que très souvent en fait l'action de la loi *Aquilia* n'offrira aucun avantage de plus que l'action *commodati,* ou que l'action contractuelle; et c'est pourquoi, bien des textes disent simplement que l'une des actions étant exercée, l'autre s'éteint (1).

Dans le cas ou le dommage a été causé par une personne avec laquelle nous nous trouvons déjà dans un rapport contractuel obligatoire, l'action du contrat peut donc (et c'est l'hypothèse dont nous nous occupons) concourir électivement avec l'action *legis Aquiliæ* (2). Cette proposition nous parait incontestable en droit romain; et cependant la coexistence de ces deux actions peut dans certains cas sembler au premier abord contraire à l'équité. Le débiteur pouvait en effet aux termes de son contrat, n'être tenu que de sa faute lourde; si l'on accorde contre lui l'action de la loi *Aquilia*, sa position se trouvera sensiblement aggravée, puisque cette action frappe la faute même légère : *et levissima culpa venit.* Mais en y réfléchissant de plus près, il est aisé de se convaincre que cette injustice est purement apparente. L'action de la loi *Aquilia* suppose en effet nécessairement un dommage causé *injuriâ* et le contractant, qui se renferme dans les limites de son contrat ne peut se rendre coupable *d'injuria.* Or, quand il sort de ces limites, ce n'est pas le contrat qu'on invoque contre lui, c'est la faute qu'il a commise. Il ne peut donc plus se couvrir de ce contrat, et ce n'est certes pas sa qualité de débiteur qu'il pourrait invoquer pour s'affranchir d'un devoir qui incombe à tout le monde, à savoir de ne léser les intérêts de personne (3).

Nous devons toutefois ajouter que plusieurs interprètes proposent sur ce point la distinction suivante :

---

(1) L. 18 § 1. comm. XIII. 6 — L. 43. loc. XIX. 2. — L. 27 § 11. ad leg. Aq. IX. 2.

(2) LL. 5 § 6, 7 § 8, 18, 27 § 11, 34, 35, 42 ad leg. Aq. IX. 2. — LL. 7 § 1, 18 § 1 commod. XIII. 6. — LL. 47 § 1, 48, 49, 50 pro socio XVII. 2 — LL. pr, 25 § 5, 30 § 2, loc. XIX. 2.

(3) Nous empruntons cet exemple à M. Accarias, Précis de droit romain II, n° 682.

Le dommage a-t-il son principe donc un fait autorisé par le contrat, la loi *Aquilia* ne saurait l'atteindre, car il n'est pas véritablement contraire au droit. En tout autre cas cette loi s'appliquera. C'est ce qu'un exemple va éclaircir: dépositaire d'un vase précieux, je l'emporte avec moi dans un déménagement, et une légère maladresse le brise : Comment, dit-on, serais-je responsable du dommage puisque dans l'espèce je n'aurais fait qu'user d'un droit et même exécuter une obligation en déplaçant l'objet déposé ? Que si au contraire j'ai brisé le vase pour avoir voulu le montrer a quelque curieux, je serai tenu ; car j'eusse évité cet accident en me renfermant strictement dans mon obligation de garder (1).

Cette distinction nous parait assez logique et conforme à l'équité ; mais dans le silence des textes on ne peut la regarder que comme une hypothèse ingénieuse.

§ IV. — Concours de deux actions pénales privées.

Un même fait peut contenir plusieurs délits, punis par des lois distinctes et donner par conséquent naissance à plusieurs actions pénales. Supposons par exemple qu'un individu frappe injurieusement l'esclave d'autrui. Ce fait engendrera en même temps deux actions : l'action *legis Aquiliæ* et l'action *injuriarum* ; la première ayant pour cause le dommage matériel et la seconde l'intention injurieuse qui s'est manifestée par l'acte dommageable : « Altera actio ad damnum pertinet culpâ datum, altera ad contumeliam. »

La partie lésée pourra-t-elle cumuler le bénéfice des condamnations auxquelles aboutiraient ces différentes actions ? Devra-t-elle au contraire en choisir une qu'elle pourra seule exercer ?

Il y a là une question très délicate, sur laquelle les Juris-

---

(1) Maynz. II 144 notes 6 et 7.

consultes romains se sont montrés longtemps divisés. Pour donner sur ce point une solution qui joigne autant que possible le mérite de la clarté à celui de l'exactitude, il faut soigneusement distinguer cette hypothèse de plusieurs autres situations, qui, tout en présentant avec elle une certaine analogie, ne se confondent cependant pas entièrement. Ce qui a jeté tant d'obscurité sur cette question c'est à notre avis ce parti, pris par les commentateurs, de vouloir faire rentrer dans une discussion unique des situations, qui diffèrent cependant à beaucoup d'égards.

Nous croyons donc utile de distinguer plusieurs hypothèses :

A. Le même fait peut donner naissance à un délit prévu et puni sous deux noms différents.

B. La même personne peut commettre plusieurs délits *successifs* ayant le même objet.

C. Et enfin, et c'est là le point véritablement intéressant de notre question un fait *unique* peut donner naissance à plusieurs actions pénales.

A. *Le même fait peut donner naissance à un délit prévu et puni sous deux noms différents.*

On peut citer comme exemple la *rapina* qui rentre dans le *furtum*, ou bien encore le fait de couper clandestinement les arbres d'autrui. Il y a là un délit spécial puni, d'après la loi des XII tables, par l'action *arborum furtim cæsarum*; mais ce délit rentre aussi dans les prévisions générales de la loi *Aquilia*.

Ce point ne saurait donner lieu à de grandes hésitations. Nous nous trouvons en présence d'un délit unique et de deux actions poursuivant exactement le même but. Il est donc de toute évidence qu'on ne peut en cumuler le bénéfice. Il y a lieu d'appliquer ici les règles que nous avons données à propos des actions répersécutoires : si donc la plus avantageuse des deux actions est exercée la première, elle éteint l'autre pour le tout; si elle n'est au contraire exercée qu'en second lieu, on la limite à ce qu'elle contient de plus. Paul donne à cet égard des décisions très nettes.

B. *La même personne peut commettre plusieurs délits successifs ayant le même objet.*

Un individu peut par exemple avoir volé un esclave et l'avoir blessé ensuite de manière à en diminuer la valeur.

On se trouve ici en présence non plus d'un fait unique, mais de deux faits distincts, accomplis à des intervalles de temps peut être éloignés. Ces deux faits constituent des délits isolés, qui n'ont aucun caractère commun. La victime est, il est vrai, la même; mais il n'y à là qu'un pur accident, qui ne modifie en rien les caractères constitutifs de chacun des délits et ne les empêche en aucune façon de tomber, chacun de leur côté, sous le coup de la loi pénale.

Un délit ne saurait en effet être effacé par un autre délit, et il n'y a pas de raison pour ne pas les punir tous les deux. C'est ce que décide la loi 3 pr. de priv. del. XLVII. 1. « Nunquam plura delicta concurrentia faciunt ut ullius impunitas detur ; neque enim delictum ob aliud delictum minuit pœnam. »

Posée dans ces termes la question ne nous parait pas au reste avoir été sérieusement discutée par les jurisconsultes romains.

Nous pensons que dans l'espèce ils étaient unanimes (1) à accorder simultanément au propriétaire l'action *furti* et l'action de la loi *Aquilia*. (2)

---

(1) LL. 1 § 11 arb. furt. cœs. XLVII. 7 — L. 1 vi bon. rapt. XLVII. 8 — L. 88 de furtis XLVII. 2.
(2) L. 27 pr. ad. leg. Aquil. IX. 2. — L. 2 § 1. de priv. del. XLVII. 1.

On peut, à titre de curiosité, citer encore le cas prévu par la loi 32 § 1. ad leg. Aquiliam. IX. 2.

Une personne blesse un esclave, elle tombe dès lors sous le coup de la troisième disposition de cette loi ; plus tard elle tue ce même esclave. Le jurisconsulte décide qu'elle a commis deux délits distincts, quoiqu'ayant le même objet et peut par suite être poursuivie deux fois : l'une en vertu du troisième chef, l'autre en vertu du premier chef de la loi *Aquilia*: «Si idem eumdem servum vulneraverit, postea deinde etiam occiderit, tenebitur et de vulnerato et de occiso : duo enim sunt delicta. »

On peut donc poser en principe que lorsqu'une personne a commis plusieurs délits sur le même objet à des époques différentes, elle se trouve, sans contestation, exposée à autant d'actions pénales qu'elle a commis de délits.

D. *Un fait unique a donné naissance à plusieurs actions pénales.*

Nous en arrivons à l'hypothèse la plus importante et la seule véritablement intéressante de notre sujet.

Un même fait peut contenir à la fois les éléments de plusieurs délits. Supposons par exemple qu'un individu frappe injurieusement l'esclave d'autrui ? Ce fait unique contient deux délits et donne naissance à deux actions pénales: l'action *legis Aquiliæ* et l'action *injuriarum*, la première ayant pour cause le dommage matériel, et la seconde l'intention injurieuse qui s'est manifestée par l'acte dommageable.

Doit-on permettre à la victime du délit d'exercer en même temps ces deux actions. Ne pourra-t-elle au contraire en exercer qu'une seule ?

Cette question a donné lieu à des controverses très vives entre les jurisconsultes Romains — Hermogénien, le plus écent de ceux qui aient fourni des fragments au Digeste, nous dit que le cumul des actions, qui fut admis dans le dernier état du droit, avait été très vivement contesté : *post magnas varietates obtinuit* (1).

Plusieurs opinions s'étaient produites sur ce concours. Dans un premier système, le maître de l'esclave n'avait que le choix entre les deux actions et devait se contenter de l'une ou de l'autre. — Telle était l'opinion, qu'exprimait formellement le jurisconsulte Modestin (2) :

« Plura delicta in unâ re plures admittunt actiones : sed non posse omnibus uti probatum est ; nam, si ex unâ obligatione plures actiones nascantur, unâ tantummodo non omnibus utendum est ».

Modestin assimile donc entièrement les actions pénales aux actions répersécutoires et n'autorise que l'exercice d'une seule de ces actions. Ce qui servait sans doute de justification à ce système, c'est qu'on trouvait immoral que la victime d'un fait délictueux profitât de ce que ce fait contint plusieurs délits.

Cette première opinion paraît avoir compté peu de partisans. Nous en trouvons la preuve dans un texte célèbre, ou Paul, indiquant les différents systèmes qui s'étaient produits sur la question, se contente d'en faire mention assez dédaigneusement, sans même en indiquer les partisans (*quidam*)

D'autres auteurs et entre autres Paul, admettaient, le cumul des actions, mais avec cette restriction que la seconde ne pût faire obtenir que ce que la première n'avait pas donné ; ils n'autorisent donc ce cumul que jusqu'à concurrence de l'action la plus avantageuse. Or, dans l'espèce, l'action *legis Aquiliæ* étant la plus avantageuse des deux, le demandeur devra s'en contenter, s'il l'a exercée la première ; sinon, il la conserverait jusqu'à concurrence de

---

(1) L. 32 de obl. et act. XLIV. 7.
(2) L. 53 ht.

ce qu'elle peut lui donner de plus que l'action d'injure. Cette solution se trouve dans une loi célèbre, la loi 34 pr. de obl. et act. XLIV. 7.

« Rationabilius itaque est eam admitti sententiam ut liceat ei quam voluerit actionem prius exercere: quod autem amplius in alterâ est, etiam hoc exsequi. »

Cette théorie ne prévalut pas ; et dans le dernier état du droit, on pouvait (nous pensons pouvoir l'affirmer) cumuler les deux actions et obtenir en même temps tout ce que chacune d'elles pouvait fournir.

Ce système, qui avait été dès le principe proposé par Labéon, nous paraît être de beaucoup le plus logique. Et en effet, bien que les délits se rattachent à un même fait, ils n'en sont pas moins distincts, et dès lors ils doivent entraîner une répression distincte. — Un délit ne saurait être effacé nécessairement par un autre délit et il n'y a aucune raison pour ne pas les punir tous. — On se trouve en présence de deux actions qui ont un principe et un but différent et l'on ne voit pas pourquoi l'une exclucrait l'autre.

Ulpien pose dans les termes les plus généraux et à deux reprises différentes, le principe de ce cumul.

« Nunquam actiones præsertim pœnales, de eâdem re concurrentes, alia aliam consumit (1). »

Il en fait ensuite l'application à plusieurs hypothèses et particulièrement à celle que nous étudions actuellement, au cas ou un individu a frappé injurieusement l'esclave d'autrui.

« Si quis servo verberato injuriarum egerit, deinde postea damni injuriæ agat, Labeo scribit eamdem rem non esse : quia altera actio ad damnum pertinet injuriâ datum, altera ad contumeliam (2). »

Hermogénien, le dernier des jurisconsultes dont les

---

(1) L. 130 de reg. jur. L. 17 — L. 60 de obl. et act. XLIV. 7.
(2) L. 15 § 46 de inj. XLVII. 10 — Cp. L. 14 § 1 de præscr. verb. XIX. 5 — L. 2 § 1 et 99. de pr. del. XLVII. 1

écrits aient trouvé place au Digeste, indique dans une loi (1), que nous avons déjà eu l'occasion de citer, le triomphe définitif de la théorie du cumul des actions pénales.

« Cum ex uno delicto plures nascuntur actiones... omnibus experiri permitti, post magnas varietates, obtinuit »; et Justinien, en reproduisant textuellement dans ses Institutes le principe posé par Ulpien, paraît l'avoir définitivement consacré (2).

On peut donc affirmer que, dans le dernier état du droit romain, lorsque plusieurs lois pénales avaient été violées par le même fait, toutes les actions pouvaient être intentées à la fois, car le paiement de la peine due en vertu d'une de ces lois n'efface point la peine comminée par les autres lois. On adresse généralement une critique à ce système; on trouve immoral que la victime d'un fait délictueux gagne à ce que ce fait contienne plusieurs délits : le délit devient ainsi pour lui, dit-on, une cause d'enrichissement, et la loi ne rétablit pas seulement l'égalité mais la dépasse de beaucoup.

Les auteurs qui reproduisent cette critique ne nous paraissent pas avoir une notion bien exacte du système romain, en matière de répression des délits privés. L'action pénale n'avait en aucune façon pour but de réparer le dommage causé à la partie lésée : c'était le rôle des actions réversécutoires, et dans une certaine mesure des actions mixtes.

Le but de l'action pénale est tout autre. Les actions de cette nature aboutissent nécessairement à punir le coupable en le condamnant au paiement d'une peine, et à enrichir la partie lésée poursuivante, au profit de qui cette peine est prononcée. — Cet enrichissement, que ces auteurs trouvent immoral, constitue donc purement et simplement la base de tout le système pénal romain en matière de délits

---

(1) L. 32 de obl. et act. XLIV. 7.
(2) § 1 in fine. Inst. si quadr. paup. fec IV. 9, qui reproduit la loi 130 D. de reg. jur. L. 17.

privés ; il est de l'essence de toute action pénale privée et n'a par conséquent rien de choquant dans l'espèce qui nous occupe.

§ V. — Du concours de deux actions pénales publiques.

Les explications que nous venons de consacrer au concours de deux actions pénales privées nous dispensent d'entrer ici dans de longs développements. Nous pensons que les principes que nous venons d'exposer sont en général applicables aux actions pénales publiques. Nous distinguerons deux hypothèses : ou bien le même fait est prévu et puni sous deux noms différents, et dans ce cas le coupable ne peut être condamné qu'une seule fois et encourir qu'une seule peine.

Ou bien au contraire, le même fait contient les éléments de deux délits distincts, il donne naissance à deux actions pénales publiques différentes ; et dans ce cas, ici comme pour les actions pénales privées, la loi romaine consacre formellement la théorie du cumul des poursuites et du cumul des peines.

La loi 9. C. de Acc. IX. 2, qui est absolument spéciale aux *crimina publica* contient l'affirmation la plus absolue de cette règle.

« Qui de crimine publico in accusationem deductus est, ab alio super eodem crimine deferri non potest. Si tamen ex eodem facto plurima crimina nascuntur, et de uno crimine in accusationem fuerit deductus : de altero non prohibetur ab alio deferri. »

A plus forte raison en serait-il de même si les délits ne provenaient pas d'un fait unique, mais avaient été commis à des époques distinctes.

§. VI.—Concours d'une action pénale privée et d'une action pénale publique.

Les délits privés pouvaient, suivant les circonstances, donner lieu à une poursuite criminelle soit ordinaire soit extraordinaire. C'est ainsi que sous les empereurs, le propriétaire de la chose volée obtint la faculté de poursuivre criminellement *extra ordinem* l'auteur du vol afin de le faire condamner à une peine publique, qui était d'abord une peine afflictive, et qui, sous Justinien, fut l'exil. Ce moyen était surtout donné pour le cas ou l'action *Furti* n'aurait été pour la partie lésée d'aucune utilité, dans le cas par exemple ou le voleur aurait été complétement insolvable.

De même pour la *rapina*, le demandeur, outre l'action pénale privée *vi bonorum raptorum*, a à sa disposition une action criminelle résultant de la loi *Julia de vi* (1).

En matière d'injures, une loi *Cornelia*, qui ne traitait d'ailleurs que de certaines injures déterminées, en général de celles qui constituent des violences matérielles, donnait le choix entre la demande d'un peine pécuniaire et la poursuite criminelle devant un tribunal permanent et spécial. Nous voyons encore qu'on pouvait poursuivre les injures criminellement *extra ordinem* (2).

Il en était encore ainsi pour la loi *Aquilia*. Le premier chef de cette loi punissait d'une peine pécuniaire le meurtrier d'un esclave ; mais en outre le maître pouvait diriger contre les meurtriers une action criminelle en vertu de la loi *Cornelia de sicariis* (3).

De telle sorte qu'avec le temps la plupart des délits privés, les plus graves au moins, se trouvèrent punis de

---

(1) § 8. Inst. de publ. jud. IV. 18.
(2) L. 45 de inj. XLVII. 10.
(3) § 11. Inst. de leg. Aquil. IV. 3.

peines publiques. Il y avait donc alors concours entre l'action pénale privée et la poursuite publique.

En règle générale, le lésé a le choix entre la poursuite criminelle et la peine privée.

« Meminisse oportebit nunc furti plerumque criminaliter agi, et eum, qui agit, in crimen subscribere.... Non ideo tamen minus, si qui velit, poterit civiliter agere (1) »

Il peut donc soit intenter l'action pénale privée, (et c'est certainement le parti qu'il prendra, si le coupable est solvable, puisque l'action aboutira à une condamnation pécuniaire à son profit), soit, s'il le préfère, poursuivre la répression devant la juridiction criminelle, Mais en choisissant la poursuite criminelle, le lésé perd le droit d'intenter l'action pénale privée, *et vice-versâ*. Les deux actions tendent en effet au même but : la répression, et ne peuvent par conséquent être cumulées (2).

Cette théorie qui laissait à la personne lésée le choix entre la poursuite publique et l'action pénale privée n'avait pas été admise sans contestation.

On avait voulu que l'action privée ne put être intentée avant l'action publique.

Un texte d'Ulpien (3) nous fait connaître les divergences qui s'étaient produites à cet égard, mais il consacre l'opinion, qui avait définitivement prévalu, de laisser à la partie lésée le droit d'opter entre les deux actions. « Hoc edicto contrà ea quæ vi committuntur, consuluit prætor ; nam si quis se vim passum docere possit, publico judicio de vi potest experiri, neque debet publico judicio privatâ actione præjudicari, quidam putant. Sed utilius visum est, quamvis præjudicium legi Juliæ de vi privatâ fiat, nihilominus tamen non esse denegandam actionem eligentibus privatam persecutionem. »

---

(1) L. 92 de furtis XLVII 2 — L. 3. de priv. del XLVII. 1.

(2) L. 56 § 1 de furtis. — L. 2 § 1 de vi bon rapt XLVII, 8. — et surtout L. 6 de inj. XLVII, 10.

(3) L. 2 § 1. de vi bon. rapt. XLVII. 8.

On avait toutefois, même après le triomphe de cette théorie, continué à décider que la poursuite d'une peine, au point de vue du délit privé, ne serait pas autorisée, lorsque le fait rentrerait par sa nature sous l'inculpation spéciale et directe d'un délit public déterminé «Atquin solemus dicere ex quibus causis publica sunt judicia, ex his causis non esse nos prohibendos, quominus et privato agamus ; et hoc est verum sed ubi non *principaliter* de eâ re agitur, quæ habet publicam executionem ».

Signalons en terminant une exception à la règle qui défend d'intenter pour le même fait une action pénale privée et une poursuite publique. — La loi 9 § 5 de publicanis XXXIX. 4. décide en ce sens que la condamnation au triple, prononcée dans certains cas contre les publicains se cumule avec la condamnation publique « alterum enim utilitas privata, alterum vigor publicæ disciplinæ postulat ».

SECTION QUATRIÈME.

De quelques autres modes d'extinction.

L'action pénale publique appartient à la Société et n'appartient qu'à elle. C'est elle qui s'est trouvée directement lésée par le délit, c'est en son nom qu'on doit en poursuivre la répression. Sans doute la loi romaine en délègue l'exercice : tout citoyen est en principe admis à se porter accusateur ; mais il ne s'ensuit nullement que la Société se dépouille de son droit. L'action ne devient et ne peut devenir la propriété de personne. Nul ne saurait donc valablement en disposer.

Il en est tout autrement de l'action pénale privée. Les

Romains se désintéressent de la poursuite des délits, qui n'ont à leurs yeux porté atteinte qu'à des intérêts privés, et ils remettent à la partie lésée le droit d'en demander la réparation et le châtiment.

L'action pénale privée fait partie intégrante du patrimoine de cette personne, elle lui appartient en propre ; et dès lors il est maître d'en disposer à son gré.

Cette distinction fondamentale entre la nature de l'action pénale publique et la nature de l'action pénale privée entraîne au point de vue de l'extinction de ces actions les conséquences les plus importantes.

L'action pénale publique est incessible, car on ne peut céder que les choses dont on a la propriété et l'action publique n'appartient en propre à personne.

L'action pénale privée peut au contraire en principe être toujours cédée. Les Romains apportaient toutefois à cette règle un tempérament. Les lois s'opposaient à la cession des actions *meram vindictam spirantes* c'est-à-dire de certaines actions pénales qui ont moins pour fondement une lésion naturelle qu'un affront personnel dont on ne peut tirer vengeance, et en particulier de l'action d'injures (1).

2° L'action pénale publique ne peut être éteinte ni par la transaction ni par le désistement. Il faut se garder ici d'une confusion. Il pourra très bien arriver que le citoyen, qui avait assumé la lourde charge d'une accusation cherche à s'en décharger par une transaction ou un désistement. Nous savons que ce procédé serait pour lui loin d'être sans périls et que la loi punit sévèrement le citoyen, qui sans motifs légitimes et jugés tels, renonce à l'accusation, qu'il a intentée. Mais, à supposer même cette renonciation valable, l'accusation seule se trouverait éteinte et le droit d'action continuerait à exister dans son intégrité.

---

(1) L. 28. de inj. XLVII. 10.

L'action pénale privée peut au contraire valablement être l'objet d'une transaction ou d'un désistement. La personne injuriée peut renoncer à l'action d'injures soit expressément soit tacitement par une réconciliation (1). Nous trouvons même à cet égard cette singularité que l'action d'injures s'éteint par suite de dissimulation, c'est-à-dire, lorsqu'au moment de l'injure reçue la personne injuriée n'a paru témoigner aucun ressentiment.

« Hæc actio dissimulatione aboletur, si quis enim injuriam dereliquerit, hoc est, statim passus ad animum suum non revocârit : postea ex pœnitentiâ remissam injuriam recolere non poterit » (2).

3° L'action pénale publique ne se transmet pas par succession. L'action pénale privée passe au contraire aux héritiers de la partie lésée, comme toute action purement civile en réparation de dommage causé (3). Les Romains apportaient toutefois à ce principe le même tempérament qu'en matière de cession. — Les actions *meram vindictam spirantes* ne pouvaient être exercées par les héritiers (4).

Telle était l'action d'injures ; néanmoins si l'injure était assez grave pour rejaillir sur la mémoire du défunt, les héritiers étaient admis à l'exercer.

Il est bon de remarquer que si l'action ne pouvait être intentée rien ne s'opposait à ce qu'elle fut continuée, s'il y avait eu *litis contestatio*. C'est une application pure et simple du principe général du droit romain :

« Omnes actiones quæ tempore vel morte pereunt semel inclusæ judicio salvæ permanent. »

---

(1) LL. 11 § 1, 17 § 6. h. t.

(2) L. 11. de inj. XLVII. 10 — § 12. Inst. de inj. IV. 4.

(3) § I. Inst. de perpet. et temp. IV. 12. — L. I § I de priv del. XLVII 1 — Cf. L. 11 de cond. furt. XIII. I.

(4) L. 2 § 4 de collat. XXXVIII. 2 6 — § I. Inst. de perpet. et temp. IV. 12. Gaius IV 112 — LL. 7 § I. 13 pr, 28. D. de inj. XLVII. 10.

4º L'action pénale publique pouvait s'éteindre dans certains cas par une *Abolitio*.

L'empereur pouvait, dans le but de célébrer quelque événements heureux pour l'état, *ob diem insignem, aut publicam gratulationem, aut rem prospere gestam*, ordonner, par une mesure générale, la cessation de toutes les poursuites criminelles actuellement pendantes ; c'est ce que les Romains appelaient proclamer une *Abolitio publica*. Les effets de cette mesure sont loin de se confondre avec notre amnistie moderne. L'*Abolitio* n'a pas, du moins en général, pour effet direct d'éteindre l'action pénale ; elle ne porte en principe que sur l'accusation. Toute les accusations intentées se trouvent de plein droit annulées ; mais, et c'est ce qu'il importe de remarquer, elles peuvent être reprises à nouveau, soit par l'accusateur primitif, soit par tout autre citoyen. — Toutefois le droit d'intenter de nouvelles poursuites est, par par le fait même de *l'abolitio*, restreint dans un délai assez court. L'accusation nouvelle ne peut être portée que dans les trente jours qui suivent cette *abolitio*. Ces trente jours expirés, le coupable se trouve à l'abri de toute poursuite et l'on peut dire dans ces cas que l'action pénale se trouve réellement éteinte. (1)

Rien n'aurait empêché toutefois les empereurs d'user d'une clémence plus large et d'accorder la remise absolue de toute poursuite et dans le passé et dans l'avenir. C'es une mesure qu'ils prirent dans certaines occasions: l'histoire en fait foi.

Ce mode d'extinction est particulière à l'action pénale publique et ne saurait être étendu aux actions pénales privées. Ces actions sont en effet la propriété des particuliers; et il est clair que ceux-ci ne peuvent s'en trouver dépouillés par un fait indépendant de leur volonté.

A côté des actions pénales publiques et des actions pénales

---

(1) LL. 8, 9, 10, 12, 17 ad. SC. Turpill. XLVIII, 16. —Voyez au code le titre de abolitionibus IX. 42 et le titre suivant de generali abolitione.

privées, nous avons distingué une troisième catégorie d'actions, ce sont les actions populaires.

Comme les actions publiques, elles peuvent être exercées par tout citoyen indistinctement ; mais d'un autre côté elles tiennent des actions pénales privées en ce sens qu'elles sont intentées devant le juge civil et tendent à la condamnation du coupable, non à une peine publique, mais à une somme d'argent au profit de la partie poursuivante.

Quelles règles appliquerons nous à cette catégorie d'actions ? Nous pensons qu'il faut combiner les deux ordres de principes que nous venons de développer.

Tant que l'action n'est pas intentée, elle appartient à la Société, elle n'est la propriété de personne, ne fait partie d'aucun patrimoine : *in bonis nostris non computatur.* Jusque là il y a bien un débiteur, mais il n'y a pas de créancier (1).

Ce principe engendre plusieurs conséquences.

1° Nul ne transmet une action populaire à ses héritiers. (2)

2° Nul ne peut la cautionner. (3)

3° Nul ne peut en principe, l'intenter par procureur et par conséquent la céder (4).

4° Elle n'est pas susceptible de s'éteindre par une transaction.

Mais du moment ou le procès a été intenté, la *litis contestatio* a fait sortir l'action du domaine de tous pour l'approprier à un demandeur déterminé. Elle fait partie intégrante du patrimoine de ce demandeur, passe à ses héritiers, peut être cautionnée et est susceptible de s'éteindre par la transaction ou le désistement. — Il est bon de remarquer toutefois qu'elle ne peut être cédée, car la loi romaine s'oppose à la cession des droits litigieux.

---

(1) L. 32 pr. ad. leg. Falc. XXX. 12—L. 12 pr. de verb. sign. L. 16. -- L 7 § 1 de pop. act. XLVII. 23.

(2) L. 7 pr. ht.

(3) L. 56 § 3 de fidej. XLVI. I.

(4) L. 5 ht.

DROIT FRANÇAIS.

DES RESPONSABILITÉS CIVILES EN MATIÈRE D'INCENDIE & DES ASSURANCES CONTRE L'INCENDIE

INTRODUCTION.

De tous les fléaux qui s'attaquent à la propriété, le plus fréquent, le plus inévitable, le plus terrible sans doute a toujours été le feu.

Les usages domestiques de notre époque ont donné à cet élément destructeur des forces et des facilités nouvelles ; le gaz, dans les centres tant soit peu importants, et partout, jusque dans le dernier des hameaux, le phosphore et le pétrole. Une étincelle, un souffle porte en germe l'incendie. N'espérez pas le conjurer à force de prudence : la cause en reste souvent inexplicable; et d'ailleurs le feu communiqué par un voisin déjouera toutes vos précautions. — N'espérez pas davantage le dompter; quelques moyens qu'ait inventés la science, servie par le dévouement, l'élément destructeur dévorera la proie qu'il a directement saisie. Sa rapidité défie les secours ; il faut presque toujours composer avec le feu, faire la part du feu, suivant l'expression sinistre et consacrée.

Et quels désastres ! moissons, forêts, monuments, œuvres de la nature, œuvres de l'homme, le feu n'épargne rien. — En un instant la fortune la plus brillante, s'est ensevelie sous des ruines.

S'il n'existe pas de moyens efficaces de prévenir ou d'arrêter l'incendie, est-il au moins possible d'en neutraliser les effets et de mettre la fortune des particuliers à l'abri de ces jeux terribles du hasard ? — Ce problème, dont la difficulté égale l'importance, devait nécessairement s'imposer au génie humain. Il en a trouvé la solution exacte dans la création merveilleuse *des Assurances contre l'incendie*.

L'assurance est une institution protectrice, dont les combinaisons scientifiques, fondées sur une contribution légère, offrent à tous ceux qui possèdent et ne veulent point perdre une ressource efficace, infaillible, instantanée pour réparer pleinement, dans presque tous les cas, les désastres causés par le feu.

Essayons de faire comprendre le mécanisme ingénieux de cette institution. Le système repose tout entier sur le calcul des probabilités. L'incendie se place sans doute au nombre des événements les plus fortuits qu'on puisse concevoir ; les causes en sont innombrables ; mais l'intelligence humaine a constaté que le hasard existe seulement pour les faits isolés ; tandis que des faits nombreux et d'ordre comparable sont toujours soumis à des lois. — Sans doute la probabilité de ces faits ne s'exprimera pas toujours par un chiffre invariable ; mais, si des anomalies peuvent pendant un certain temps déconcerter l'observation, les écarts se compensent et se corrigent à la longue, et cèdent à l'action régulière et constante, sur laquelle est fondé le calcul des probabilités.

Ainsi dans une ville, dont les maisons sont construites suivant un certain mode, chauffées suivant un certain procédé, occupées par une population dont les habitudes sont analogues, on remarque, dans une période suffisamment prolongée, que la proportion des incendies approche d'un rapport constant. On arrive, à l'aide d'une appréciation judicieuse des données d'une observation bien faite, à déterminer avec certitude combien il existe de chances favorables de la production de tel ou tel événement.

Et dès lors, les événements, même fortuits et accidentels, n'apparaissent plus comme abandonnés aux purs caprices du hasard ; ils présentent dans leur ensemble des rapports fixes, se succédant dans un cadre régulier, eu égard à leur multiplicité. En un mot, ils sont véritablement régis par une loi; et l'on peut considérer le résultat moyen donné par le chiffre des probabilités comme un résultat certain.

Ces principes posés, il est clair que l'assureur peut évaluer les gains de l'avenir avec presque autant de précision que le fabricant ou le marchand suppute ses bénéfices futurs. Il peut déterminer la perte probable et établir exactement le taux de la prime, qu'il doit percevoir afin de couvrir les pertes de ses assurés et de réaliser, de son côté, un gain personnel.

Une compagnie peut donc ramener la perte à un terme moyen par l'étendue de ses opérations, embrassant plusieurs risques dans divers moments et en divers lieux. Conséquemment l'assurance, pour être possible, doit porter en même temps sur un nombre considérable d'opérations.

« Celui qui ne ferait qu'une seule assurance, dit Quesnault (1), s'exposerait à un jeu beaucoup trop inégal, qui ne lui offrirait pas de compensation contre les chances de perte totale. »

Ainsi se disciplinent les évènements les plus fortuits ; et l'assurance qui, considérée seule et isolément, ne présente à l'esprit que l'idée d'un gageure et d'un pari, se réduit définitivement à une expression quasi-mathématique (2).

De toutes les institutions enfantées par l'esprit d'association et les idées de prévoyance, voilà peut-être la plus importante par l'étendue de ses opérations et la plus foncièrement utile par la magnificence de ses résultats. L'assurance contre l'incendie exerce en tous temps et en tous lieux son action tutélaire; elle sauvegarde les intérêts généraux et privés, annulle les effets désastreux d'un élément aveugle, inexorable, toujours prêt à se déchaîner. Elle conjure la ruine, répare les dommages et les pertes, en restituant au propriétaire son habitation, au manufacturier son usine, à l'artisan son modeste logis et ses instruments de travail, au cultivateur sa ferme et les produits de son champ.

L'institution des assurances contre l'incendie présente un tel caractère d'utilité qu'elle aurait dû, semble t-il, s'imposer de bonne heure. Il n'en fut cependant

---

(1) Traité des assurances terrestres p. 280.
(2) Consultez sur la base scientifique de l'assurance un discours de M. Charles Dupin, prononcé le 13 juillet 1829, à la chambre des députés.

— 149 —

pas ainsi. L'assurance maritime fonctionnait depuis longtemps déjà que l'assurance contre l'incendie était encore inconnue. Ce n'est qu'au commencement du XVIIe siècle qu'on songea à étendre le bénéfice de ce contrat des risques de mer aux risques terrestres. On peut à bon droit s'étonner de cette tardive apparition. Le principe de l'assurance existait ; la voie était ouverte : éliminer le hasard des désastres qui menacent tous nos biens et tous nos intérêts. Comment donc expliquer qu'on soit arrivé si tard à une assimilation qui paraît si simple et si naturelle, MM. Grün et Joliat (1) nous en donnent l'explication :

« Qu'on ne s'étonne point, disent-ils, si pendant plusieurs siècles ce contrat est demeuré concentré dans le cercle des affaires commerciales maritimes, et ne servît pas d'auxiliaire et de soutien à la propriété immobilière. Lorsque le contrat d'assurances maritimes prit naissance, la féodalité pesait sur l'Europe entière, et tant que subsista cette fatale institution, la violence assurant seule sa possession contre la conquête, le sentiment de la propriété ne pût prendre aucune force ; Les guerres continuelles étaient le plus terrible fléau, et c'est par les armes qu'on cherchait à en prévenir les désastreux effets. »

C'est à l'Angleterre que revient l'honneur des premiers essais et des premières institutions de l'assurance contre l'Incendie.

La première société fondée pour cette sorte d'opérations s'établit à Londres en 1681, sous le nom de « *Friendly society fire office.* » Cette société était à la

---

(1) Traité des assurances terrestres, p. 3.

fois à prime et mutuelle. Les bienfaits de cette sorte d'entreprises furent bientôt compris et appréciés en Angleterre. En 1720 nous trouvons à Londres deux sociétés déjà florissantes : les compagnies du Royal-Exchange et du London-Assurance.

Le mouvement s'étendit bientôt comme pour les assurances maritimes et l'usage des assurances contre le feu pénétra bien vite dans les autres états. Après l'Angleterre, la Hollande, puis l'Allemagne adoptèrent cette institution. En 1806, elle pénétra en Suisse.

Si nous étudions le progrès de ce mode d'assurances en France nous l'y voyons apparaître vers 1750. Une compagnie se forma à Paris pour exploiter ce genre d'opérations, par acte d'association du 29 janvier 1750. Pothier en fait mention.

En 1786, on renouvela cette tentative, qui n'avait eu paraît-il, que fort peu de succès. Des arrêts du conse du 20 août et du 6 novembre 1786, vivement attaqués par Mirabeau, autorisent deux compagnies à exploiter avec privilège, les assurances contre le feu. Ces compagnies furent bientôt dissoutes par la Révolution à raison du privilège qui leur avait été concédé. Pendant toute cette période les assurances furent oubliées. Les institutions solides ne purent se fonder qu'à l'époque ou, le calme renaissant à l'intérieur, une ère nouvelle sembla s'ouvrir pour les progrès industriels et économiques. En 1811 elles n'avaient pas encore reparu ; mais cependant le décret du 18 septembre 1811 les fait pressentir, car ce décret, qui organise les corps de pompiers, porte que les frais en seront supportés par la ville jusqu'à ce qu'il y ait une compagnie d'assurances.

Ces compagnies ne se réorganisèrent qu'en 1816 ; et

l'on peut dire que ce n'est qu'à cette date que l'on peut faire remonter l'application sérieuse des assurances contre l'Incendie en France.

Les compagnies nouvelles empruntèrent d'abord la forme de la mutualité. La première compagnie autorisée fut la Mutualité Immobilière de Paris. En 1818 et 1819 de nouvelles autorisations furent accordées pour divers départements de l'Est et de l'Ouest. L'idée se propageait; et les compagnies, alors autorisées, commencèrent à opérer à prime fixe et non plus sur la base de la mutualité. La compagnie d'Assurances Générales est la première en date. Viennent ensuite la compagnie Royale, aujourd'hui la Nationale, le Phénix, etc. Aujourd'hui le nombre des sociétés, qui exploitent l'assurance contre l'Incendie est considérable. La confiance qu'elles méritent ne se discute plus; et l'intérêt, qui pousse tout propriétaire à contracter avec elles se justifierait au besoin par le nombre des assurances qu'elles réalisent et la valeur prodigieuse des propriétés qu'elles garantissent.

Tel est l'exposé rapide du développement historique de l'institution que nous nous proposons d'étudier. Nous croyons pouvoir nous borner, à cet égard, à ces brèves explications. Il ne faut demander à l'histoire du droit que ses règles et ses enseignements, et le jurisconsulte peut sans scrupule laisser de côté tous les faits, qui sont stériles au point de vue de la législation, quelque curieux qu'ils puissent paraitre au point de vue historique. Les législations anciennes ne nous fourniraient, en cette matière, que bien peu de données utiles; et nous n'y trouverions que bien rarement des éléments de solution. Toutes sont en effet restées muettes sur ce contrat d'assurance; car les règles que nous y trouvons posées sont spéciales à l'assurance maritime et ne peuvent s'étendre à l'assurance terrestre qu'autant qu'elles sont l'expression des principes généraux du droit et de l'équité.

Nous demanderons au contraire à la jurisprudence de précieux enseignements. Les assurances, comme la plupart des institutions en matière commerciale, ont pris naissance dans le monde des affaires ; elles ont été mises en pratique avant de trouver place dans la législation. Elles ne sont encore en France réglées par aucune loi spéciale. Le rôle de la jurisprudence consiste précisément à suppléer à l'absence des textes ou à leur insuffisance, en faisant la part la plus large possible à la volonté des parties librement exprimée et sainement entendue. Elle ne procède pas systématiquement et par principes absolus : ce n'est pas sa mission ; mais elle risque moins de s'égarer dans les subtilités théoriques. Le bon sens a une plus grande part dans ses décisions que la science; et l'importance des espèces, sur lesquelles elle est appelée chaque jour à se prononcer met en jeu des principes souvent multiples et relève à ce titre de la critique scientifique (1).

Les assurances maritimes sont seules codifiées ; les assurances terrestres ne sont réglées par aucune loi spéciale. Ces deux espèces de contrats diffèrent soit par leur but, soit par leur objet, soit par la nature des

---

(1) Nous aurons souvent l'occasion, dans le cours de ce travail, de renvoyer à une revue, qui est consacrée exclusivement à la matière des assurances. On y trouve un nombre considérable d'arrêts et de jugements, qu'on rechercherait vainement dans tout autre recueil. Nous voulons parler du Journal des assurances, fondé par M. Pouget et continué par M. Badon Pascal. Nous l'indiquerons par le mot : Ass. (abréviation du mot Assurance).

risques qu'ils sont destinés à couvrir. Ces différences essentielles ne permettent pas, à notre avis, d'étendre en principe aux assurances terrestres les règles édictées uniquement pour les assurances maritimes. Le code de commerce ne devra donc être appliqué en notre matière qu'autant que ses dispositions rentreront dans le droit commun et ne constitueront qu'une application des principes généraux du droit et de l'équité. Nous devrons au contraire nous en écarter, non seulement lorsque la nature même des choses opposera un obstacle invincible à ce qu'il puisse s'appliquer, mais encore toutes les fois que ses dispositions présenteront un caractère exceptionnel ou dérogatoire aux règles du droit commun (1).

Ce n'est donc pas dans le texte de nos lois que nous trouverons le plus souvent les éléments de nos solutions; c'est dans les statuts des compagnies, dans les formules des polices que nous les y chercherons de préférence.

Cette espèce de législation, dressée par une des parties intéressées, ne peut avoir, on le sent, l'autorité d'un acte émanant de la puissance publique ; peut-être même n'en présente-t-elle pas toujours la parfaite impartialité, mais elle est l'expression claire et nette de la volonté des parties ; elle représente une convention librement consentie ; et, à ce titre, les tribunaux doivent la faire respecter, toutes les fois qu'elle ne viole aucun texte prohibitif de nos lois.

On a prétendu que les compagnies, qui, en fait, rédigent, elles mêmes et à elles seules, les formules des polices, avaient multiplié outre mesure les formalités

---

(1) Contra : Alauzet II. 100.

imposées à l'assuré, prodigué à l'excès toutes les nullités contre lui et décidé invariablement à leur avantage tous les cas douteux. Il fût de mode à une certaine époque de ne voir dans les polices d'assurances que de véritables pièges tendus à la crédulité ou à la bonne foi des assurés ; et les tribunaux ont à diverses reprises, dans le début, sanctionné ces critiques en refusant d'appliquer certaines des dispositions contenues dans ces polices.

La jurisprudence paraît aujourd'hui abandonner cette fâcheuse tendance et revenir sur bien des points à une plus saine appréciation des choses ; et ce n'est plus que dans quelques cas absolument exceptionnels qu'elle se refuse à appliquer le contrat dans son intégrité. C'est là qu'à notre avis se trouve la vérité.

Les polices d'assurances constituent en effet une convention parfaitement licite, signée des deux parties, et sur laquelle elles se sont accordées. Et dès lors, quelles raisons l'assuré peut-il invoquer pour se soustraire à l'accomplissement des obligations qu'il a volontairement, sciemment, librement consenties. Le rôle des tribunaux, dans les pays libres, est de sanctionner les conventions des parties et de les faire respecter toutes les fois qu'on ne peut invoquer contre elles un texte prohibitif de la loi.

Les obligations imposées à l'assuré sont, dit-on, trop rigoureuses ? C'est regrettable ; mais rien n'obligeait l'assuré à contracter l'assurance. Il a traité comme il l'a entendu ; on n'a exercé vis-à-vis de lui ni dol ni violence. — Du moment ou il a signé le contrat, il se trouve engagé à exécuter toutes les clauses sans distinction, si dures qu'elles puissent être. Mais, ajoute-t-on, l'assuré signe les polices sans les lire et il se voit tout-à-coup opposer des déchéances qu'il n'a pu prévoir.

Voici une objection qui nous paraît pour le moins singulière ; et il est permis à bon droit de s'étonner de la voir reproduite dans un arrêt de la Cour de Cassation. — L'assuré signe d'habitude les polices sans les lire. — Qui l'empêche donc de les lire ? S'il apporte, en contractant une assurance, une négligence, qu'il n'apporterait pas en toute autre affaire, à qui la faute ? Qui doit en être responsable ? Rien ne l'empêchait de prendre connaissance de la police et de ses conditions, de faire, avant de signer l'acte, telles objections qu'il lui plaisait, de demander les modifications qu'il jugeait nécessaires ; et, à défaut de les obtenir, de refuser de contracter. Mais venir dire qu'un acte signé d'une partie, ne peut lui être opposé parce qu'il est probable qu'elle ne l'a pas lu, me paraît constituer au premier chef une énormité juridique

Les tribunaux doivent donc, et c'est le principe fondamental que nous tenons à poser en tête de cette étude, reconnaître aux clauses des polices une validité complète, et faire respecter dans son intégrité une convention, qui a été librement consentie, et qui, dès lors, doit faire la loi des parties, à supposer bien entendu qu'elle ne soit contraire ni aux lois ni à l'ordre public.

Nous hésitons d'autant moins à prendre ce principe pour guide de nos recherches que les reproches, qu'on adresse aux clauses contenues dans les polices, nous paraissent exagérés ou plutôt erronés Les statuts des compagnies ne sont le plus souvent qu'une application pure et simple des principes de droit commun ; la formule en est précise et équitable.

La meilleure preuve que l'on en puisse donner, c'est que les pays, qui ont cru devoir consacrer aux assurances une loi spéciale, n'ont fait que reproduire presque textuellement, les dispositions des statuts de nos principales compagnies. Nous citerons, à titre d'exemple, la loi belge sur les assurances de 1874 (1).

Nous n'avons pas encore en France de loi qui régisse les assurances contre l'incendie. C'est une lacune dans notre législation, qui, nous l'espérons, ne tardera pas à être comblée.

Ce n'est pas que nous pensions que le législateur doive se hâter de réglementer une institution dès ses débuts. Mieux vaut quelquefois laisser à la science et à la pratique le soin de rechercher les besoins et de déterminer les règles d'un contrat que de se hâter dans l'étude et dans la promulgation d'une loi. Si elle n'est point fondée sur les vrais besoins de l'institution qu'elle veut réglementer, elle en arrêtera le développement et la fera peut-être avorter. Or comment prévoir avec certitude les difficultés qu'une institution nouvelle pourra faire naître dans son application. La pratique seule peut permettre de les trancher en connaissance de cause.

Mais aujourd'hui l'assurance est connue de tous ; elle est entrée dans les mœurs ; la doctrine et surtout la jurisprudence ont fixé, jusque dans leurs moindres détails, les règles de la matière ; les formules en sont claires et précises; et le législateur pourrait transformer en texte de lois des règles dont l'usage a démontré le bien fondé. Son œuvre serait facile et opportune ; on

---

(1) Moniteur belge du 14 juin 1874 n° 105.

arriverait ainsi, et le but est enviable, à supprimer touts les doutes, à faire disparaître toutes les incertitudes et à établir l'unité dans un contrat d'une aussi haute importance.

Nous nous proposons de rechercher ici les principes applicables au contrat d'assurance contre l'incendie, d'en déterminer le mécanisme et les règles, d'étudier les conditions de validité auxquels il est soumis, sa forme et ses effets.

Nous pensons qu'il y a là un sujet de recherches pratiques, dont le développement véritablement prodigieux de l'assurance à notre époque, affirme chaque jour l'utilité Analyser les documents fournis par la doctrine et les tribunaux, les classer dans un ordre logique, montrer aussi exactement que possible, au milieu de décisions multiples et souvent contradictoires, quel est l'état actuel de la jurisprudence, tel sera le but que nous essaierons d'atteindre. Nous éviterons, autant que nous le pourrons, de nous égarer dans la discussion de théories abstraites que nous aurons que bien rarement d'ailleurs l'occasion de rencontrer. Nous estimons en effet qu'à un sujet essentiellement pratique il faut nécessairement apporter des solutions pratiques. Les controverses abstraites de l'école trouveraient peu de place dans une matière, que le législateur n'a pas réglée et ou tout est par conséquent laissé à la liberté des conventions. Notre liberté d'appréciation ne s'en trouvera, pensons nous, que plus complète, et nous pourrons, sans crainte de nous heurter à des textes gênants, à des dispositions législatives embarrassantes, diriger nos recherches vers un but d'application utile et positive, *ad usum communis vitœ* (1).

L'assurance contre l'incendie a pour but de garantir la propriété et les intérêts privés contre les risques du feu. Il nous semble indispensable, avant de commencer l'étude de ce contrat, de déterminer avec précision les diverses responsabilités auxquelles l'incendie peut donner naissance. Les intérêts des propriétaires ne sont point en effet les seuls qui soient mis en péril, tant s'en faut. Le plus souvent le détenteur de la chose, l'auteur volontaire ou involontaire du sinistre devra indemniser ce propriétaire et supporter en dernière analyse les effets du sinistre. Ces responsabilités diverses se trouvent déterminées par le Code civil, soit par des dispositions spéciales, soit par une application particulière des principes généraux en matière d'obligations. L'étude de ces règles est souvent difficile et compliquée. Nous pensons que, pour étudier avec fruit la matière de l'assurance, il faut au préalable connaître à fonds le but auquel tend cette institution et déterminer avec exactitude les responsabilités diverses, qu'elle est destinée à garantir.

Nous diviserons donc cette étude en deux parties. Nous rechercherons, dans la première, les principes qui régissent la responsabilité civile en matière d'incendie ; et nous consacrerons la seconde au contrat d'assurances.

---

(1) Leibnitz. Nova methodus.

PREMIÈRE PARTIE.

Des Responsabilités civiles en matière d'Incendie.

Une chose peut se trouver entre les mains de son propriétaire, qui l'exploite et en jouit personnellement ; mais elle peut aussi, et c'est peut-être le cas le plus fréquent, être détenue par d'autres personnes, auxquelles le propriétaire en a confié la possession : c'est ainsi, par exemple, qu'elle peut être l'objet d'un contrat de bail ou d'un droit d'usufruit. Une incendie survient. Quel sera dans ces conditions celui des deux, du propriétaire ou du détenteur, qui souffrira du sinistre et supportera finalement la perte causée par le désastre. Le détenteur, obligé à restituer la chose par le contrat même en vertu duquel il possède, se trouvera-t-il libéré de cette obligation par le fait seul de l'incendie? Ne lui faudra-t-il pas établir en outre que cet incendie ne provient pas de sa faute. En d'autres termes, lorsque l'on est dans l'ignorance des causes de l'incendie, qui doit en être déclaré responsable ?

D'un autre côté, l'incendie peut provenir d'un délit ou d'un quasi délit ; il peut être le fait de l'imprudence ou de la malveillance. La loi et l'équité s'accordent à reconnaître ici que l'auteur du sinistre doit réparer le dommage qu'il a causé volontairement ou involontairement (art. 1302).

Nous aurons donc deux situations distinctes à examiner.

Nous devrons déterminer en premier lieu la nature et l'étendue de la responsabilité qui pèse sur les détenteurs de la chose, lorsque la cause de l'incendie reste inconnue.

Nous examinerons dans un second chapitre le recours que le propriétaire ou la personne responsable est admise à exercer contre les auteurs du sinistre.

CHAPITRE PREMIER.

DE LA RESPONSABILITÉ DES DÉTENTEURS DE LA CHOSE.

Lorsqu'une personne détient la chose d'autrui en vertu d'un titre qui l'oblige à la restituer, la loi doit fournir une protection efficace au propriétaire, qui a abandonné la possession de sa chose et s'est mis par là même dans l'impossibilité de la surveiller. Elle doit chercher à le garantir contre les imprudences ou les négligences du détenteur, tendre, en un mot, à lui assurer dans tous les cas la restitution de la chose, ou tout au moins une indemnité équivalente.

Cette protection est surtout nécessaire pour le cas d'incendie. Les sinistres de cette nature ne sont en effet le plus souvent que le résultat d'imprudences ou de négligences que le propriétaire est impuissant à prévenir, puisqu'il a abandonné la jouissance de son bien.

Cette nécessité s'impose, quelque soit la nature du titre en vertu duquel le débiteur possède. Les dispositions de la loi auraient dû, semble-t-il, présenter à cet égard un caractère général.

Il n'en est point cependant ainsi. La loi n'a réglé que la situation des locataires ; mais elle est restée muette pour tous les autres cas.

Il nous faudra donc rechercher si les dispositions, que le Code civil a spécialement consacrées aux locataires, peuvent de plein droit être appliquées aux autres détenteurs et dans quelle mesure.

SECTION PREMIÈRE.

De la responsabilité des locataires.

Le Code civil contient deux articles, qui règlent la responsabilité du locataire en cas d'incendie.

L'article 1733 prévoit l'hypothèse où l'immeuble incendié était occupé par un locataire unique ; l'article 1734 suppose qu'il était habité par plusieurs personnes. Nous consacrerons à l'étude de chacun de ces articles un paragraphe spécial ; et nous rechercherons ensuite quelle est l'étendue de cette responsabilité.

§ Ier — Responsabilité d'un locataire unique.

Lorsque l'immeuble loué est occupé en entier par un seul locataire, le principe de sa responsabilité se trouve écrit dans l'article 1733 du Code civil :

« Les locataires répondent de l'incendie à moins qu'ils ne prouvent : que l'incendie est arrivé par cas fortuit ou force majeure, ou par vice de construction.

Ou que le feu a été communiqué par une maison voisine. »

Le locataire est donc, à défaut de preuve contraire, présumé en faute et doit être à ce titre déclaré responsable de l'incendie (1) (2).

---

(1) L'origine de la disposition de l'article 1733 n'apparaît pas bien nettement dans notre ancienne législation ; les auteurs étaient fort divisés. Les uns prétendaient que le demandeur c'est à dire le bailleur, devait établir la faute du preneur (en ce sens Henrys, Voët et plusieurs arrêts du parlement de Dijon, rapportés par Bouvot) — ; mais on peut citer une foule de décisions et d'auteurs qui adoptaient le système consacré par le Code civil (Voyez : Bretonnier sur Henrys — Basnage sur l'art. 453 de la coutume de Bretagne — Despeisses II. sect. 4. no 16 — Domat, lib. II. titre VIII. sect. 4 no 6. — Pothier, du louage no 194.

(2) Les législations étrangères sont aussi divisées que nos anciens auteurs. Les unes ne

Le caractère de cette disposition a soulevé dans la doctrine et dans la jurisprudence, des divergences et des controverses sans nombre.

Les uns y ont vu une dérogation injustifiable au droit commun, une règle arbitraire, qu'on ne saurait trop se hâter d'effacer de nos lois.

D'autres n'y trouvent au contraire qu'une application pure et simple des principes ordinaires en matière de preuve.

Ils pensent que, loin de contenir une dérogation aux règles du droit commun, l'article 1733 n'en est en quelque sorte que le corollaire.

Cette manière de voir, à laquelle la grande majorité des auteurs parait s'être actuellement ralliée, nous paraît être de beaucoup la plus exacte.

Il est aisé de nous en convaincre.

La situation d'un locataire vis-à-vis du bailleur est en effet celle d'un débiteur et d'un débiteur de corps certain. Un immeuble lui a été livré pour un temps déterminé : il est obligé de veiller à sa conservation, il s'en est constitué le gardien jusqu'à l'époque ou il est tenu d'en opérer la restitution. Il doit donc le rendre dans l'état ou il l'a reçu, ou, s'il ne le rend pas, prouver, aux termes de l'article 1302 du Code civil, qu'il est fondé à ne pas le faire, c'est à dire que la chose a péri sans sa faute.

Or cette preuve, la fera-t-il complète et satisfactoire en

---

déclarent le locataire responsable qu'autant que le bailleur établit qu'il est en faute (Code de la Louisiane art. 2693 ; du canton de Vaud. art. 1229 ; Code Prussien). Mais le Code Hollandais art. 1601 et le Code Sarde art. 1742, mettent, comme notre Code civil, la preuve à la charge du locataire. — En Angleterre, par la loi commune, les fermiers et tenanciers n'étaient pas responsables envers les propriétaires des accidents du feu et des effets de leur négligence sur ce point. Le statut de Glocester, en assujettissant les tenanciers aux actions de dévastation sans exception, modifia cet état de choses et les rendit responsables des accidents du feu. Aujourd'hui l'ancienne loi est rétablie par le statut 6, Ann.C. 31. « Il défend, dit Blackstone (liv 3, ch. 14) les poursuites contre ceux dans la maison ou la chambre desquels le feu aura pris par accident, leur propre perte étant une punition suffisante de leur inattention ou de celle de leurs domestiques). »

venant dire que le feu a dévoré la chose ? — Non, car l'incendie, loin d'exclure la possibilité d'une faute de la part de ceux qui en sont atteints, provient plus souvent de la faute que de la force majeure ; il est plus fréquemment le résultat d'une imprudence ou d'un défaut de surveillance que d'un cas fortuit proprement dit : Incendia plerumque fiunt culpâ inhabitantium.

« En matière d'exécution de contrat, dit la Cour de Cassation l'incendie, ne peut être considéré comme constituant en lui même un cas de force majeure, encore que la cause n'en soit pas connue (1). »

Le locataire, en établissant le fait de l'incendie, ne satisfait donc pas aux conditions mises par l'article 1302 à sa libération. Il faut encore qu'il prouve que l'incendie à eu lieu sans sa faute, ne lui est pas imputable, ni à lui ni aux siens. Alors seulement le juge pourra le déclarer délié de son obligation de restituer.

Tel est le droit commun. On voit que l'article 1733 n'en est que la consécration pure et simple et ne constitue en aucune façon une règle arbitraire et exceptionnelle (2).

---

(1) Cass. 25 Août 1858. Dall. J. gén. v° obl. n° 470 — Trib. de la Seine 3 Mai 1875. Ass. 75, p. 132.

(2) Troplong 364—Aubry et Rau 367 note 21— Cp. Rapport présenté à la chambre des députés sur la proposition Viette.—Cette théorie repose toute entière sur le principe que l'incendie ne constitue pas un cas fortuit. Nous ne nous dissimulons pas qu'elle peut être contestée avec quelque apparence de raison. — Tous les auteurs, peut-on dire, ont toujours cité l'incendie comme exemple de cas fortuit : « On donne ce nom, dit Merlin, à des événements occasionnés par une force majeure, qu'on ne peut prévoir et à laquelle on ne peut résister. Tels sont les débordements, les naufrages, *les incendies* ». (Merlin. rép. II. p. 44 v° cas fortuit). On ne peut, ajoute-t-on, lui attribuer un caractère particulier parce qu'il peut quelquefois provenir de la faute de celui qui l'invoque. N'en est-il pas en effet de même du vol, du naufrage et de tous les cas fortuits les uns après les autres. A ce compte il n'y aurait plus de cas fortuits. Ne vaut-il pas mieux s'en tenir aux principes d'après lesquels la faute se prouve et ne se présume pas ? Et ce qui prouve que les rédacteurs du Code civil ont prévu que le cas fortuit pouvait être entrainé ou aggravé par une faute quelconque du débiteur, ce sont les articles 1807 et 1808 ou ce cas est expressément prévu. N'est-ce pas là un argument topique en faveur de l'opinion qui attribue à l'incendie le caractère de cas fortuit, sauf la preuve contraire à la charge de celui qui contestera ce caractère (Grün et Joliat IV. 369. — Demolombe X. 628 ; XVI. 490. — Cp. art. 624, 1348 et 1849). — Si l'on admet ce point de départ, l'article 1733 devient par cela même une disposition d'un ordre exceptionnel et ne peut plus, contrairement à l'opinion émise au texte,

L'article 1733 en mettant à la charge du locataire la preuve de sa libération ne modifie donc pas sa situation juridique ; mais ne renferme-t-il pas au contraire, dans sa seconde partie, une grave dérogation au droit commun ? N'y limite-t-il pas les moyens de justification du preneur ?

Le locataire, dit l'article 1733, répond de l'incendie, *à moins qu'il ne prouve* ;

Que l'incendie est arrivé par cas fortuit, ou force majeure ou vice de construction (1), ou que le feu à été communiqués par une maison voisine.

Le locataire ne pourra-t-il se soustraire à la responsabilité qui pèse sur lui qu'en établissant directement la preuve de l'un des faits énoncés dans cet article ? — Ne faut-il pas plutôt voir là une simple énumération des causes d'excuses les plus fréquentes, et permettre en conséquence au preneur de prouver par tous les moyens possibles que l'incendie a eu lieu sans sa faute ?

L'article 1733, enseigne-t-on dans un premier système, restreint les moyens de justification du preneur.

Ce n'est pas, dit Marcadé (2), une simple preuve négative de l'absence de faute que la loi demande ici, c'est la preuve positive de l'une des trois causes exprimées dans l'article. A tort ou à raison, la loi, pour forcer le locataire à une vigilance plus grande, ne le décharge qu'à la condition d'indiquer la cause de l'incendie. Non, la loi ne se contente pas de la négation du locataire, qui sans arriver à l'affirmation d'une des trois hypothèses prévues, se contenterait de prouver

---

recevoir d'application que dans les cas expressément prévus par la loi. — Il faudrait donc lui appliquer en tous points les règles, que nous avons écrites pour l'article 1734. — Cette manière de voir serait en opposition avec une jurisprudence constante et une doctrine quasi-unanime.

(1) Le locataire qui prouvera que l'incendie est arrivé par suite d'un vice de construction aura recours contre le propriétaire, que celui-ci ait ou non connu ce vice (art 1721). Le propriétaire est en effet présumé livrer la chose en bon état ; s'il en est autrement, le locataire ne peut en souffrir (art. 1456) (Cass. 30 Mai 1837 : Pouget. dict. v° vice de construction).

(2) Marcadé. VI sur les art. 1733 et 1734 p. 463.

qu'il n'est pas en faute — et la preuve de cette idée se trouve claire et saillante dans notre article 1733 et surtout dans sa combinaison avec l'article 1732 qui le précède.

Si l'on avait en effet simplement voulu dire que le locataire ferait cesser sa responsabilité en prouvant seulement que l'incendie a eu lieu sans sa faute, l'article 1733 serait absolument sans objet. Il n'est pas admissible que le législateur qui venait dans l'article précédent de poser en principe que le locataire répond des pertes et dégradations à moins qu'il ne prouve qu'elles ont eu lieu sans sa faute, ait cru devoir répéter identiquement la même règle dans l'article suivant.

Il faut donc nécessairement admettre que le locataire doit établir directement :

Ou que le feu provient d'un cas fortuit ou de force majeure.
Ou qu'il provient d'un vice de construction.
Ou qu'il à été communiqué par une maison voisine.

Si le locataire n'arrive pas à établir directement l'existence d'une de ces trois causes d'incendie, il en doit être déclaré responsable. Tous autres modes de justification lui sont interdits (1).

Il ne saurait invoquer ni la circonstance qu'au moment de l'incendie il n'occupait pas le bâtiment incendié (2), ni le fait qui l'incendie est dû à la malveillance (3).

Ce système est aujourd'hui repoussé par la doctrine et par la jurisprudence.

Aucune raison de droit ni d'équité ne justifierait en effet de pareilles restrictions. Ce serait une véritable anomalie que de limiter le droit de défense du preneur à certains faits, quand même il en alléguerait d'autres, qui tendraient à prouver qu'il n'est pas en faute. On ne persuadera jamais à un juge

---

(1) Aubry et Rau 367 note 22. — Merger. Rev. Prat. 1860, p. 136 n° 28. — Dall. v° louage, n° 370. — Paris 4 juillet 1835.

(2) Duvergier I. 416 et sqq, 437. — Troplong II. 381. — Merger. op. cit. n° 34. — Grün et Joliat. VI. p. 347. — Paris 10 et 15 mai 1834. Sir. 34. 2. 322 ; 11 février 1869.

(3) Montpellier 1er mars 1851. Ass. 51. p. 377.

qu'il doit condamner à des dommages et intérêts le preneur pour avoir détruit la chose par sa faute, alors que ce preneur se fait fort de prouver que cet incendie est arrivé sans sa faute.

Nous croyons donc, et la jurisprudence tend de plus en plus à se fixer dans ce sens, que la seconde partie de l'article 1733 ne constitue, pas plus que la première une dérogation au droit commun et qu'elle n'entend en aucune façon limiter les moyens de justification du preneur.

Nous en trouvons la preuve dans les travaux préparatoires Tout y concourt à établir que les rédacteurs du Code Civil, qui ont d'ailleurs reproduit presque littéralement l'opinion de Pothier (1) ont uniquement voulu trancher la question de savoir qui devrait faire la preuve de la négligence, mais n'ont entendu en aucune façon obliger le preneur à la preuve directe de l'un des trois faits, énumérés dans l'article 1733.

« La loi, disait Mr Jaubert au corps législatif, n'établit qu'une présomption. — Cette présomption peut être détruite par la preuve contraire (2). »

L'article 1733, est donc purement énonciatif. Loin d'être en antagonisme avec l'article 1732, il se lie au contraire à lui comme un corollaire à la règle. Il se contente de citer, à titre d'exemples, les causes d'excuses qui se présenteront le plus fréquemment dans la pratique ; mais il n'a en aucune façon pour but de les imposer privativement.

Qu'on ne dise point qu'entendu en ce sens cet article deviendrait inutile. Le tribun Jaubert nous fournit encore une réponse à cette objection. Si les rédacteurs du Code ont cru devoir décider formellement la question, c'est que dans l'ancien droit ce point était controversé et avait donné lieu à une foule de distinctions et de décisions contradictoires. Ils ont donc voulu trancher nettement toutes ces difficultés ; et,

---

(1) Du louage n° 194.
(2) Disc n° 5. Locré VII p. 211.

dès lors, il est impossible de dire que l'article est inutile et sans application.

Ajoutons que la doctrine contraire imposerait en réalité au preneur une responsabilité trop lourde. L'incendie est en effet par sa nature un fait dont il est toujours difficile et souvent impossible de préciser les circonstances. Obliger le preneur à établir directement la cause de l'incendie équivaudrait presque à le rendre responsable dans tous les cas.

On peut donc, à notre avis, poser en principe que tout moyen, qui tendra à établir que le locataire est exempt de faute, devra être accueilli (1). La question se résoudra donc en une appréciation, qui est du domaine du juge.

Le locataire pourra donc s'appuyer sur des présomptions graves, telles que l'état matériel des lieux après l'incendie ou la direction du vent le jour du sinistre (2).

De même il pourrait prouver qu'au moment de l'incendie il était absent depuis longtemps avec sa famille et ses gens, ce qui écarterait tout soupçon de faute ou de négligence de sa part (3).

Serait-il recevable à opposer au propriétaire que l'incendie est dû à la malveillance ?

Certains auteurs ont voulu sur ce point établir la distinction suivante : La malveillance, a-t-on dit, peut se produire contre le locataire ou contre le propriétaire ; si elle s'attache au propriétaire, le locataire n'en est pas responsable ; mais si

---

(1) Duvergier I. 345. — Troplong II. 364 et 382. — Merlin rép. v° Incendie. — Dall. v° Louage n°s 364 et 399. — Proudhon. Usufruit IV. 452. — Larombière I. 535 note 14. — Laurent XXV. 279. — Cass. 14 novembre 1853. Sir 54, 1, 676. — Rouen 16 janvier 1845. Sir. 45, 2, 473. — Paris 29 décembre 1852. D. 54, 2, 166. — Metz 21 décembre 1854. Sir. 55, 2, 121. — Chambéry 10 avril 1867. Sir. 67, 2, 212. — Liège 23 mai 1868. D. rép. n° 364.

(2) Rouen 31 décembre 1851.

(3) Larombière, Proudhon, Troplong, loc. cit. — Cp. Turin 8 août 1809. Sir. 11, 2, 114. — Cette solution est-elle bien exacte ? M. Laurent pense avec raison que cette absence même, en empêchant le locataire de veiller à la conservation de la chose, d'arrêter l'incendie et de demander du secours, constituerait une faute grave de nature à engager sa responsabilité.

elle s'attache au contraire au locataire, le propriétaire pourra dire à celui-ci : « Vous êtes pour moi la cause du sinistre, et dès lors vous m'en devez la réparation (1). »

Nous repoussons sans hésiter cette distinction. Le locataire, à notre avis, s'exonérera dans tous les cas de sa responsabilité en prouvant que l'incendie est dû à la malveillance. La raison en est que le locataire est impuissant contre la malveillance, alors même qu'elle s'attache à lui, et qu'elle revêt par conséquent à son égard tous les caractères d'un cas fortuit qu'il n'a pu ni prévoir, ni empêcher ; et dès lors le locataire, exempt de toute faute, doit se voir exonéré de toute responsabilité (2).

§ II. — Responsabilité des colocataires.

L'article 1734, qui règle cette responsabilité, est ainsi conçu « S'il y a plusieurs locataires, tous sont solidairement responsables de l'incendie.

A moins qu'il ne prouvent : Que l'incendie a commencé dans l'habitation de l'un d'eux, auquel cas celui-là seul est tenu ;

Ou que quelques-uns ne prouvent que l'incendie n'a pu commencer chez eux, auquel cas ceux-là seuls n'en sont pas tenus. »

Sous l'ancien droit, si le point de départ du feu était inconnu, aucun des locataires n'était tenu (3).

Le Parlement de Paris (3 août 1777) repoussa cette doctrine et déclara, dans ce cas, tous les locataires responsables : la présomption de faute, existant contre chacun en particulier, lui parut militer contre tous à la fois.

---

(1) Domat liv. 1 titre 4 sect. 2 n° 6 — Despeisses du louage tit. 2, sect. 4 n° 6.
(2) Lehir II p. 236 — Colmar 21 juin 1837 ; 10 Mars 1846 ; 12 Mars 1847. — Trib. de Châlons-Sur-Saône, de Vendôme, de la Seine.
(3) Pothier. Louage n° 194.

Le Code a reproduit, en l'exagérant, cette théorie.

Aujourd'hui, lorsque la cause et le point de départ du feu sont inconnus, tous les locataires sont responsables de l'incendie. Tous en répondent vis-à-vis du propriétaire ; et tous en répondent *solidairement*, c'est-à-dire qu'ils répondent, chacun pour le tout, de l'incendie de la maison toute entière, non-seulement des parties qu'ils occupent mais même de celles qu'ils n'occupent pas, sans qu'il y ait lieu d'établir de distinction entre le riche, qui habite au premier étage de vastes appartements et qui paie un loyer considérable, et l'artisan qui occupe sous les toits une modeste mansarde.

Cette disposition est absolument contraire à tous les principes du droit ; elle blesse les notions les plus élémentaires de l'équité et l'on peut s'étonner à juste titre de la voir figurer dans nos lois.

La division des dettes est en effet la règle dans notre législation ; la solidarité doit en principe être expressément stipulée (art. 1202). Si la loi l'impose parfois c'est parce que des circonstances de fait en font présumer l'acceptation, comme dans la co-tutelle, ou parce qu'elle l'attache comme peine ou réparation à un fait illicite, entre codélinquants par exemple.

Or il n'est possible d'invoquer ni l'une ni l'autre de ces raisons pour justifier la solidarité, établie par l'article 1734. Les divers locataires d'un immeuble n'ont point en effet de rapports juridiques entre eux ; s'ils ont traité avec le propriétaire, c'est chacun pour soi et par suite divisément ; souvent ils ne se connaissent pas ; parfois même ils sont obligés de subir le voisinage qui leur est imposé. D'un autre côté on ne peut dire qu'il y ait délit et par suite arguer d'une solidarité que la loi pénale n'impose qu'aux co-auteurs d'une infraction.

Ce n'est point là d'ailleurs le seul point où l'article 1734 se heurte aux principes généraux du droit. A quoi le locataire est-il obligé ? A surveiller et à restituer ce qu'il a reçu. Or qu'a-t-il reçu ? Seulement la portion de l'immeuble qui fait l'objet de son bail. Donc c'est aussi à cette part que son obligation se limite et c'est de cette part seule qu'il devrait être responsable en cas de sinistre. C'était l'avis de Pothier (1) qui se refusait à admettre cette solidarité ; ce fut aussi celui de plusieurs Cours d'appel à qui le projet du Code fut communiqué (2).

Comment le principe de cette solidarité s'est-il glissé dans la loi ? Probablement par suite d'une erreur, car on ne trouve dans les travaux préparatoires aucune trace des discussions qui auraient certainement accompagné l'introduction d'une règle nouvelle aussi exorbitante.

La disposition de l'article 1734 est donc contraire à l'équité, aux principes généraux du droit et à l'intention des parties; car elle n'est nullement en rapport avec les obligations que celles-ci ont contractées l'une envers l'autre. Aussi lorsqu'un député, M. Viette, demanda l'abrogation de cet article, la commission se rangea-t-elle sans hésiter à son avis et proposa une rédaction plus équitable, aux termes de laquelle le colocataire était responsable de l'incendie mais seulement proportionnellement à la valeur locative de l'immeuble qu'il occupait (3).

Cette réforme si sage ne fut pas opérée, nous ne savons trop pour quel motif ; et l'article 1734 figure encore dans notre Code. Nous devons donc chercher encore à en préciser la portée.

Quel est le caractère de la solidarité prononcée par l'article 1734 ? Y a-t-il là une véritable obligation solidaire ? Certains

---

(1) Pothier Louage 193.

(2) Obs. de la Cour de Lyon.

(3) V. le rapport de M. Durand (d'Ille-et-Vilaine) J^{al} des Ass. 1879 p. 157 ; Gaz. des Trib. 3 août 1879. Ce projet un moment laissé dans l'oubli comme tant d'autres paraît devoir bientôt recevoir la sanction législative. — La chambre des députés l'a pris tout récemment en considération. (Séance du 10 décembre 1881).

auteurs (1) n'ont voulu y voir qu'une simple responsabilité in solidum, qui ne produirait par tous les effets de la solidarité. Nous ne croyons pas devoir examiner ici une controverse aussi connue ; mais nous devons dire qu'à notre avis il n'y a qu'une solidarité unique, qui doit, toutes les fois que la loi la prononce, produire, tous les effets qui y sont généralement attachés (2).

La solution de cette question nous permet de préciser l'étendue de la responsabilité, que l'article 1734 impose à chaque locataire, et de déterminer quelle est la portion d'indemnité qui doit rester à la charge de chacun d'eux ?

Suivant Mrs Aubry et Rau (3), la dette ne se divise pas nécessairement entre les locataires *pro portione virili*. Les tribunaux doivent procéder entre eux à une répartition proportionnelle. Ils doivent fixer la part que chacun doit supporter, suivant les circonstances et en tenant compte notamment de l'étendue des diverses locations et des dangers d'incendie plus ou moins considérables, auxquels chaque partie du bâtiment se trouvait exposée d'après la profession et les habitudes de ceux qui l'occupaient.

Cette répartition de la dette serait certainement la plus logique et la plus conforme à l'équité ; car, toutes choses égales d'ailleurs, il est présumable que l'incendie provient plutôt du fait de celui qui occupe huit ou dix pièces, qui a cinq ou six feux, que du fait de celui qui a une unique chambre et un unique feu. Aussi la commission, chargée d'examiner la proposition, relative à l'abrogation de l'article 1734, avait-elle proposé, comme nous venons de le voir, de répartir entre les locataires la perte proportionnellement à la valeur locative des appartements occupés par chacun d'eux.

---

(1) Aubry et Rau IV 367 texte et note 24.

(2) Demolombe Contrats III. 287 — Marcadé sur les art. 1733 et 1734 — Troplong II. 379 — Duvergier I. 422 — Duranton XVII. 110.

(3) Aubry et Rau 367 note 24 — Allain Manuel du juge de paix n° 1306.

Malheureusement cette proposition n'a pas encore force de loi ; et le système, que nous venons d'exposer, quelque équitable qu'il soit, est repoussé par la majorité des auteurs ; et c'est avec raison, car on ne peut se dissimuler qu'il est absolument arbitraire.

Toutes les fois que la loi déclare des personnes solidairement responsables, la dette, à moins de conventions ou de textes contraires, se divise entre elles *pro portione virili*. C'est une règle générale dont on ne peut s'écarter, quelqu'injustes qu'en puissent paraître les conséquences. On est donc forcément amené à décider que la division de l'indemnité entre les locataires ne peut pas se faire proportionnellement à la valeur des appartements qu'ils occupaient, mais doit s'opérer nécessairement par portions égales (1).

Ce système n'est peut être pas au fond aussi inique qu'il le paraît au premier abord. Il n'est pas exact en effet de dire que la gravité du risque est proportionnée à l'importance du loyer qui est à la charge de chaque locataire. Pour opérer une répartition équitable, il faudrait relever avec soin le danger d'incendie inhérent à chaque location et dérivant tant de la disposition et de l'affectation des logements loués que de la profession, des habitudes, et même du caractère de chaque locataire. Une telle appréciation, nécessairement hypothétique et conjecturale, aurait pour résultat de créer des distinctions purement arbitraires dans la répartition d'une responsabilité qui, découlant pour tous les locataires d'un même principe (la présomption de faute), doit s'imposer à chacun d'eux dans une égale proportion.

La responsabilité solidaire des locataires cesse dans deux cas :

D'abord lorsqu'ils prouvent que l'incendie a commencé dans l'habitation de l'un d'eux, auquel cas celui-là seul est tenu.

---

(1) Mourlon II. 754 — Duranton XVII. n° 110 — Duvergier I. 422. — Troplong n° 379 — Marcadé sur l'art. 1734 n° 4 — Agnel. 351 — Colmar 2 février 1870 Ass. 72, p. 155.

Cette responsabilité est en effet basée sur ce motif, de fait plutôt que de droit, qu'il est impossible de prouver quel est celui chez lequel l'incendie a commencé et qui par suite est présumé n'avoir pas conservé la chose avec tous les soins d'un bon père de famille. Si l'on prouve que le feu a commencé dans l'habitation de l'un d'eux, il est prouvé par cela même que c'est ce dernier locataire qui a failli à l'obligation de conserver la chose : lui seul doit donc en être déclaré responsable.

La responsabilité de chaque locataire cesse encore lorsque l'un d'eux prouve que l'incendie n'a pu commencer chez lui ; mais dans ce cas tous les autres restent tenus. Par exemple le feu a pris dans l'aile droite du bâtiment, Ceux qui habitent l'aile gauche seront déchargés de la responsabilité.

La loi ne détermine pas le genre de preuves que les locataires doivent ou peuvent fournir, il faut en conclure qu'elles sont laissées à l'appréciation du juge (1).

§ III. — De l'étendue de la responsabilité du locataire.

L'incendie ne doit pas être pour le propriétaire une cause de perte, mais, il ne doit pas non plus constituer pour lui une source de bénéfices.

Le locataire ne répond donc, dans les termes des articles 1733 et 1734, que du dommage causé au bâtiment loué. La responsabilité porte sur la perte réellement éprouvée par le bailleur eu égard à l'état de l'immeuble au moment de l'incendie (2).

Le bailleur ne pourrait donc ni contraindre le locataire à

---

(1) Laurent. 294 — Colmet de Santerre VII n° 180 bis II.

(2) Laurent XXV. 286. — Nancy 9 août 1849. D. 50. 2. 92. — Grenoble 23 avril 1864. Ass. 67, p. 229 — Les dommages, causés à l'immeuble par l'effet des mesures prises pour s'assurer que tout danger est conjuré, doivent cependant être considérés comme une suite directe de l'incendie dont le locataire est responsable (Bordeaux 18 août 1868. Ass. 69, p. 287).

— 175 —

reconstruire le bâtiment incendié ni exiger de lui la somme nécessaire pour opérer cette reconstruction. L'indemnité, à laquelle il a droit, se détermine en défalquant de la dépense que nécessiterait cette reconstruction une somme équivalente à la différence du vieux au neuf. (1). Il est évident en effet qu'on ne saurait sans injustice contraindre le locataire à payer un bâtiment neuf.

Mais en sus de cette indemnité, il est dû bonification au propriétaire de la perte des loyers pendant le temps nécessaire à la remise en état et à la reconstruction des bâtiments loués (2).

Et c'est de toute justice, car l'article 1760 porte qu'en cas de résiliation du bail par la faute du locataire il est tenu de payer le prix du bail pendant le temps nécessaire à la relocation ; et l'article 1733 soumet le locataire en cas d'incendie à toute la responsabilité résultant de la faute et, par suite, aux conséquences de l'article 1760.

Le locataire d'un bâtiment incendié en partie peut, si son bail n'est pas expiré, être admis à faire reconstruire les bâtiments tels qu'ils étaient avant l'incendie au lieu d'être condamné à payer au propriétaire un indemnité en argent (3). Il y a là pour lui une pure faculté ; car, nous venons de le voir, il ne peut jamais être forcé de reconstruire.

Mais il ne peut en aucun cas contraindre le propriétaire à opérer cette reconstruction. Il ne peut demander qu'une diminution du prix ou la résiliation du bail (art. 1722). Les tribunaux ne pourraient donc ordonner que l'indemnité sera

---

(1) Aubry et Rau 367 note 89. — Marcadé sur 1733 et 1734. — Merger op. cit. p. 345, n° 122. — Nancy 9 août 1849 et Paris 3 janvier 1850. Sir. 51. 2. 129 et 132.

(2) Aubry et Rau 367, note 89. — Duvergier et Troplong, loc. cit. — Rouen 10 février 1843. Sir. 43. 2. 234. — Rouen 6 août 1846. Sir. 48. 2. 140 — Nancy 9 août 1849. Ass. 50, p. 178. — Paris 17 janvier 1879. Ass. 79, p. 203. — Cass. 9 novembre 1869. D. 70. 1. 213. — Nous examinons plus loin si ces loyers se trouvent compris de plein droit dans l'assurance du risque locatif.

(3) Paris 22 décembre 1825. Dall. v° bail, n° 702.

employée à la reconstruction par le bailleur lui-même ou remise au preneur à cet effet (1).

Le propriétaire ne pourrait, d'autre part, en opérant cette reconstruction, forcer le locataire a continuer un bail qui s'est trouvé résilié par le fait même de l'incendie.

Il n'a droit qu'à une indemnité (2).

Le locataire ne répond, dans les termes des articles 1733 et 1734, que des bâtiments loués. Il ne serait donc pas en principe responsable de la détérioration du mobilier, que le propriétaire aurait placé dans le bâtiment incendié, mais qui n'aurait pas été compris dans le bail, que dans les termes de l'article 1382 ; c'est à dire, que le propriétaire devrait établir contre le locataire que l'incendie provient de sa faute lourde. (3).

Il en serait autrement toutefois si le mobilier avait été compris dans le bail : L'article 1733 devrait être appliqué au locataire d'une chambre garnie. Le mobilier fait en effet partie du bail ; on peut même le considérer comme immeuble par destination, puisqu'il a été placé par le propriétaire lui-même et pour l'exploitation de son fonds.

A plus forte raison, en serait-il de même, si c'était l'objet mobilier lui-même qui faisait l'objet du bail, un bateau à laver par exemple (4).

Le recours en indemnité du propriétaire constitue une créance privilégiée. Aux termes de l'article 2102. 1°, le propriétaire a privilège sur les objets garnissant la maison ou la ferme ou servant à l'exploitation du fonds. Ce privilège a pour objet de garantir le paiement des loyers et tout ce qui concerne l'exécution du bail. Le recouvrement de l'in-

---

(1) Grün et Joliat I. 69. — Paris 5 mai 1826.
(2) Rouen 16 janvier 1845. Sir. 45. 2. 473. — Paris 1er avril 1868. D. 68. 2. 85.
(3) Aubry et Rau 367, note 28. — Duvergier I. 420. — Troplong II. 392. — Taulier VI, p. 242. — Marcadé sur 1733 et 1734, n° 6. — Lyon 17 janvier 1834. Sir. 34. 2. 241.
(4) Lyon 7 mars 1840. Sir. 40. 2. 275.

— 177 —

demnité, poursuivie contre le locataire en cas de sinistre, s'y trouve donc nécessairement compris (1).

SECTION DEUXIÈME.

De la responsabilité des autres détenteurs de la chose.

Il nous reste à examiner quelle est, en présence d'un incendie, la situation des diverses personnes qui possèdent la chose en vertu d'un titre qui les oblige à restituer.

Les développements, que nous avons donnés sur la nature de l'incendie et le caractère des articles 1733 et 1734, nous dispenseront d'entrer ici dans de grands détails.

L'incendie n'étant pas de sa nature un cas fortuit, il ne suffira pas au détenteur, qui voudrait s'affranchir de l'obligation de restitution, d'établir que la chose qui lui a été confiée a péri par le feu, il faudra qu'il prouve en outre que l'incendie a eu lieu sans son fait, que la cause du sinistre n'implique de sa part ni faute ni négligence.

La situation juridique du détenteur de la chose est donc à cet égard absolument conforme à celle que nous avons attribuée au locataire. Il n'y a pour l'un comme pour l'autre qu'une application pure et simple des principes du droit commun (art. 1302).

Le détenteur a donc une double preuve à faire.

Il doit établir : en premier lieu, le fait matériel de l'incendie ; et en second lieu, l'absence de faute de sa part.

Cette double obligation doit être imposée :

1° à l'ouvrier à qui des marchandises ont été confiées pour les mettre en œuvre (2).

(1) Paris 30 juin 1866. Ass. 66, p. 354.
(2) Trib. de Nantes 18 février 1863. Ass. 64 p. 166.

2° au dépositaire (1) et à l'entrepositaire.
3° au mari détenteur de l'immeuble dotal.
4° au curateur aux biens d'une succession vacante.
5° au donataire sujet à rapport (2).
6° à l'Usufruitier.
7° à l'Antichrésiste.

Ces diverses personnes pourront au reste établir leur preuve par tous les moyens possibles tant par témoins que par simples présomptions. Il n'y a ici qu'une simple question de fait dont les Juges seront les souverains appréciateurs (3).

Mais la solidarité, établie par l'article 1734 ne pourrait au contraire leur être appliquée. Elle constitue une disposition exceptionnelle et exorbitante du droit commun et l'on ne peut dès lors l'étendre en dehors des hypothèses expressément prévues par la loi. Les locataires sont donc les seuls détenteurs qui puissent s'y trouver exposés.

Mais des difficultés nombreuses se sont élevées sur l'étendue qu'il convenait de reconnaître à l'expression : locataire. On s'est demandé si les dispositions de la loi devaient de plein droit être appliquées au sous-locataire, au colon partiaire, au locataire en garni, au détenteur à titre gratuit ou si ces diverses personnes ne devaient pas au contraire n'être traitées que comme de simples détenteurs ?

Chacune de ces questions a donné lieu à de vives controverses et nécessite un examen attentif.

---

(1) Trib. de Rouen 10 juillet 1858. Ass. 59 p. 33. — Trib. de Bordeaux 27 Novembre 1879 Ass. 80 p. 172.

(2) Lyon 19 novembre 1852. D. 53. 2. 83.

(3) Le détenteur serait-il déchargé de toute responsabilité si l'incendie était arrivé par la faute ou la négligence d'un de ses locataires ? Pothier (Succ. IV. art. 1187) tenait pour l'affirmative, si d'ailleurs le détenteur ne s'était personnellement rendu coupable d'aucune faute : le détenteur, disait-il, a usé de son droit et l'exercice légitime d'un droit ne saurait le soumettre à aucune responsabilité, (en ce sens Aubry et Rau 231 note 8. Proudhon IV. 1569. Demolombe XVI. 490 ; X. 629. Delvincourt II. p. 42 note 5). Nous ne croyons pas ce système exact. Il est de principe que le détenteur répond de la faute de ses ayant-cause comme de sa propre faute ; et dès lors il ne doit se trouver libéré de son obligation de restituer que lorsqu'il aura établi à la fois l'absence de faute de sa part et l'absence de faute de la part de ses ayant-cause. (Quesnault p. 358. — Zachariæ 367 note 14).

En premier lieu les dispositions des articles 1733 et 1734 doivent-elles être appliquées aux sous locataires au profit des locataires ?

En ce qui concerne l'article 1733, la question ne saurait faire de doute pour nous qui ne voyons dans cet article qu'une application pure et simple des principes du droit commun. Mais elle pourrait paraître plus douteuse pour l'article 1734, qui consacre sans aucun doute une disposition exceptionnelle. Il ne faut cependant pas, croyons nous, hésiter à l'étendre à l'hypothèse qui nous occupe (1).

Le sous-locataire est en effet vis-à-vis du locataire principal un véritable locataire ; et les mêmes raisons qui militent en faveur du propriétaire, militent aussi en faveur de ce dernier, puisqu'il perd la surveillance des lieux loués, et que, d'autre part, il a droit d'exiger de son sous locataire la restitution de la chose.

La Jurisprudence va plus loin, et elle décide que le propriétaire a, en cas d'incendie, une action directe non seulement contre le locataire principal mais contre les sous-locataires de ce dernier (2).

« Considérant, dit la Cour de Paris, que le propriétaire bailleur puise dans la présomption établie par les articles 1733 et 1734, le droit d'actionner directement en réparation du dommage causé par l'incendie tous ceux à qui l'occupation de l'immeuble a été concédée à titre de bail ; que la loi ne distingue pas entre les locataires principaux et les sous-locataires, qu'elle leur impose à tous les mêmes devoirs de surveillance ; que cette surveillance est la seule sauvegarde des propriétés et qu'il lui est devenu d'ailleurs impossible de l'exercer par lui-même, puisqu'il s'est dessaisi de la possession et qu'il ne lui est plus permis de pénétrer dans les lieux à sa volonté. — Considérant qu'il est inexact de

---

(1) Bruxelles 7 août 1839. Dall. v° louage n° 366.
(2) Paris 12 février 1851. D. 51. 2. 71. — Paris 18 juin 1851. D. 52. 2. 277.

prétendre dans le cas ou il existe à la fois un locataire et un sous locataire que le propriétaire ne peut poursuivre ceux-ci que comme exerçant les droits du premier ; qu'en effet le propriétaire trouve la source de son droit et dans son contrat primitif et dans le fait de l'occupation qui lui donnent pour obligés directs et responsables tous les sous locataires entre eux.... »

Il faudrait aussi appliquer les articles 1733 et 1734 au colon partiaire (1).

La question a été cependant controversée. Certains auteurs n'ont vu dans le contrat de colonage qu'un contrat de société et se sont par conséquent refusés à lui appliquer les règles du louage. — Ce n'est pas ici le lieu de discuter cette controverse célèbre. Nous nous contenterons de dire qu'on admet généralement aujourd'hui, et avec raison, conformément à la doctrine de Pothier, que le colonage constitue un bail d'une nature particulière. Ce contrat contient en effet des éléments qui répugnent à l'essence de la société. Le bailleur n'est pas tenu des engagements contractés par le colon ; s'il était associé, il serait au contraire tenu des obligations consenties par son coassocié. Le bailleur ne court aucune chance de pertes et il a droit à une portion des bénéfices ; il est même possible qu'il touche des bénéfices lorsque le preneur se trouvera en réalité constitué en perte, c'est ce qui arrivera, par exemple, si la portion de fruits qui reste à celui-ci, se trouve être inférieure aux frais de culture. — Or une clause de cette nature rendrait un contrat de société radicalement nul.

Il n'y aurait pas non plus à distinguer si la personne qui habitait l'immeuble payait effectivement un loyer ou y était

---

(1) Duvergier n° 99. — Nîmes 14 août 1850. Sir 50. 2. 477. — Paris 21 juin 1856. Sir. 56. 2. 560. — Paris 26 décembre 1871. Sir. 73. 2. 13. — Aix 18 juillet 1874. Ass. 75 p. 381. — Cp. Cass. 4 février 1875. Sir. 75. 1. 182. — Contrà. Duranton XVII n° 176. — Delvincourt III. p. 103. — Limoges 21 février 1839. Sir. 39. 2. 406 et 6 juillet 1840 Sir. 41. 2. 167.

reçue à titre précaire et par pure bienveillance Du moment où une personne à la possession, la jouissance et l'occupation exclusive de l'appartement ou elle demeure, les articles 1733 et 1734 reçoivent forcément application. Ils doivent même leur être étendus avec d'autant plus de raison, semble-t-il, que le propriétaire ne reçoit pas de loyer. — On lui doit en effet d'autant plus d'égards et de protection qu'il s'est montré généreux (1).

Disons toutefois que certains auteurs repoussent cette théorie. On ne peut, disent-ils, voir dans l'hypothèse d'une détention précaire, de pure tolérance, dans un acte d'hospitalité, un bail véritable. Il n'y a en réalité ni location ni locataire ; et dès lors les articles 1733 et 1734 ne peuvent être invoqués dans l'espèce (2).

Mais ne peut-on pas reprocher à bon droit à ce système de s'égarer dans des subtilités de pure théorie et de laisser trop peu de place au bon sens ?

Le voyageur qui loge dans un hôtel ou en garni est-il passible de la responsabilité édictée dans les articles 1733 et 1734 ? La question est controversée. Certains tribunaux se sont, non sans quelque apparence de raison, prononcés pour la négative.

Les articles 1733 et 1734 ne parlent, disent-ils, que du bailleur et du preneur ; ce qui ne peut s'entendre d'un logeur et d'un locataire en garni. — Ces articles s'expliquent d'ailleurs en matière de bail par cette considération que le locataire dispose de la chose louée d'une manière absolue, qu'il en a par suite la surveillance et la responsabilité. Il n'en est pas de même du voyageur ; car le maître d'hôtel ou le logeur conserve la surveillance entière de son établissement, soit par lui soit par ses domestiques. — Ni le texte de

---

(1) Trib. de Metz 19 décembre 1859. Ass. 63 p. 343.
(2) Voyez en ce sens une consultation de Mᵉ Breulier, Ass. 67 p. 225.

la loi ni son esprit ne se prêtent donc ici à une extension du principe de responsabilité édicté contre les locataires (1).

Nous pensons au contraire qu'ici encore nos articles devront être suivis. Toutes les fois qu'on se trouve en présence d'une personne qui détient comme locataire la chose d'autrui, ils doivent être nécessairement appliqués. Or telle est bien la situation d'un locataire en garni ou même d'un voyageur reçu dans un hôtel, lorsqu'il a joui de l'entière disposition de la chambre qu'il occupait, lorsque, par exemple, il s'agit d'un incendie qui s'est déclaré la nuit dans un appartement, occupé exclusivement par le voyageur et dans lequel il s'était enfermé à clef (2).

Il faut remarquer toutefois que le logeur en garni pourra rarement invoquer cette responsabilité, pour deux raisons :

La première, c'est que le propriétaire habitera le plus souvent l'immeuble dans lequel est situé la chambre louée et ne pourra se retourner contre les locataires qu'après avoir prouvé que l'incendie n'a pas commencé chez lui.

La seconde, c'est que le service sera le plus souvent fait par des domestiques du logeur, et que, dans ces conditions, le propriétaire devra avant tout prouver que l'incendie n'est pas dû à leur fait.

Il est encore une hypothèse spéciale qui a donné lieu à de vives controverses.

La question se complique beaucoup en effet si l'on suppose que le propriétaire habite lui-même une partie de sa maison louée. Les règles de l'article 1734 seront-elles alors applicables. (Nous laissons intentionnellement de côté l'article 1733 qui ne constitue, à notre sens qu'une application pure et simple des principes du droit commun). La Jurispru-

---

(1) Trib. de Mulhouse 3 juin 1863. Ass. 64, p. 106. — Trib. de Limoges 13 mars 1879. Ass. 80, p. 41.

(2) Trib. de la Seine 17 janvier 1843. Gaz. des Tribunaux du 18 janvier 1843. — Cass. 10 novembre 1878. Jal Le Droit du 5 janvier 1879.

dence et la doctrine sont divisées sur ce point et n'obéissent, ni l'une ni l'autre, à des principes certains.

Bien des systèmes ont été proposés pour régler une situation aussi compliquée.

Les uns refusent absolument et dans toutes les hypothèses d'appliquer l'article 1734. Cet article constitue, dit-on, une disposition exceptionnelle qu'on ne peut étendre en dehors de l'hypothèse qu'il a réglée. Or, il ne vise que le cas où la maison est habitée exclusivement par des locataires : dans ce cas, le propriétaire étant absent, les locataires sont tenus de veiller à la conservation de la chose, et c'est de cette obligation que naît leur responsabilité. Mais quand le propriétaire occupe ou s'est réservé à lui même une partie de la maison louée, c'est lui qui doit surveiller; la présomption qui sert de base à la loi s'efface et disparait et le propriétaire se trouve réduit aux ressources que le droit commun met à sa disposition, c'est-à-dire qu'il doit prouver la faute du défendeur (art. 1382) (1).

Ce système nous parait présenter un caractère trop restrictif. Quelle est en effet la base de la loi quand elle proclame la responsabilité solidaire des co-locataires; c'est que, quand l'incendie a éclaté, la responsabilité pèse dans le principe sur tous les locataires, parce que tant que l'origine est incertaine, tant qu'on ignore chez qui le feu a commencé, ils sont jusqu'à preuve contraire présumés en faute au même degré. Or cette présomption ne cesse pas par le seul fait que le propriétaire habite lui même la maison.

D'autres assimilent le propriétaire à un locataire. Il y aurait alors présomption de faute pour tous, pour le propriétaire comme pour les locataires ; et conséquemment celui-ci pourrait agir *de plano* contre ces derniers en répara-

---

(1) Riom, 4 août 1829. Sir 30. 2. 59. — Journal des arrêts de Chambéry 1868, p. 152 et Journal des Assurances 1868, p 404.

tion du préjudice causé, en supportant lui même sa part de responsabilité (1).

Ce système élargit singulièrement la portée de l'article 1734. Cet article n'est en effet destiné à régler que les rapports du propriétaire avec les locataires ; il est étranger aux rapports des locataires entre eux. Du moment ou l'on assimile le propriétaire à un locataire, il faudrait le traiter entièrement comme tel et par suite le faire rentrer dans le droit commun, c'est-à-dire lui refuser le bénéfice de l'article 1734.

Aussi la doctrine et la jurisprudence tendent-elles actuellement à consacrer une troisième solution, qui peut se résumer ainsi.

Il est évident, dit-on, que le propriétaire ne peut invoquer de plein droit le bénéfice de l'article 1734 ; car le feu a pu commencer chez lui aussi bien que chez ses locataires. Mais si le propriétaire vient à faire disparaître cette incertitude en établissant que le feu n'a pas commencé chez lui, il prouve indirectement que le feu a commencé chez ses locataires. Il fait revivre ainsi la présomption de la loi provisoirement inefficace ; et, dès lors, il doit être admis à invoquer le bénéfice de l'article 1734. Ce système est actuellement consacré par la Jurisprudence et peut être considéré comme universellement admis (2).

Mais les auteurs se divisent encore sur la question de savoir si les locataires répondent dans ces conditions de l'incendie des lieux non loués qui sont occupés par le propriétaire.

Certains auteurs tiennent pour l'affirmative.

---

(1) Lyon 17 janvier 1834. Dall. v° Louage n° 383. 1°.

(2) Aubry et Rau § 367 note 27. — Marcadé sur les art. 1733 et 1734. — Taulier VI. p. 242. — Troplong n°s 370 et 380. — Duvergier n° 425. — Dall. v° louage, n° 383. — Lyon 15 janvier 1834. Sir. 34. 2. 241. — Toulouse 7 juillet 1843. Sir. 44. 2. 175. — Paris 31 juillet 1851. P. 53, p. 674. — Cass. 20 novembre 1855. Sir. 56. 1. 103. — Grenoble 20 août 1866. P. 66, p. 696. — Cass. 15 Mars 1876. D. 76. 1. 153.

La présomption de faute, établie par la loi, est, à leur avis, générale. Ou le locataire est présumé en faute, ou il ne l'est pas. Du moment ou on le traite comme s'il était l'auteur de l'incendie, il est absolument impossible de fractionner sa responsabilité, et de le déclarer responsable de l'incendie d'une portion de l'immeuble et irresponsable de l'incendie de l'autre portion. Où le feu provient de sa faute où il n'en provient pas ; il n'y a pas de milieu (1).

Cet argument est spécieux, mais il ne résiste pas à un examen approfondi. Nous avons à chaque instant des exemples de ces vérités purement relatives. Paul peut-être le fils légitime de Pierre vis-à-vis d'une personne et n'être que son fils naturel vis-à-vis d'une autre ; et cependant, ou il est naturel ou il est légitime, il ne peut être les deux en même temps. De même rien n'empêche d'admettre que Paul soit présumé responsable de l'incendie pour une portion de la maison et ne le soit pas pour une autre.

Cette objection écartée, nous pensons que rien ne s'oppose plus à refuser d'étendre la responsabilité des locataires aux appartements qui sont occupés par le propriétaire.

« Quel est en effet, dit M. Laurent (2), la base de la responsabilité des preneurs lorsqu'un incendie détruit la chose. C'est qu'ils sont débiteurs de la chose louée et tenus de la restituer. Or, ils ne sont débiteurs que de la partie de maison qu'ils occupent ; ils ne sont pas débiteurs des lieux habités par le propriétaire. Dès lors, on n'est plus dans l'hypothèse de la loi et partant le propriétaire ne peut pas se prévaloir de l'article 1734 contre ses locataires. La responsabilité solidaire des locataires est en effet exorbitante du droit commun et ne peut recevoir d'application en dehors des cas que la loi prévoit ».

---

(1) Troplong. II. 392.—Duvergier I. 425. — Ass. 70 p. 138. — Toulouse 7 juillet 1843. — Dall. v° louage n° 383. 2° — Liège 29 mai 1837. Pasicrisie 37. 2. 114. — Bruxelles 24 novembre 1849. Pasicrisie 50. 2. 79.

(2) XXV n° 297.

Le propriétaire ne peut pas invoquer non plus l'article 1733 ; car, si cet article rend le locataire responsable de l'incendie, c'est parce qu'il suppose que le locataire est débiteur de la chose envers le propriétaire ; or le locataire n'est responsable que de la partie de maison qu'il occupe ; il ne pourrait donc être actionné dans l'espèce (1).

Nous en arrivons à la seconde hypothèse. Le propriétaire n'arrive pas à prouver que feu n'a pas commencé chez lui.

Dans ce cas il ne jouit, d'après la plupart des auteurs, d'aucune action en indemnité contre les locataires.

La présomption de faute, établie par les articles 1733 et 1734, milite bien encore dans ce cas contre les locataires. Mais cette même présomption milite aussi contre le bailleur qui habite la maison et les effets de cette double présomption se neutralisent. On retombe dès lors sous l'empire du droit commun aux termes duquel le demandeur doit établir directement sa preuve. Or cette preuve, il ne la fournit pas dans l'espèce, puisque, par hypothèse, on est resté dans une incertitude complète sur l'endroit où le feu a commencé ; et par conséquent ses prétentions doivent être rejetées ; il ne jouit donc d'aucun recours (2).

M. Laurent (3) a combattu cette théorie.

Il admet bien que l'article 1734 ne peut être opposé dans l'espèce aux locataires ; car cet article constitue une disposition d'un ordre exceptionnel qu'on ne peut étendre en dehors des hypothèses que la loi a expressément prévues.

Mais il soutient, non sans raison, que le preneur répond, dans les termes de l'article 1733, de la partie de la maison

---

(1) Aubry et Rau. loc. cit. — Marcadé loc. cit. — Zachariæ III. p. 14. — Laurent n° 297. — Cp. Cass. 20 novembre 1855. D. 55. 1. 457.

(2) Duvergier I n° 425. — Aubry et Rau § 367 note 27. — Cass. 20 novembre 1855. — D. 55. 1. 457. — Cp. Grenoble, 20 avril 1866. D. 66. 2. 287. — Chambéry, 13 avril 1866. D. 66. 5. 288.

(3) XXV. n° 298.

qu'il occupe, alors même que l'on serait resté dans l'incertitude sur l'endroit ou le feu a pris naissance.

« Mais à la différence de l'article 1734, l'article 1733 est l'application d'un principe général ; il faut remonter à ce principe, et l'appliquer, s'il y a lieu, à notre hypothèse. Tout locataire d'une partie de la chose ou de toute la chose est débiteur d'un corps certain ; s'il ne restitue pas la chose qu'il a louée, il doit prouver le cas fortuit qui a fait périr la chose ; à défaut de cette preuve, il est responsable de la perte. Or, la présence du propriétaire dans la maison louée n'empêche pas que les locataires soient obligés de conserver les lieux qu'ils ont loués et de les restituer ; s'ils ne les restituent pas, ils sont responsables de la perte, chacun dans la limite de son bail. C'est l'application directe du principe de l'article 1302, ou, si l'on veut, de l'article 1732, qui ne fait qu'appliquer au preneur le principe qui régit les dettes de corps certains et déterminés. En ce sens, on peut dire que l'article 1733 est applicable à notre espèce, mais avec une modification qui résulte de la nature des choses ; l'article 1733 suppose un seul locataire occupant toute la maison, et par suite il décide, en termes absolus, que le preneur répond de l'incendie ; tandis que nous supposons qu'une partie de la maison est habitée par le propriétaire ; donc le locataire, en supposant qu'il n'y en ait qu'un, ne répond de l'incendie que pour la partie de la chose qu'il doit conserver et rendre ; et s'il y a plusieurs locataires, chacun d'eux répond de la partie qu'il a louée et qu'il doit restituer. »

Du reste les règles, établies par les articles 1733 et 1734, ne sont pas d'ordre public. Le bailleur peut donc renoncer à la responsabilité que ces articles prononcent contre le locataire (1).

---

(1) Aubry et Rau § 367 — Laurent n° 290. — Cass. 22 janvier 1868. Sir. 68. 1. 17.

Cette renonciation pourrait même n'être que tacite (1). C'est aux tribunaux qu'il appartiendrait d'apprécier les faits d'où l'on prétendrait induire la renonciation du propriétaire. Cette appréciation sera, dans bien des cas, fort délicate. Il est dit, par exemple, dans un bail que le preneur paiera la prime d'assurance. Cette clause implique-t-elle renonciation du propriétaire à l'action en responsabilité de l'article 1733? On peut, en principe, répondre non. L'action contre la compagnie d'assurances et l'action contre le locataire sont deux droits distincts ayant une cause différente et produisant des effets différents. Mais tout dépend au reste de l'intention des parties contractantes et par suite des circonstances de fait qui varient d'une cause à l'autre et dont il appartient au juge de faire l'application.

Mais le propriétaire, qui renonce à exercer tout recours contre le locataire à raison du sinistre, est responsable envers l'assureur qu'il a promis de subroger dans ses droits, des suites de renonciation ; car il frustrerait ainsi la compagnie d'un recours sur lequel elle pouvait légitimement compter. Il y aurait là une réticence qui entrainerait déchéance pour l'assuré (2).

Il est essentiel à cet égard de remarquer qu'il n'est pas permis, dans un contrat d'assurance ou tout autre pacte, de stipuler d'avance l'immunité de ses fautes lourdes. L'ordre public s'oppose à la validité d'une telle convention. Dès lors la promesse faite par le propriétaire dans une des clauses du bail d'exonérer ses locataires du recours de l'article 1733, en saurait rendre le preneur irresponsable de l'incendie qu'il aurait occasionné par sa faute lourde ni empêcher le bailleur de lui demander réparation de cette faute lourde, en vertu des articles 1382 et suivants (3).

---

(1) Laurent. loc. cit — Metz 31 décembre 1834. Sir. 35. 2. 121. — Aix 28 février 1837. Sir. 39. 2. 158.

(2) Cass. 15 mars 1876. Ass. 76, p. 121.

(3) Cass 15 mars 1876. D. 76. 1. 449. — Contrà Caen 18 août 1874, arrêt cassé.

CHAPITRE DEUXIÈME.

Responsabilité des personnes qui ne détiennent pas la chose.

Les règles, que nous venons d'exposer, sont évidemment particulières au cas ou il existe entre le propriétaire de l'immeuble et le détenteur un lien contractuel ou légal, qui oblige ce dernier à veiller à la conservation de la chose et à la restituer.

Mais si cette relation n'existe pas, les motifs sur lesquels nous nous sommes basés disparaissent. Ce n'est plus au défendeur qu'incombe le fardeau de la preuve, ce n'est plus lui qui doit établir sa libération ; c'est le demandeur, c'est celui qui a souffert de l'incendie qui doit faire la preuve.

Celui qui se plaint du dommage causé par un incendie doit donc, aux termes de l'article 1302 et conformément au droit commun, établir que le dommage dont il se plaint a été occasionné par la faute du défendeur.

Il ne lui suffirait pas d'établir que l'incendie provient du fait de celui contre lequel il agit ; il lui faut établir en même temps que cette personne l'a causé par sa faute, son imprudence ou sa négligence.

Cette double preuve doit être exigée toute les fois qu'il n'existe pas entre celui qui a souffert de l'incendie et celui qui en est l'auteur de lien qui oblige ce dernier à restitution (1).

---

(1) Aubry et Rau 367 note 32 — Merlin rep. v° incendie § 2 n° 9 — Alauzet 478 — Troplong. II 365 — Larombière I p. 534 n° 13. — Marcadé sur 1733 et 1734 n° 3 —

— 190 —

C'est ainsi que le locataire d'une maison, où a éclaté l'incendie, ne peut réclamer de dommages et intérêts contre un autre locataire de la même maison (1), ni même contre le propriétaire habitant une partie de la maison louée (2), qu'en prouvant, non seulement que le feu a commencé chez eux, mais encore que l'incendie est du à leur faute, négligence ou imprudence.

La même obligation est imposée aux propriétaires voisins, dont les maisons ont souffert de l'incendie (3).

Et en général la même règle sera appliquée toutes les fois que l'incendie proviendra d'un délit ou d'un quasi-délit.

L'appréciation de la faute lourde, nécessaire pour engager la responsabilité de l'auteur du sinistre, appartiendra souverainement aux tribunaux. Elles peut résulter soit des témoignages, soit d'une condamnation criminelle, soit de l'état des lieux, d'un vice de construction (4), par exemple, soit même de simple présomptions.

L'auteur responsable de l'incendie doit être condamné à la réparation de tous les dommages causés par le sinistre.

La fixation de cette indemnité ne présentera pas le plus souvent de difficultés juridiques.

Il doit en même temps la réparation de tous les dégâts commis pendant l'incendie et provenant des mesures prises pour l'extinction du feu. Si par exemple des maisons ont été abattues par ordre de l'autorité compétente (5), pour em-

---

Cass. 11 avril 1831. Sir. 31. I. 196 ; 7 mai 1855. Sir. 55. I. 446 — Paris 7 janvier 1875. Ass. 75 p. 421 et un nombre infini d'arrêts. — Contrà. Toulier XI. 172 — Amiens 24 messidor an XI. Sir. 7, 2. 1012. — Montpellier 25 Mars 1824. Sir. 24 2. 250.

(1) Dall. v° louage n° 412 — Paris 1er juillet 1841. D. 41. 2. 212. — Trib. de la Seine 20 janvier 1870, Ass. 73, p. 383 ; 5 janvier 1875, Ass. 76, p. 98.

(2) Rouen 26 avril 1868. Ass. 70, p. 135.

(3) Trib. de la Seine 28 novembre 1861. Ass. 61, p. 131.

(4) Paris, 9 août 1867. Ass. 68, p. 14.

(5) Si les maisons avaient été abattues d'autorité privée par des voisins effrayés pour prévenir les dangers, dont leur maison était menacée; de deux choses l'une : ou le feu est parvenu jusqu'à la maison abattue, ou il s'est éteint auparavant; au premier cas, l'indem-

pêcher la communication du feu, le propriétaire chez qui l'incendie s'est déclaré doit indemniser celui dont la maison a été détruite.

Mais il ne pourrait, à notre avis, et par application des principes ci-dessus développés, être déclaré responsable qu'autant qu'il est prouvé que le feu provient de sa faute lourde (arg. art. 1382) (1).

On a cependant contesté dans ce cas la nécessité de cette preuve.

Le demandeur en indemnité, dit-on, ne se basera pas ici sur l'article 1382. Il se fondera principalement sur cette considération que c'est dans l'intérêt même de l'incendié que les secours ont été ordonnés, et que celui-ci par conséquent doit-être tenu des conséquences des mesures qui ont été prises.

Cette objection tombe d'elle même ; car le principe sur lequel on voudrait l'appuyer manque absolument d'exactitude. C'est en effet autant et plus peut-être dans l'intérêt des voisins, pour protéger les maisons voisines, que les mesures ont été ordonnées. Elles sont prises non dans l'intérêt particulier de l'incendié, mais dans l'intérêt public, Et d'un autre coté, celui dont la maison est en feu n'a en aucune façon la direction des secours et il serait profondément injuste de le déclarer responsable, s'il n'a d'ailleurs aucune faute à se reprocher.

De même celui chez lequel on s'introduit pour éteindre le feu d'une maison voisine n'a pas d'action contre l'incendié s'il ne démontre pas que l'incendie provient d'une faute lourde (2).

---

nité est due par celui chez qui le feu a commencé ; au deuxième cas, elle n'est point due parce que la maison n'aurait pas été brulée, si elle était restée sur pied. Dans ce cas le propriétaire de cette maison n'a d'action que contre ceux qui l'ont fait abattre de leur autorité privée.

(1) Trib. de la Seine. Ass. 66, p. 49.
(2) Trib. de Sarreguemines, 28 février 1860. Ass. 61, p. 44.

Les mesures prises pour combattre l'incendie sont d'utilité publique et tous les frais qui en résultent doivent rester à la charge des municipalités.

L'administration municipale ne peut donc réclamer de l'incendié le prix de l'eau versée pour éteindre l'incendie ; et les porteurs d'eau légalement requis n'auraient de recours que contre l'administration. (1).

Elle ne pourrait non plus exiger une somme déterminée à titre d'indemnité aux sapeurs pompiers qui ont porté secours (2).

C'est en effet à l'administration municipale que les lois ont confié et imposé le soin de faire cesser les incendies ; c'est à sa charge en conséquence que demeurent les dépenses nécessaires pour atteindre ce but.

« L'article 4 § 9 de la loi du 11 frimaire an VII, dit la Cour de Cassation (3), en rangeant les frais relatifs aux incendies dans la classe des dépenses communales leur a imprimé à l'égard des administrés secourus un caractère de complète gratuité. L'autorité municipale, lorsqu'elle procède à l'extinction d'un incendie, accomplit un devoir légal, et doit être regardée comme faisant moins l'affaire de l'incendié que celle de la généralité des habitants dont la propriété pourrait être atteinte par le feu, si les progrès n'en étaient pas arrêtés. »

---

(1) Cass. 9 janvier 1866. Ass. 66, p. 105. — Trib. du Hâvre 22 juillet 1863. Ass. 63, p. 328. — Voyez sur ce point un article de M. Gauté (du Gers). Ass. 64, p. 9. — Contrà. Trib. de la Seine 7 août 1863, eod. loc.
(2) Contrà. Trib. de paix de Nancy (Nord), 11 juin 1858. Ass. 58, p. 379.
(3) Arrêt cité.

DEUXIÈME PARTIE.

Des Assurances contre l'Incendie.

Le contrat d'assurance est un contrat par lequel une ou plusieurs personnes, nommées assureurs, se chargent pendant un temps limité des risques fortuits auxquels une chose est exposée et s'obligent envers l'autre contractant à l'indemniser de la perte que peuvent lui causer ces cas fortuits, moyennant le paiement d'un prix, appelé prime, que l'autre contractant s'engage à payer.

Le contrat d'assurance est un contrat aléatoire ; car, dit Pothier (1) la prime que l'assureur reçoit n'est pas comme dans les contrats commutatifs, l'équivalent d'une autre chose qu'il donne ou s'oblige de donner puisqu'il ne donne rien si la chose soumise aux risques ne vient pas à l'essuyer, et qu'au contraire, si la chose assurée périt, l'indemnité due à l'assuré étant toujours plus considérable que la prime ne saurait en aucun cas en être regardée comme l'équivalent.

C'est un contrat consensuel ; car il reçoit sa perfection du seul consentement des parties et il produit, de part et d'autre, les obligations qui en naissent aussitôt que les contractants sont convenus de la somme qui doit être payée à l'as-

---

(1) Contrat d'assurance, n° 8.

sureur pour le prix des risques dont il se charge. C'est un contrat synallagmatique ; car il produit des obligations réciproques : l'assureur s'oblige envers l'assuré à le garantir ou à l'indemniser des risques, et réciproquement l'assuré s'engage envers l'assureur à lui payer une certaine somme.

CHAPITRE PREMIER.

DE LA CAPACITÉ DES PARTIES.

Les règles qui servent à déterminer la capacité des personnes aptes à figurer, activement ou passivement, dans un contrat d'assurances ne peuvent être fixées avec précision qu'après avoir nettement déterminé la nature et le caractère de ce contrat. Elles différeront essentiellement en effet, suivant qu'on y verra un acte purement civil ou une opération commerciale.

Le Code de Commerce (art 633) range expressément l'assurance maritime au nombre des actes de commerce.

Mais cette solution, spéciale aux assurances maritimes, ne peut à notre avis être étendue sans distinction aux assurances terrestres.

Du côté de l'assureur, l'assurance constitue évidemment une opération commerciale. On y trouve en effet d'une part des risques à courir; et d'autre part on ne peut lui supposer d'autre but que la réalisation d'un bénéfice, et ce but est de l'essence même du commerce : *Mercatoris autem finis est lucrum* (1).

Si l'on envisage au contraire la question vis à vis de l'assuré il parait difficile de voir dans le fait de celui-ci un acte de commerce. L'assurance ne nous parait en principe constituer vis à vis de lui qu'un acte purement civil. Il n'y a en

---

(1) Aix 16 juillet 1844. — Trib. de commerce de Marseille 8 juillet 1861 Ass. 62 p. 84

effet pour lui ni gains à espérer ni risques à courir. L'assuré n'est qu'un propriétaire qui pourvoit à la conservation de sa chose. Il consent à une dépense certaine pour éviter toutes chances ultérieures de perte, mais avec impossibilité de réaliser un bénéfice.

L'assurance, qui vis à vis de l'assureur est un contrat commercial, est donc en principe, au regard de l'assuré un acte purement civile. Il n'y a d'ailleurs rien d'extraordinaire à voir un acte changer de caractère selon qu'on l'envisage au point de vue de l'une ou de l'autre des deux parties; c'est ce qui a lieu fréquemment dans la vente, le plus usité des contrats commerciaux.

Notre décision ne s'appliquerait pas toutefois dans le cas ou l'assuré serait négociant et ferait, en cette qualité, assurer les marchandises de son négoce. Il faudrait voir, pensons nous, dans ce fait un contrat accessoire à ce négoce, qui fait un avec lui, et dont on ne saurait que bien difficilement contester le caractère commercial (1).

Ces principes posés, il va nous être facile de faire au contrat d'assurances, l'application des règles du droit commun en matière de capacité. Nous examinerons successivement la capacité requise de l'assureur et celle qu'on exige de l'assuré.

SECTION PREMIÈRE

De la Capacité de l'Assureur.

Les développements, que nous venons de donner sur la nature et le caractère du contrat d'assurance, vont nous per-

---

(1) Bravard-Veyrières et Demangeat — Rouen 22 avril 1847. D. 48. 2. 16. — Paris 22 février et 3 avril 1852. Ass. 53 p. 196. — Trib. de Ccm. de la Seine 24 nov. 1853. Ass. 54 p. 25 — Contra Alauzet 114 — Locré Esprit du Code de Commerce IV p. 14 — Trib. de la Seine 17 juillet 1863 Ass. 64 p. 70.

mettre de déterminer facilement les conditions de capacité requises des personnes appelées à figurer dans un contrat de cette nature.

Occupons nous d'abord de l'Assureur.

L'assurance constitue de son coté un acte absolument commercial. La personne qui veut se rendre assureur devra donc non seulement avoir la capacité générale de contracter, mais posséder en outre les qualités exigées pour exercer valablement le commerce. C'est ainsi, par exemple, que le mineur et la femme mariée ne pourraient valablement consentir des assurances, s'ils n'avaient rempli les formalités, prescrites par les articles 2 et 4 du Code de Commerce.

Aux personnes qu'une incapacité absolue rend inhabiles à tout acte commercial, il en faut ajouter d'autres qui sont frappés d'une prohibition : soit générale, comme les courtiers et les notaires, auxquels la loi interdit de se livrer à aucune opération de banque ou de commerce; soit relative et restreinte à la seule personne du commettant, comme les commissionnaires. Du moment en effet on ces derniers ont accepté la qualité de mandataire, ils ne peuvent plus rien faire qui soit incompatible avec leur titre. « Ils doivent, dit Emerigon, non seulement agir avec droiture et pureté, mais éviter même toute démarche suspecte. Ils ne seraient certes pas bien propres à marchander sur le taux de la prime s'ils devaient en profiter eux-mêmes (1). »

Il n'est pas sans intérêt de distinguer ces dernières personde celles qui sont frappées d'une incapacité absolue ; car cette incapacité entraine la nullité du contrat, tandis que l'infraction à une simple prohibition le laisse subsister et soumet simplement le contrevenant à une peine.

Notre intention n'est pas de chercher à déterminer ici quelles personnes sont capables et quelles personnes ne le

---

(1) Ch. 5 sect. 9.

sont pas. Toute la question se résoudrait en une application pure et simple des règles du droit commun en matière de capacité, et ne présenterait absolument rien de spécial à la matière que nous traitons.

Elle n'offrirait d'ailleurs qu'un intérêt purement théorique ; car jamais en pratique un simple particulier ne se livre à l'assurance. La nature même du contrat parait en effet s'y opposer. L'assurance pour être possible, doit en effet porter sur un nombre considérable d'opérations, qui excéderaient souvent les ressources d'une seule personne.

Aussi dans la pratique les assurances sont-elles toujours faites par des Compagnies.

Ces compagnies se font représenter hors du lieu de leur résidence par des agents, auxquels elles accordent des pouvoirs dont elles règlent l'étendue.

Il n'est pas douteux que ces agents, qui sont des mandataires, ne puissent, lorsqu'ils se renferment dans la limite de leur mandat, engager la compagnie, au nom de laquelle ils contractent. Ceci ne peut faire de doute.

Mais la jurisprudence va beaucoup plus loin ; elle décide que les compagnies sont toujours tenues des conventions passées par leurs agents, alors même que ceux-ci auraient outrepassé leur mandat et contracté des assurances en contravention avec leurs instructions.

Dans ce système, du moment ou un individu est notoirement connu comme agent de la compagnie et que cette croyance est suffisamment établie soit par la remise des plaques faite à cet agent, soit par la situation qu'il occupe dans le pays, soit par le fait qu'il percevait les primes et en donnait quittance ; dès ce moment le public peut traiter avec lui en toute confiance. Il n'a en aucun cas à craindre que la compagnie puisse lui opposer que son agent a traité en dehors de ses instructions. La personne qui traite avec le représentant d'une compagnie ne peut, dit-on, connaitre les restrictions que cette compagnie à cru devoir, par des conventions toutes privées, apporter aux pouvoirs de son agent. Et d'un autre côté elle ne saurait être astreinte à se faire représenter un mandat en due forme. Le préposé est donc en principe présumé avoir reçu tous les pouvoirs nécessaires pour contracter au nom de la compagnie des assurances valables; et dès lors il engage cette compagnie dans tous les cas, qu'il soit ou non resté dans les termes de son mandat (1).

S'il a dépassé ses pouvoirs, la compagnie ne pourra s'en prendre qu'à elle même d'avoir si mal placé sa confiance ; il ne lui restera pour recours qu'une action en dommages et intérêts contre cet agent infidèle.

Cette théorie, que la Cour de Cassation a consacrée, me parait être un fâcheux résultat de cette tendance, que nous avont déjà signalée, qui poussait les tribunaux à accorder à l'assuré une protection, souvent exagérée, au détriment des droits les plus légitimes des assureurs.

La jurisprudence, nous aurons plusieurs fois l'occasion de le constater, tend à revenir sur les préventions injustes, qui l'animaient au début contre les compagnies. Et en particulier, le système que nous venons d'exposer vient d'être condamné, et à bon droit, par un arrêt récent de la Cour de Nîmes. (2)

Il constituait en effet un étrange renversement des principes généraux du droit en matière de mandat.

Aux termes de l'article 1998 du Code civil, le mandant n'est tenu des engagements contractés par le mandataire qu'autant que ce dernier s'est renfermé dans la limite de ses pouvoirs. Lorsque le mandataire dépasse ses pouvoirs, il ne saurait engager le mandant. Ce sont là des principes de droit commun, qu'en toute autre matière on ne songerait même pas à contester. Quelle raison si puissante y a-t-il qui puisse

---

(1) Alauzet 128 et 466 — Quesnault p. 272 — Colmar 2 juin 1825 et Cass. 15 février 1826. D. 26. 1.133 — Bordeaux 25 avril 1843 Sir. 43 2.353.

(2) Nîmes. 2 juillet 1879. Ass. 80 p. 12.

forcer à y déroger en matière d'assurances? Aucune; et y en eut-il, on ne pourrait passer au dessus du texte de la loi et des principes.

Rien n'empêche les tiers de demander l'exhibition des pouvoirs du mandant. Il doivent ou peuvent connaitre les statuts de la société. S'ils ont traité trop légérement, si l'assurance a été faite en dehors du mandat ou des statuts, ils ne peuvent s'en prendre qu'à eux de leur propre négligence.

Ce système, st conforme aux principes les plus élémentaires du droit ; il n'est en aucune façon contraire à l'équité, car les intérêts des compagnies sont tout aussi légitimes que ceux des assurés. Aussi espérons nous que les tribunaux n'hésiteront pas à se rallier à l'arrêt de la Cour de Nimes (1).

Les étrangers peuvent aujourd'hui, et cela est de toute évidence, se rendre assureurs en France. Aucune loi ne le leur interdit. Les opérations des compagnies étrangères sont donc parfaitement valables. Ces compagnies doivent, pour jouir de l'intégralité de leurs droits, se conformer aux lois générales qui régissent la situation des étrangers en France et spécialement aux prescriptions relatives aux sociétés anonymes, étrangères (2).

SECTION DEUXIÈME.

De la Capacité de l'Assuré.

Vis à vis de l'assuré, l'assurance est un acte purement civil. On ne saurait, d'autre part, contester qu'elle présente ous les caractères d'un acte d'administration.

---

(1) Nîmes arrêt cité—Boudousquié Ass n° 84—Consultez sur ce point un excellent article de M. Pouget Ass. 51 p. 250.

(2) Signalons en passant une mesure récente, qui a interdit aux compagnies françaises le droit de consentir des assurances en Allemagne. et notamment en Alsace-Lorraine. Ne serait-ce pas là le cas d'appliquer les principes d'une juste réciprocité.

Celui là donc possédera l'aptitude légale à contracter une assurance, qui sera apte à passer des actes d'administration.

Mais, à cette première condition, il faut en joindre une seconde. Pour contracter une assurance, il faut avoir qualité pour figurer au contrat, c'est à dire avoir intérêt à la conservation de la chose.

Nous allons consacrer un paragraphe distinct à l'examen de chacune de ces conditions.

§ Ier. — L'Assuré doit-être légalement capable de passer des actes d'administration.

Nous ne pouvons que répéter ici l'observation que nous faisions tout à l'heure en étudiant la capacité de l'assureur. Cette capacité se réglant, d'après les principes généraux du droit civil, n'offre rien de spécial à notre sujet et ne doit par conséquent pas trouver ici de développement.

Nous nous contenterons de signaler au nombre des incapables : le mineur non émancipé, l'interdit, l'individu enfermé dans une maison d'aliénés, la femme mariée sous le régime de communauté ou celle qui, mariée sous un autre régime, n'a pas de paraphernaux, On a fait toutefois pour le mineur une objection singulière que nous ne pouvons nous dispenser d'examiner Les actes passés par le mineur ne sont rescindables, a-t-on dit, que s'il a lésion : *minor restituitur non tanquam minor sed tanquam læsus*. Or l'assurance, étant un contrat aléatoire, n'est pas rescindable pour cause de lésion ; donc l'assurance faite par le mineur sera toujours valable.

Cette objection, spécieuse en la forme, est pour le moins singulière. Elle aboutit à ce résultat étrange de déclarer que l'incapable est capable et tombe ainsi dans une contradiction singulière. Aucune raison n'empêche, croyons nous, de ranger le contrat d'assurance au nombre des contrats rescindables pour cause de lésion. Que le caractère aléatoire, de ce contrat rende fort difficile pour les tribunaux l'appréciation de la lésion, nous en convenons volontiers ; mais en fin de compte, les assurances sont fréquentes ; il s'est établi pour les primes des cours parfaitement connus, un taux qui varie peu et les tribunaux pourront dans la plupart des cas, sans se heurter à des impossibilités, apprécier si la prime que le mineur s'est engagé à payer dépasse d'une manière excessive le cours commun de la place, ou bien si le choix de la compagnie à été notoirement imprudent ; et dans ce cas, nous ne voyons pas trop sur quels motifs ils pourraient se baser pour refuser de rescinder le contrat,

Cette manière de voir était d'ailleurs partagée par les anciens auteurs, qui exigeaient toutefois que la lésion présentât un caractère bien évident ; c'est ce qui faisait dire à Roccus (1) : *propter enormissiman læsionem rescinditur assecuratio, non propter enormem*).

Seraient au contraire capables de contracter une assurance: le mineur émancipé, l'individu pourvu d'un conseil judiciaire la femme mariée séparée de biens ou qui a des paraphernaux. Toutes ces personnes sont en effet aptes à passer valablement des actes d'administration, et leur capacité ne saurait être mise en doute.

Il se trouve cependant d'ordinaire dans les contrats d'assurances, certaines conventions accessoires qui excèdent certainement les limites d'un acte d'administration et qu'on pourrait à juste titre leur refuser le droit de souscrire.

C'est ainsi que la plupart des polices contiennent cession par l'assuré de tous ses droits et actions contre l'auteur du sinistre ; c'est ainsi qu'elles soumettent les constestations à naître au jugement d'arbitres. Et dans le rigueur du droit le mineur, même émancipé, n'est pas apte à contracter des engagements de cette nature. Il ne peut en effet disposer de

---

(1) Roccus. Resp. leg. de assecur, not. 8

ses capitaux ni de ses créances ; à plus forte raison ne peut il compromettre : on sait en effet de quelles formalités rigoureuses la loi a cru devoir entourer le compromis.

Cependant on s'accorde généralement à accorder à ces personnes, *benignâ interpretatione*, le droit de consentir toutes les clauses contenues d'ordinaire dans les polices. Qui veut la fin veut les moyens : l'assurance est un acte d'administration et doit pouvoir être fait par tous ceux qui ont capacité d'administrer. Or refuser au mineur émancipé le droit de souscrire à des clauses qui sont entrées dans les mœurs de l'assurance et imposées sans distinction par tous les assureurs, ce serait en réalité les rendre incapables de contracter toute assurance (1).

Il ne faudrait par toutefois étendre trop cette capacité exceptionnelle et déclarer ces personnes capables d'accomplir tous les actes auxquels l'assurance peu donner lieu dans la suite. C'est ainsi qu'en cas de sinistre le mineur émancipé ne pourrait recevoir seul l'indemnité et en donner décharge; il devrait, aux termes de l'article 482 du Code civil, être assisté de son curateur.

Il pourrait au contraire dans les cas exceptionnels ou le délaissement serait permis, opérer seul ce délaissement ; car il est capable d'aliéner ses meubles (2).

L'assurance peut, comme la plupart des contrats, être faite par un mandataire conventionnel ou légal.

Le mari administrateur des biens de sa femme, le père des biens de ses enfants mineurs, le tuteur, le syndic d'une faillite et en général toute personne chargée d'administrer des biens, ont incontestablement le pouvoir de contracter une assurance.

---

(1) Cette question est tranchée en ce sens par la plupart des auteurs, en ce qui concerne la cession des droits éventuels de recours. Elle pourrait être plus douteuse pour le compromis ; mais une discussion approfondie sur ce point n'offrirait qu'un intérêt assez médiocre, car la jurisprudence se refuse absolument à admettre la validité de la clause compromissoire.

(2) Alauzet 120

Par qui ce contrat doit-il être fait dans une société? Dans les sociétés en nom collectif, il faut distinguer :

Si des administrateurs ont été nommés, ils ont seuls le droit d'assurer les biens communs. Dans le cas contraire, chacun des associés puise le pouvoir d'assurer dans l'article 1859 § 3 du Code civil, qui lui donne le droit de faire les dépenses nécessaires pour la conservation de la chose. (1)

Dans les sociétés en commandite, le soin de faire assurer repose sur les gérants. Néammoins l'assureur ne serait pas recevable à demander la nullité de l'assurance faite par un commanditaire ; la peine, que la loi attache à cette immixtion dans la gestion n'est autre en effet que la responsabilité que le commanditaire partagera avec les gérants, mais elle n'entache en rien la parfaite validité de l'acte (2).

Si la société est anonyme, ce sont les administrateurs qui sont évidemment chargés de contracter l'assurance.

Ne faut-il pas aller plus loin et décider que non seulement l'assurance est pour ces différentes personnes une faculté mais qu'elle constitue encore pour elles une obligation ?

Le tuteur, le syndic, les gérants sont responsables de leur mauvaise gestion ; or nous pensons qu'ils se rendraient coupables d'une négligence des plus graves, constituant au premier chef une faute lourde, s'ils négligeaient de faire assurer, les biens dont l'administration leur est confiée. Est-il possible en effet d'admettre que c'est agir sagement et avec prudence que de laisser exposés à tous les hasards de la fortune des biens, qu'on aurait pu sauvegarder moyennant le paiement d'une faible prime ?

MM. Alauzet et Quesnault (3) ont combattu cette opinion

---

(1) Alauzet 133 — Persil 141.

(2) C. Co. art. 28 — Alauzet 133 — Grün et Joliat 139.

(3) Alauzet 131 — Quesnault 144. Nous ne connaissons pas d'arrêts, qui aient tranché la question. La cour de Besançon (1ᵉʳ avril 1863, D, 63. 2. 93), tout en reconnaissant qu'aucun texte de loi n'astreint le tuteur à faire assurer, a cependant déclaré responsable un

et n'ont vu dans l'assurance qu'un contrat purement aléatoire, qui n'offre rien d'urgent. Mais il faut remarquer qu'au temps ou ces auteurs écrivaient, l'assurance était encore peu connue et fort peu usitée. La manière de voir de ces auteurs pouvait alors se soutenir ; mais aujourd'hui que l'assurance est vulgarisée et complétement entrée dans les mœurs, l'administrateur qui négligerait de faire assurer les biens qui lui sont confiés se rendrait incontestablement coupable d'une négligence impardonnable.

Il ne faudrait pas toutefois pousser cette théorie trop loin et imposer a toute personne, qui détient une chose appartenant à autrui, l'obligation de la faire assurer. C'est ainsi que l'assurance ne peut à aucun titre et sous aucun prétexte être imposée, à moins de convention spéciale, ni au dépositaire (1) ni au commisionnaire, ni à l'artisan qui a reçu des marchandises pour les mettre en œuvre ni a l'usufruitier. (2)

Ces personnes ne sont pas en effet responsables de leur mauvaise gestion et elles se libèrent conformément au droit commun, en prouvant que la chose a péri par suite d'un incendie, qui ne peut être imputé ni à leur faute ni à leur négligence.

Il nous reste une question des plus importantes à examiner, L'assurance peut elle être contractée par un gérant d'affaires, qui n'a reçu aucun mandat à cette effet ?

L'affirmative, mal à propos contestée, (3) ne saurait cependant faire l'objet d'un doute sérieux et est aujourd'hui

---

tuteur, qui, ayant jugé nécessaire d'assurer l'immeuble, avait encouru la déchéance faute de payement de la prime. Nous ne comprenons pas cette distinction et nous ne voyons pas non plus en quoi un texte de la loi pouvait être nécessaire dans l'espèce. Il s'agit uniquement de savoir si l'omission du tuteur constitue ou non une faute lourde dans l'administration Or les tribunaux jouissent d'un pouvoir souverain dans l'appréciation de faits ce cette nature.

(1) Cass. 1er Août 1866.

(2) Aubry et Rau § 231 texte et note 9

(3) Vincens. Exposition raisonnée du droit commercial, appendice — Estrangin, supplément ch. 2, p. 354

universellement admise. Il n'y a en effet aucune raison de créer pour l'assurance des régles spéciales dérogeant aux règles générales du droit civil, qui reconnait la validité des contrats passés par les gérants d'affaires.

Toute personne peut donc, sans avoir reçu mandat à cet effet, contracter une assurance pour le compte d'un tiers. Le principe est au reste consacré par les législations étrangères (1).

Quels sont les effets d'un contrat de cette nature ?

Deux hypothèses peuvent se présenter.

La compagnie peut, en premier lieu, demander avant le sinistre, la ratification du propriétaire. Celui-ci reste alors libre d'agir comme il le juge le plus convenable à ses intérêts. Il peut ratifier l'assurance et elle devient alors tout aussi valable que s'il l'avait lui-même contractée ; il peut refuser sa ratification, et dès lors le contrat sera rompu et destitué de tout effet vis à vis de lui. On ne pourrait en effet le forcer à approuver une convention dont le résultat le plus certain pour lui est de le forcer à débourser une somme d'argent.

Supposons maintenant que la compagnie n'ait pas jugé à propos de mettre le propriétaire en demeure de ratifier le contrat. Un sinistre survient. Quel sera le sort de l'assurance ?

Le propriétaire devra sans aucun doute remplir l'engagement pris en son nom par le gérant d'affaires ; car il est dès lors évident que l'affaire a été utilement gérée (2).

De son côté, la compagnie ne pourrait se refuser à payer l'indemnité due pour le sinistre. Sur quoi pourrait-elle en effet se baser pour refuser de tenir ses engagements ? Cette prétention serait aussi contraire à la loi qu'à l'équité.

« Il est impossible d'admettre, dit M. Alauzet, (3) que,

---

(1) Code Prussien art. 1950 et 1951. — Code Hollandais art 264. — Loi Belge, titre X. ch. 2, art. 5.

(2) Colmar, 27 juin 1823 ; Cass. 29 décembre 1824. D. 25. 1. 29.

(3) Alauzet 138.

quand les assureurs ont accepté les propositions d'assurances, qu'ils ont reçu les primes, qu'ils ont continué à les recevoir chaque année sans demander justification du titre ni de mandat, ils puissent, quand le sinistre est arrivé venir constester la validité de l'assurance. C'est là une prétention contraire à toute équité, en opposition avec le texte des lois aussi bien qu'avec la justice et qui doit être repoussée, comme elle l'a été, par les tribunaux (1) ».

Mais, objecte-t-on, si l'on permet ainsi d'assurer sans intérêt réel la chose d'autrui, l'assurance dégénérera en une véritable gageure, ce qui est absolument contraire au principe même de ce contrat. — Cette objection ne nous paraît pas fondée; car, quoiqu'il arrive, l'assureur n'aura jamais qu'un seul créancier celui au nom duquel l'assurance aura été faite ; lui seul aura droit à une indemnité, lui seul pourra la toucher. On ne peut considérer comme un pari le contrat ou l'une des parties, en échange de la prime qu'elle reçoit, doit être tenu de payer le sinistre si le propriétaire ratifie ; ou l'autre, pour la prime qu'elle donne, ne peut jamais en aucun cas rien recevoir. Il est impossible de reconnaître un pari dans une semblable stipulation.

« En résumé, continue M. Alauzet (2), il n'y a pas lieu de rechercher dans quel intérêt agit celui qui contracte ; aucune justification ne peut être exigée à cet effet, du moment qu'il est considéré comme *negotiorum gestor* ; les règles de la gestion d'affaires seront seules applicables. Les seules justifications essentielles sont : une chose servant d'élément au contrat, des risques auxquels elle soit exposée, une prime payée à l'assureur. Si ces conditions sont accomplies, l'assureur est tenu de payer le montant de l'assurance en cas de sinistre et à celui là seulement qui en souffre. Ainsi les droits de tous sont respectés,

---

(1) Colmar 27 juin 1833 D. 633. 1. 227. — Cp. Colmar 25 août 1826. P. 20 p. 844.
(2) N° 144.

et le systéme, créé par la jurisprudence, est simple, d'une exécution facile et aussi conforme aux principes essentiels du contrat qu'à l'équité.»

La Jurisprudence, qui a consacré cette théorie, en a tiré diverses applications.

Elle a validé l'assurance contractée par le locataire, qui n'aurait pas fait connaître sa qualité. Elle admet que dans ce cas le locataire a agi comme negotiorum gestor du propriétaire (1).

De même, ainsi que nous le verrons dans le paragraphe suivant, le nu propriétaire qui fait assurer une maison soumise à un usufruit, sans restreindre l'assurance à son droit propre, lui parait avoir agi comme negotiorum gestor de l'usufruitier ; et celui-ci a droit dès lors au paiement de l'indemnité dans la proportion de son intérêt. Même solution, en sens contraire, si l'assurance est faite par l'usufruitier (2).

§ 2. — L'assuré doit avoir qualité et intérêt au contrat.

La seconde condition nécessaire pour faire assurer valablement une chose *en son propre nom* est d'avoir qualité et intérêt au contrat, c'est-à-dire qu'il faut avoir sur la chose un droit quelconque qui nous intéresse à sa conservation.

Entendue autrement, l'assurance dégénérerait en un pari et serait de nature à procurer l'assuré des bénéfices illicites.

Mais il faut bien se garder d'en conclure qu'il soit nécessaire d'être propriétaire. La seule condition qui soit exigée c'est d'avoir intérêt à la conservation de la chose. Or, nombreuses sont les personnes, qui sans être propriétaires, peu-

---

(1) Cass. 7 mars 1843. D. 43. 1. 207. — Il nous semble que la cour de cassation a été ici beaucoup trop loin ; car nous trouvons dans le silence du locataire une réticence de nature à diminuer l'opinion du risque et à en changer le sujet.

(2) Colmar 25 aout 1826. P. XX. p. 844.

vent néanmoins justifier d'un intérêt de cette nature. Citons à titre d'exemple, l'Usufruitier, l'Antichrésiste, tous les détenteurs, a quelque titre que ce soit, qui répondent légalement ou conventionnellement des cas fortuits, en un mot tous ceux qui sont responsables de la perte de la chose, aux risques desquels elle est (1).

Toutes ces personnes ont sans aucun doute la capacité nécessaire pour faire assurer l'objet qu'elles détiennent.

Enfin les créanciers hypothécaires et même les créanciers simplement chirographaires ont, eux aussi, intérêt à la conservation des biens de leur débiteur, qui constituent leur gage. Nous sommes amenés à examiner si cet intérêt est ou non suffisant pour valider une assurance.

Etudions d'abord la situation de l'Usufruitier.

L'Usufruitier a sur la chose un droit réel, qui s'éteint par la perte, l'incendie de cette chose (art. 617 et 623). Il a donc un intérêt réel, direct et immédiat à sa conservation. Il peut dès lors, comme mesure conservatoire de ce droit, la faire assurer. On ne voit pas trop comment on pourrait lui contester cette faculté.

Mais il peut s'y prendre de plusieurs façons :

Il peut, en premier lieu, déclarer dans la police qu'il ne fait assurer que son droit propre. Dans ce cas, on calculera la prime sur la valeur de l'usufruit, déduction faite de la nue propriété. C'est aux assureurs, disent MM. Grün et Joliat, a rechercher un moyen de n'indemniser l'usufruitier que de ce qu'il a réellement perdu. Ils ne doivent pas percevoir la prime comme sur une assurance de la pleine propriété, mais sur le calcul de la valeur de l'usufruit. Cette estimation, on ne peut se le dissimuler, sera nécessairement fort aléatoire; peut-être pourrait-on prendre pour base la loi de l'enregistrement qui évalue l'usufruit à la moitié de

---

(1) Pothier. Contrat d'assurance n° 9.

la propriété. Il n'y a là au reste qu'une pure question de tarifs et de convention entre les parties.

Supposons maintenant que l'usufruitier n'ait pas déclaré qu'il n'assurait que son droit propre, qu'il ait au contraire assuré et payé les primes sur la valeur totale de l'immeuble.

Quel sera le sort de l'assurance et à qui appartiendra l'indemnité en cas de sinistre ?

Il faut tout d'abord éviter un écueil et se garder de dire que l'usufruit et la nue propriété continueront d'exister sur l'indemnité comme sur l'immeuble incendié; car l'indemnité, comme nous le verrons plus tard, ne constitue en aucune façon la représentation de l'immeuble. Mais, ce point écarté, on ne peut admettre non plus que l'usufruitier ait le droit de toucher l'indemnité entière. L'assurance ne doit en effet jamais constituer une source de bénéfices pour l'assuré.

La Jurisprudence a tenu compte de cette difficulté, et elle est arrivée à concilier tous les intérêts dans un système, que nous avons déjà indiqué et qui nous parait parfaitement juridique.

Elle décide que si l'usufruitier a fait assurer le bâtiment soumis à son droit, l'indemnité à recevoir en cas d'incendie ne lui appartiendra que pour la jouissance seulement et devra à la cessation de l'usufruit être restituée au nu propriétaire, (à charge bien entendu de tenir compte des primes à l'usufruitier) (1).

Réciproquement, et pour les mêmes motifs, le nu propriétaire qui a fait assurer l'immeuble pour sa valeur totale est censé, en ce qui concerne l'usufruit, avoir agi comme le negotiorum gestor de l'usufruitier et dès lors celui-ci peut, en offrant de lui bonifier l'intérêt des primes, demander à exercer son droit sur l'indemnité payée par l'assureur.

Voici sur quelles bases juridiques on appuie cette décision,

---

(1) Aubry et Rau. § 231 texte et note 9.

si logique et si équitable : L'assurance ne devant jamais être, dit-on, une source de bénéfices pour l'assuré, l'usufruitier, par exemple, n'a pu faire assurer *en son propre nom*, que son usufruit ; il n'a pu faire assurer la nue propriété, qui ne lui appartient pas. S'il l'a fait, il a agi non en son nom mais au nom du propriétaire, *procuratorio nomine*. Il a été un véritable gérant d'affaires ; et dès lors le propriétaire, en offrant à l'usufruitier de lui bonifier les primes, peut demander à exercer son droit sur l'indemnité payée par l'assureur.

Ces principes sont proclamés dans un arrêt de Colmar, qui prévoit l'hypothèse ou c'est le nu propriétaire qui a fait assurer l'immeuble pour le tout et sans en déduire la valeur de l'usufruit.

« Le nu propriétaire, dit la Cour (1), n'a pu faire assurer l'usufruit que pour le compte et l'intérêt de celui qui en était propriétaire, sauf à lui demander de contribuer au paiement annuel du prix de l'assurance dans la proportion de ses droits d'usufruit. S'il pouvait en être autrement, si le nu propriétaire pouvait en même temps et dans son seul intérêt assurer l'usufruit comme la nue propriété, il en résulterait qu'il aurait intérêt à l'incendie de la maison, puisque par là il recevrait le prix de cet usufruit qui ne lui appartient pas ; ce qui pourrait avoir les plus fâcheuses conséquences, qu'on a reconnu indispensable d'éviter en établissant en principe que l'on ne pourrait pas assurer la chose d'autrui (2).

L'incendie, tout en ruinant le propriétaire, est en même temps de nature à porter un grand préjudice à ses créan-

---

(1) Colmar 25 août 1826 Sir 28. 2. 17.

(2) Aubry et Rau. 234 note 21 — Dalloz, v° Assurance n° 69 — Persil 124 — Quesnault 315 — Boudousquié 26 — Trib. de Belfort 7 mai 1863 ; Ass. 165 p. 64 — Contrà Besançon D. 56. 2. 96, qui refuse à l'usufruitier toute participation à un contrat auquel il est resté étranger et qui ne contenait aucune stipulation à son profit — Que devien alors toute la théorie de la gestion d'affaires ?

ciers, qui ont un intérêt évident à la conservation du patrimoine de leur débiteur. Cet intérêt est encore plus facile à saisir si l'on suppose que le créancier avait une garantie spéciale sur un objet quelconque.

Si par exemple le débiteur lui avait concédé une hypothéque sur une maison, aurait-il à la conservation de cette maison un intérêt suffisant pour valider une assurance ? — On a quelque temps dénié aux créanciers le droit de faire assurer les biens de leur débiteur : leur intérêt, disait-on, n'est ni assez direct ni assez évident ; et d'ailleurs les procédés, mis par le droit commun a leur disposition, suffiraient pour les mettre à l'abri de toute perte.

En quoi consistent donc les procédés que les créanciers peuvent employer, abstraction faite de l'assurance pour se mettre à l'abri des sinistres qui peuvent frapper les biens de leur débiteur ?

Ils peuvent en premier lieu faire assurer leur créance elle même, s'adresser à une compagnie qui leur garantira la solvabilité de leur débiteur. Ce procédé serait peut-être le plus parfait, mais il est pour le moment absolument inusité. L'assurance contre les risques de solvabilité, parfaitement légale d'ailleurs, n'a point encore reçu d'application pratique. Nous n'ignorons pas que quelques essais ont été tout récemment tentés pour faire sortir cette opération du domaine de la théorie ; mais nous croyons pouvoir avancer qu'il n'existe pas pour le moment en France de compagnie sérieuse, assurant contre cette nature de risques. Il faut donc mettre de côté ce mode de garantie.

Les créanciers ont une autre ressource : ils peuvent faire assurer l'immeuble, au nom du propriétaire, dont ils se constitueront ainsi les gérants d'affaires. Mais nous avons déjà vu combien ce procédé serait peu satisfaisant, puisque le maître serait toujours libre de répudier l'assurance contractée en son nom.

Certains auteurs ont essayé, pour éviter cette inconvenient, de soutenir que le créancier ne serait pas réduit à se présenter comme un simple negotiorum gestor, mais qu'il agirait au contraire en vertu d'un mandat tacite, puisé dans l'article 1166 du Code civil; et dès lors le maitre serait tenu comme tout mandant de l'assurance contractée par son mandataire (1).

Ce système aboutit, à notre avis, à exagérer singulièrement la portée de l'article 1166. Les créanciers puisent bien dans cet article la faculté d'exercer les droits et actions acquis à leur débiteur, mais il ne s'agit en aucune façon de les faire naitre en se substituant à lui pour conclure une convention tout a fait facultative, aléatoire, et dont le résultat immédiat est de lui imposer une charge. Il est impossible d'admettre les créanciers à administrer les biens restés dans le domaine du débiteur et affectés plus ou moins spécialement à la garantie de leur créance.

Il faut donc nécessairement admettre que le maitre serait toujours libre de répudier l'assurance contractée en son nom par ses créanciers.

Ce ne serait là d'ailleurs que le moindre inconvénient de l'assurance contractée au nom des propriétaires. Le défaut capital de ce procédé, c'est qu'à supposer même que l'assurance eût été faite ou ratifiée par le propriétaire lui-même, les droits des créanciers hypothécaires ne se trouveraient toujours qu'insuffisamment protégés; voici pourquoi.

L'hypothèque s'éteint par la destruction de la chose et ne se reporte pas sur l'indemnité. (C'est un principe, que nous démontrerons plus tard, mais qui n'est guère plus contesté) et, dès lors le créancier hypothécaire ou privilégié ne pourrait, en cas de sinistre, se présenter qu'en concours avec tous les autres créanciers, même chirographaires, et perdrait par conséquent le bénéfice de la sureté qui lui avait été consentie.

(1) Alauzet 134. — Persil 199.

On a cherché par bien des moyens à éviter ce fâcheux résultat ; mais tous sont restés inefficaces et n'ont procuré qu'une garantie absolument insuffisante.

C'est ainsi qu'on stipule en général (et c'est là le procédé le plus usité dans la pratique) que l'emprunteur subroge le créancier dans tous les droits et actions, qu'il pourrait exercer lui-même contre la Compagnie, à laquelle il est personnellement assuré. Ce procédé, bien qu'évidemment supérieur à ceux que nous venons d'examiner, ne laisse pas cependant que d'être lui même vicieux et de prêter le flanc à bien des critiques. La garantie qu'il procure peut devenir illusoire dans bien des circonstances. En premier lieu, dans la plupart des cas le transport sera nul pour vice de forme : l'article 1689 du Code civil veut que la délivrance s'opère entre le cédant et le cessionnaire par la remise du titre ; or presque jamais l'assuré ne remet au prêteur ni l'original de sa police ni même une copie certifiée. L'article 1990 stipule en outre que le cessionnaire n'est saisi vis à vis des tiers que par la signification de la cession au cédé ou par son acceptation authentique; or, dans la pratique, les prêteurs négligent encore cette formalité ou se contentent d'une acceptation faite dans un acte sous seing privé ; et dans ces conditions la cession ne saurait être opposée aux tiers (1).

Enfin (et c'est là le vice capital de ce procédé), le créancier sera exposé à subir les déchéances nombreuses, qui pourront être encourues par le propriétaire et verra ainsi paralysé son droit à une indemnité. C'est ainsi que si le propriétaire néglige de payer la prime, l'assurance est suspendue, et la compagnie ne répond pas du sinistre. Le propriétaire n'a droit à aucune indemnité; son cessionnaire ne peut avoir plus de droits que lui, car la Compagnie n'a contracté aucune obligation vis à vis de lui et ne serait en aucune façon tenu de l'avertir du non-paiement de la prime.

---

(1) Cass 28 juin 1831. D. 31. 1.214.

C'est ce dernier inconvénient, de beaucoup le plus important, qui contribue surtout à rendre inefficace la garantie, procurée au créancier hypothécaire, par la cession des droits du propriétaire à l'indemnité. Le créancier hypothécaire se trouve exposé à toutes les conséquences des négligences du propriétaire ; son droit est en quelque sorte laissé à sa merci.

Le seul moyen d'éviter tous ces dangers et de procurer au créancier une garantie suffisante et efficace, c'est de lui permettre *d'assurer en son nom propre l'immeuble du débiteur, en tant qu'il garantit sa créance.*

Tous les inconvénients, que présentaient les systèmes précédents, disparaissent.

C'est le débiteur qui est assuré : lui seul peut toucher l'indemnité ; il n'est plus exposé à subir des oppositions, à encourir des déchéances du chef de tiers ; il n'a plus rien à craindre du sinistre.

En permettant au créancier de contracter une assurance directe, on arrive par conséquent à lui procurer une garantie réelle et suffisante. On ne peut donc contester la supériorité du résultat ; mais on a nié que le procédé fut licite, et l'on enseigne dans un premier système que l'assurance faite directement par le créancier hypothécaire ne saurait être valable. Disons tout de suite que ce système, développé avec un rare talent par M. Alauzet (1), est généralement abandonné aujourd'hui et que l'opinion de cet éminent auteur est restée pour ainsi dire isolée.

L'assurance contractée dans ces conditions est, dit-il, nulle pour plusieurs raisons.

Elle est nulle parce que l'article 332 du Code de commerce ne permet l'assurance qu'au propriétaire ou au commissionnaire.

Elle est nulle parce qu'elle ferait coexister sur le même

---

(1) Alauzet 125 et 199.

objet deux assurances : l'une consentie au propriétaire, l'autre au creancier ; ce qui est absolument contraire à l'essence même du contrat.

Elle est nulle enfin, parce qu'elle manque d'un objet assez certain pour servir de base à une assurance.

« Le contrat d'assurance, dit M. Alauzet, a une existence certaine et indépendante ; il est un ; ses principes sont invariables. Toutes les obligations y sont nettes, précises et bien définies ; toutes les clauses y sont de droit strict ; une circonstance, même de peu d'importance, omise ou changée annulle le contrat. L'assurance ne peut avoir pour objet que des choses existantes et des valeurs nées, et être faite que contre des risques, incertains sans doute, mais positifs et clairement déterminés. Les pertes dont répondent les assureurs ne peuvent être que des pertes directes et immédiates. — En présence de cet ensemble de règles si claires, de ces principes si rigides, n'y aurait-il pas une étrange anomalie à établir que ce qui donnera qualité pour contracter sera quelque chose de vague et d'indécis comme l'intérêt médiat et indirect que peut faire valoir un créancier non au paiement du titre qu'il a entre les mains, ce qui se résumerait en une assurance de solvabilité, mais à la conservation d'un immeuble appartenant à son débiteur, et lorsque, après comme avant l'événement qui aurait détruit l'immeuble, la valeur de la créance pourrait être un objet de controverse. »

Cette impossibilité d'assigner une base fixe à l'assurance faite par les créanciers, constitue, ajoute-t-on, un obstacle insurmontable à ce genre d'opération. L'assurance serait d'ailleurs d'une application irréalisable dans la pratique. Quelle indemnité la Compagnie devrait-elle en effet payer en cas de sinistre ?

Paiera-t-elle la totalité de la créance ? C'est impossible, et les partisans de la doctrine contraire sont obligés d'en convenir : il y aurait en effet là un bénéfice évident pour l'assuré puisque l'incendie laisse subsister la créance en entier et diminue simplement la probabilité du paiement.

Mais, dit-on, il n'en sera pas ainsi : le créancier n'aura qu'un droit vis à vis de ses assureurs, celui de demander le paiement du dommage que lui cause la perte de l'immeuble hypothéqué, Il lui faudra donc démontrer qu'en cas de vente de l'immeuble détruit il aurait été désintéressé, et dans quelle mesure.

Soit ! Mais ne voit-on pas dans quels inextricables embarras on va se trouver jeté. De ce qu'une créance a été reconnue valide, pourvue d'une hypothèque légalement concédée, il n'en résulte nullement que cette hypothèque soit suffisante et bonne. Elle pouvait être insuffisante parceque la créance avait une valeur supérieure à celle de l'immeuble ; elle pouvait être tout à fait illusoire parce que des hypothèques antérieures en avaient déjà absorbé toute la valeur. Comment le créancier établira-t-il son intérêt à l'hypothèque ? Il se trouvera en présence de créanciers hypothécaires non inscrits, de créanciers à hypothèque légale ou judiciaire, de créanciers privilégiés. La vente seule aurait pu faire connaître d'une manière bien exacte la valeur de l'immeuble, et cette vente n'est plus possible puisque cet immeuble est précisément détruit.

En résumé, conclut M. Alauzet, l'assurance faite par les créanciers est nulle, parce qu'elle est implicitement prohibée par l'article 332 du Code de commerce, parce qu'elle manque d'objet et de base, parce qu'elle est irréalisable dans la pratique.

Bien que nous ne nous dissimulions pas la gravité de ces considérations ; nous n'hésitons cependant pas à admettre que le créancier hypothécaire peut faire valablement assurer l'immeuble affecté à la garantie de sa créance.

Du moment où il y a risque, l'assurance doit pouvoir fournir un moyen de se couvrir : toute personne intéressée à la conservation d'une chose peut la faire assurer. Or le créancier hypothécaire a un intérêt évident à la conservation de la chose affectée à la sureté de sa créance (car la perte de la sureté entraine le plus souvent pour lui la perte de la créance elle-même); donc il a droit de la faire assurer (1).

Le droit du créancier hypothécaire se trouvant ainsi nettement établi, il ne nous reste plus qu'à montrer que les objections de M. Alauzet ne sont pas fondées.

L'article 332 du Code de commerce n'admet, dit-il, à l'assurance que le propriétaire et le commissionnaire et en exclut toute autre personne.

Nous ferons d'abord remarquer que cet article, écrit d'ailleurs pour les assurances maritimes, n'a eu en vue que de régler la forme du contrat d'assurance et qu'il serait par conséquent bien difficile de voir dans une de ses dispositions une règle stricte et exclusive. A l'entendre même en ce sens, on peut parfaitement le concilier avec notre doctrine. L'hypothèque constitue en effet un démembrement de la propriété, un droit réel confié au créancier qui en est investi, démembrement dont il est dès lors propriétaire ; ce qui est de nature à lever tous les scrupules.

Mais il y aura alors, ajoute M. Alauzet, une double assurance sur le même objet, ce qui est impossible. Cette objection nous parait reposer sur un scrupule singulier ; il n'y aura en aucune façon, dans le sens ou on l'entend, deux assurances sur le même objet. Nul ne conteste que l'usufruitier puisse faire assurer son droit et le nu propriétaire le sien, le locataire ses risques locatifs et le bailleur sa propriété. Jamais leurs droits n'ont été mis en doute. Il y aura bien, si l'on veut, plusieurs polices sur le même objet ; mais ces polices seront destinées à garantir des éventualités différentes, des intérêts distincts. En défendant qu'on pût contracter deux assurances sur le même objet, on a voulu que l'assurance

---

(1) Grün et Joliat 96 et s qq et 157—Quesnault p. 34—Persil Hyp. p. 141. — Pouget. Dict. v° Cr. hyp. — Cass. 23 novembre 1824. Sir. 25. 1. 173.

ne pût devenir pour personne une source de bénéfices. Or c'est un danger qui ne se présente jamais dans l'espèce. Qui pourrait en effet avoir intérêt au sinistre ?

Ce ne sera pas le créancier, qui, loin de toucher de prime abord le montant intégral de sa créance, ne recevra jamais que ce que l'incendie de l'immeuble hypothéqué lui aura fait perdre.

Ce ne sera pas non plus le propriétaire : l'assureur pourra se trouver sans doute obligé de payer à sa place le montant de la dette pour sureté de laquelle il avait consenti une hypothèque ; mais il se trouvera par le fait même du paiement subrogé dans tous les droits du créancier primitif, et par conséquent le propriétaire ne gagnera rien au sinistre ; il aura changé de créancier, voilà tout. Le danger que craint M. Alauzet, nous parait donc ici purement imaginaire.

Il faut donc admettre, avec la majorité des auteurs et la jurisprudence, qu'aucune raison juridique ne s'oppose à ce que les créanciers hypothécaires fassent directement et en leur nom personnel, assurer la chose qui est l'objet de leur gage. Le même droit doit être reconnu aux créanciers privilégiés et aux créanciers saisissants et munis d'un gage. C'est le seul moyen de garantir complétement leurs intérêts

Aussi ce droit leur est-il reconnu par les législations étrangères les plus récentes. Nous citerons notamment la loi belge sur les assurances, qui ne date que de 1874, et ou nous trouvons les dispositions suivantes (1).

Art. 6 « Les créanciers saisissants ou nantis d'un gage et les créanciers privilégiés ou hypothècaires peuvent faire assurer en leur nom personnel les biens affectés au paiement de leur créance. Dans ce cas l'indemnité due à raison du sinistre est subrogée de plein droit à leur égard aux biens assurés qui formaient leur gage »

Art. 8 « Les dispositions des deux articles précédents

---

(1) Loi Belge titre X ch. 2.

n'ont d'effet qu'autant que le créancier viendrait en ordre utile dans la collocation ou dans la distribution, si la perte des objets saisis, engagés ou hypothéqués, sur lesquels existe le privilège, n'était pas arrivée. »

Nous ne nous dissimulons pas toutefois qu'il sera souvent difficile au créancier d'établir l'intérêt réel qu'il avait à la conservation de l'immeuble hypothéqué.

L'appréciation sera souvent délicate ; mais il n'y a là qu'une simple difficulté de pratique, qui ne présente d'ailleurs rien d'insurmontable.

Les créanciers assurés devront donc, au moment de toucher l'assurance, justifier de leur droit. Ils recevront de la compagnie ce qu'ils auraient touché s'ils avaient été colloqués à un ordre ouvert à ce moment ; ils n'auront jamais droit à une indemnité plus forte, alors même qu'ils seraient assurés pour une somme supérieure (1).

Le créancier sera tenu après avoir touché l'indemnité de subroger l'assureur dans tous ses droits contre le propriétaire débiteur (2). Nous nous contentons de mentionner ici cette obligation commune d'ailleurs à tous les assurés ; mais nous nous réservons d'y consacrer plus tard quelques développements.

Telle est, au point de vue de l'assurance la situation des créanciers hypothécaires, privilégiés ou nantis d'un gage. Toute autre est la position des créanciers simplement chirographaires. Nous pensons qu'il est impossible de les autoriser à faire assurer en leur propre nom les biens de leur débiteur.

Ils ont cependant un intérêt incontestable à la conservation de ses biens qui forment leur gage commun (art. 2092). Mais cet intérêt, nous sommes obligés d'en convenir, est en réalité trop vague pour servir de base à une assurance. Le créan-

---

(1) Grün et Johat p. 111
(2) Grün et Johat p. 349.

cier hypothécaire avait sur la chose hypothéquée un droit spécial et direct ; il possédait sur elle un démembrement de la propriété qui ne pouvait lui être enlevé ; et dès lors nous avons pensé qu'on pouvait, sans violer l'article 332 du Code de commerce, lui accorder le droit de faire assurer l'immeuble affecté à la sureté de sa créance. Toute autre est la situation du créancier simplement chirographaire ; il ne peut se prévaloir d'un droit né, direct et spécial à la conservation de la chose. Le propriétaire peut la faire sortir, quand il veut, de son patrimoine et faire disparaître ainsi l'assurance contractée par le créancier chirographaire, tandis que la vente de l'immeuble hypothéqué ne détruirait aucun des droits du créancier hypothécaire.

Enfin, permettre à tout créancier d'assurer les biens de son débiteur, serait entrer dans une voie dangereuse. Ce serait ouvrir aux créanciers la porte de l'administration des biens de leur débiteur : on se trouverait fatalement amené à leur reconnaître le droit de faire assurer aussi leurs créances, les biens des débiteurs de leurs débiteurs etc. on ne saurait où s'arrêter.

Ajoutons qu'ici la liquidation serait vraiment inextricable.

Telles sont les raisons qui nous forcent à refuser au créancier chirographaire le droit que nous avons reconnu aux créanciers hypothécaires (1).

---

(1) Cp. Alauzet loc. cit.—Aux Etats-Unis l'assurance est permise à tous les créanciers indistinctement.

APPENDICE.

DE L'ASSURANCE POUR LE COMPTE DE QUI IL APPARTIENDRA.

L'assurance pour le compte de qui il appartiendra est une application toute spéciale de l'assurance, empruntée au droit maritime et très usitée dans le commerce. Nous croyons devoir, à raison de son importance, lui consacrer un paragraphe spécial.

Disons d'abord en quoi consiste ce mode d'opération.

Le commissionnaire transitaire, l'entrepositaire par exemple, sachant qu'il peut incessamment recevoir des marchandises pour autrui, demande à son assureur de lui ouvrir *une police flottante*, jusqu'à concurrence d'une somme déterminée, de telle sorte qu'en même temps que ce commissionnaire est certain de voir sa responsabilité à couvert comme détenteur, le tiers déposant est aussi certain de voir sa marchandise conservée sans avoir à chaque instant à s'occuper de la faire assurer. C'est ce qu'on appelle l'assurance pour compte de qui il appartiendra.

Ce genre de contrat a pour effet de servir en même temps à deux personnes :

1º Au possesseur momentané de la marchandise, qui se décharge des risques auxquels il est exposé.

2º Au propriétaire, qui peut bénéficier de la stipulation faite à son profit et en son nom.

Les règles, applicables à ce contrat découlent de deux principes différents :

En premier lieu le commissionnaire, bien qu'il fasse en même temps l'affaire d'autrui, fait aussi et avant tout la sienne propre. C'est donc lui qui est le véritable obligé vis-à-vis de l'assureur avec lequel il a traité personnellement. C'est vis-à-vis de lui que naîtront toutes les causes de déchéance ; c'est lui qui doit payer la prime, qui ne peut aggraver les risques ni commettre de réticence (1).

Mais (et c'est là le second principe) le tiers propriétaire qui est caché sous ces mots : *pour le compte de qui il appartiendra* peut, en se révélant après le sinistre, s'emparer de la police et réclamer le bénéfice de l'assurance. Et peu importerait que le dépositaire ne fût pas légalement tenu de restituer et pût mettre sa responsabilité à couvert derrière un cas fortuit quelconque ou en prouvant qu'il a apporté à la conservation de la chose tous les soins d'un père de famille (art. 1929 et 199).

L'assurance est en effet aussi directe pour le déposant que pour le dépositaire, qui a signé le contrat. Le dépositaire et son assureur sont donc tenus de faire profiter le déposant du bénéfice de la stipulation, qui a été faite à son profit.

C'est là une application pure et simple des principes généraux en matière de commission ou de gestion d'affaires.

Le dépositaire a agi dans l'espèce comme le negotiorum gestor du propriétaire et celui-ci peut en ratifiant après coup l'opération s'approprier, avec effet rétroactif, la convention faite en son nom et pour son compte (2).

C'est là un point de doctrine incontestable, et que la jurisprudence a plusieurs fois sanctionné.

Mais qu'arriverait-il si par surcroît de précaution et dans

---

(1) Du principe que celui qui fait assurer pour le compte de qui il appartiendra fait assurer pour lui-même, il s'en suit que s'il faisait ensuite assurer les mêmes marchandises en son propre nom, sans prévenir l'assureur, il commettrait une réticence et s'exposerait ainsi à encourir la déchéance. — Contra: Bordeaux 22 mars 1858 Ass. 58 p. 355.

(2) Cass. 2 février 1857. D. 57. 1. 69.

la crainte d'une déchéance quelconque opposable au dépositaire, ou de l'absence de toute assurance actuelle de la part de celui-ci, le déposant avait pris soin de faire assurer lui même la marchandise déposée ? Quel serait le sort de chacun de ces contrats ? Seraient-ils valables tous les deux ? Comment se réglera dans ce cas le paiement de l'indemnité ? C'est là la question véritablement intéressante de notre sujet.

On décide géneralement que les assurances coexisteront. Le déposant aurait dans ces conditions deux garanties directes : l'une en vertu du contrat pour compte de qui il appartiendra, l'autre en vertu du contrat, qu'il aurait passé lui-même.

Il n'y aurait pas là, dit-on, une double assurance prohibée; car, pour qu'il y ait double asssurance, il faut que la même personne assure deux fois le même objet; or ici, il y a deux personnes faisant garantir la chose, mais par suite d'intérêts qu'on peut considérer comme distincts.

La validité de ces deux contrats reconnus, quelle sera la situation respective des parties, et quelle sera, en fin de compte, l'assureur qui se trouvera obligé de régler le sinistre?

Voici quelle est à cet égard la formule, consacrée par la majorité des auteurs et conforme à la pratique des compagnies (1).

En cas de coexistence d'une assurance, faite par le dépositaire pour le compte de qui il appartiendra, et d'une assurance faite par le déposant, c'est l'assureur du dépositaire qui doit invariablement, et sans distinction, quelles que soient les dates de polices, les causes ou les origines du sinistre, payer les indemnités d'incendie à l'exclusion de l'assureur du propriétaire, qui ne peut-être tenu qu'à défaut ou en cas d'insuffisance de l'assurance faite par le dépositaire.

---

(1) Consultez sur toute cette question une consultation remarquable de M⁺ Gauté (du Gers) Journal des Assurances 1861 p. 241.

C'est, dit-on, la solution la plus conforme à l'intention des parties. On trouve en effet dans l'opération que nous étudions : d'un côté, une assurance principale, stipulée par le dépositaire, qui y a intérêt, pour recevoir son exécution dans tous les cas et en première ligne, acceptée dans ces termes et avec ce caractère par l'assureur qui possède tous les éléments nécessaires pour assurer dans de telles conditions, qui connaît le dépositaire, les magasins, les risques et qui, par conséquent a consenti à supporter nécessairement dans tous les cas l'indemnité due pour le sinistre, qui a consenti le contrat surtout dans l'intérêt de la bonne renommée du dépositaire qui a intérêt à ce que les déposants soient indemnisés par ses assureurs à lui.

Et on trouve d'un autre côté une assurance subsidiaire, qui ne saurait en rien détruire l'intention du dépositaire et de la compagnie assureur. Si le déposant a cru devoir assurer personnellement ses marchandises, c'est qu'il a voulu se mettre à l'abri des risques d'extinction ou de déchéance, auxquels pourrait se trouver exposée l'assurance faite pour le compte de qui il appartiendra. Mais l'assurance, qu'il a consentie n'était dans sa pensée qu'un en cas, subordonné à la non-exécution de la police du dépositaire; et la compagnie n'a pu ou voulu consentir elle-même qu'en sous ordre et sous réserve des effets de l'assurance principale.

Or si la situation est telle, si les deux assurances sont, d'après l'intention formelle des parties, une assurance principale et une assurance subsidiaire, il en résulte que toute difficulté disparait. Il n'y a plus dès lors concours possible entre deux assureurs. Il ne s'agit que de donner exécution, comme l'ont entendu les contractants, en premier lieu à l'assurance principale jusqu'à épuisement, et en second lieu et en sous ordre seulement à l'assurance subsidiaire.

Et dès lors, si le déposant a touché d'abord l'indemnité de son propre assureur, il devra subroger celui-ci dans tous ses droits, contre l'assureur pour compte de qui il appartiendra à qui incombe toujours en dernière analyse, l'obligation de régler le sinistre.

Il serait peut-être téméraire de s'élever contre une solution qui est, nous l'avons déjà dit, consacrée par une pratique constante ; et nous ne pouvons nous dissimuler sur quelle base solide s'appuie le système que nous venons d'exposer, lorsqu'il invoque dans ces conditions l'intention probable des parties.

Il nous faut bien avouer cependant que les arguments qu'on apporte ne présentent pas un caractère bien juridique. Tout le système repose à notre avis sur une analyse imparfaite de l'opération que nous étudions.

Si nous en décomposons les éléments, nous y trouvons en effet deux contrats distincts, deux assurances différentes : en premier lieu, l'assurance faite par le dépositaire pour se couvrir de sa responsabilité, convention dont la validité ne peut en aucun cas être mise en doute; mais en outre le contrat contient une assurance accessoire, la seule dont nous ayons à nous préoccuper, faite par voie de negotiorum gestio, dans l'intérêt du commettant. Lorsque celui-ci aura ratifié cette assurance, il sera, et nos adversaires n'en disconviennent pas, réputé l'avoir contractée lui même.

Qui ne voit dès lors que s'il s'adresse à une autre compagnie, il aura en réalité contracté deux assurances sur le même objet, l'une personnellement, l'autre, ce qui revient au même, par mandataire. De ces deux assurances l'une doit nécessairement être nulle, (à supposer bien entendu que la valeur totale de l'objet soit couverte.) Il est en effet de principe que deux assurances ne peuvent coexister sur la même chose lorsqu'elles ont pour effet de garantir le même risque.

Ce principe posé, et nous ne voyons pas trop le moyen d'en ébranler la base, il nous faut rechercher quelle est celle des deux assurances qui se trouvera entachée de nullité.

Deux hypothèses sont à distinguer : ou bien le propriétaire a donné mandat au commissionnaire de faire assurer les marchandises, ou il ne l'a pas donné.

A. Le propriétaire a donné mandat de contracter *l'assurance pour compte*.

Dans ce cas l'assurance, première en date, sera la seule valable, à supposer bien entendu que la valeur totale de l'objet soit couverte. L'assurance qui serait contractée en second lieu serait nulle faute d'objet sans qu'il y ait à distinguer entre l'assurance directe et l'assurance pour compte.

B. Le propriétaire n'a pas chargé le commissionnaire de contracter l'assurance.

Nous pensons que dans cette hypothèse l'assurance pour compte sera nulle dans tous les cas.

En effet de deux choses l'une :

(*a*) Ou l'assurance pour compte a été faite la première, ce n'est que postérieurement que le propriétaire a contracté personnellement une assurance.

Le dépositaire en contractant l'assurance pour compte n'a agi que comme negotiorum gestor ; le contrat qu'il a passé, pour être valable, doit recevoir la ratification du propriétaire; or celui-ci, en souscrivant personnellement une assurance, montre clairement l'intention ou il est de ne pas profiter de la stipulation faite en son nom ; il refuse en un mot sa ratification ; et dès lors l'assurance pour compte est vis-à-vis de lui dénuée de tout effet. La seule assurance valable à son égard sera celle qu'il a contractée personnellement et ce sera son assureur qui devra régler le sinistre.

(*b*) Ou bien *l'assurance pour compte* n'est intervenue que postérieurement à l'assurance personnelle.

Et, dans ce cas, il faut encore admettre la même solution. L'assurance pour compte sera nulle parce qu'elle manquera d'objet; on ne pourrait en effet contracter au nom du propriétaire et comme son gérant d'affaires, une assurance qu'il serait lui-même incapable de souscrire valablement.

Terminons l'exposé de cette théorie, qui n'a pas encore,

croyons-nous, été développée jusqu'ici et qui, nous devons le répéter, est en opposition avec une pratique constante, par deux observations.

La première, c'est que dans tous les cas où l'assurance pour compte sera déclarée nulle, elle ne le sera qu'en ce qui concerne le contrat accessoire, passé au nom du propriétaire. Le contrat principal qui a pour but de sauvegarder les intérêts du dépositaire, restera dans tous les cas parfaitement valable.

En second lieu dans bien des cas l'existence d'une assurance antérieure n'annulle pas l'assurance postérieure et entraîne seulement un concours entre les deux assureurs. Il est évident que dans tous les cas où il y aura lieu à ce concours, on devra l'appliquer à l'opération que nous venons d'etudier.

CHAPITRE DEUXIÈME

DE L'OBJET DU CONTRAT

Le contrat d'assurance doit, comme tout autre contrat d'ailleurs, avoir un objet. C'est là un élément indispensable à toute convention. Le contrat d'assurance ne pourrait donc être formé sans une chose qui en soit la matière.

L'objet doit nécessairement exister au moment du contrat, sinon l'assurance est nulle. Il en est différemment en matière d'assurances maritimes. L'article 365 du Code de Commerce porte en effet que toute assurance faite après la perte des objets assurés est nulle s'il y a présomption (1) qu'avant la signature du contrat l'assuré a pu être informé de la perte des objets assurés. L'assurance est donc valable, alors même que le navire aurait déjà péri au jour du contrat, à moins que la présomption de la connaissance de cette perte ne puisse s'élever contre l'assuré. Cette dérogation, fort ancienne (2) d'ailleurs aux règles générales de l'assurance, est fondée sur l'impossibilité de dire le sort d'un navire en cours de route. Elle ne saurait sans une disposition expresse de la loi être étendue aux assurances terrestres ; car il sera toujours facile de constater l'existence, au moment de la convention, des choses qui font l'objet de ce contrat. Tous les auteurs d'ailleurs s'accordent sur ce point (3).

---

(1) L'article 366 fixe les cas d'où résulterait cette présomption.
(2) Ord. de Barcelonne de 1458 ch. 4.— Elle est aussi consacrée par la plupart des législations étrangères. Le Code Hollandais toutefois ne l'admet pas.
(3) Alauzet 157.

Toute espèce de choses susceptibles de se detériorer, périr ou être endommagées par l'incendie peuvent en principe être assurées. C'est ainsi qu'on peut assurer les propriétés mobilières ou immobilières. bâtiments, forêts, récoltes, marchandises, mobilier de maison, d'habitation ou mobilier industriel.

Il est cependant certains objets qui sont exclus de l'assurance, soit par la loi, soit par les statuts des compagnies.

L'assurance des marchandises de contrebande est prohibée par la loi ; mais il faut établir ici une distinction.

Si la contrebande résulte de prohibitions de la loi française, l'assurance est prohibée ; car la marchandise, dont l'importation ou l'exportation est interdite, étant mise hors du commerce, ne pourrait pas plus faire l'objet d'une assurance que d'une vente.

Mais s'il s'agit au contraire de marchandises importées à l'étranger, en contravention à la loi de ce pays, les assureurs français pourront l'assurer ; car la violation des lois de douane d'une nation étrangère ne blesse pas la conscience et se trouve même favorisée par certaines législations, la législation anglaise par exemple (1).

D'un autre côté, les compagnies excluent de leur garantie, par des articles de leurs statuts, certaines catégories d'objets : soit parce que le risque leur paraît trop périlleux, comme les fabriques, magasins et dépôts de poudre à tirer ou de compositions fulminantes, soit parce que leur nature ouvrirait un champ trop vaste à la fraude, comme les billets de banque, titres, contrats, monnaies et lingots d'or ou d'argent, les diamants, pierreries et perles fines. Il serait trop facile d'enlever ces objets au moment de l'incendie et d'en faire en même temps supporter la perte à l'assureur. La spéculation pourrait pousser au crime ; et d'autre part

---

(1) Valin — Emerigon ch. 8 sect. 5 — Alauzet 169 — Rennes 30 août 1833. D. 35. 1. 250 — Contrà : Pothier. ass. n° 58.

les réclamations de l'assuré pourraient être bien difficilement contrôlées.

La nature des objets assurés doit être exactement spécifiée dans la police.

S'il s'agit d'immeubles, on devra les désigner par leurs tenants et aboutissants. Mais s'il s'agit de meubles, la simple désignation de leur espèce suffira. On ne pourrait exiger une spécification plus exacte. A moins, dit M. Alauzet (1), qu'il ne s'agisse de meubles d'un grand prix, tels qu'objets d'art ou autres, dont un inventaire détaillé et une appréciation particulière auraient été faits, on ne doit nullement s'attacher à reconnaître s'il y a eu identité entre les effets brûlés et ceux qui existaient au moment de l'assurance ; ils ne sont désignés dans l'usage qu'en termes généraux, tels que : *meubles meublants, argenterie, linge*. Il suffit que les uns et les autres présentent à peu près la même valeur, remplissent surtout la même désignation et soient employés au même usage (2).

Les meubles meublants en effet sont susceptibles de se détériorer et peuvent changer de mode, et on est dans l'usage de les renouveler ; or, on ne voit pas trop quelle utilité il y aurait pour chaque mutation partielle ou même totale, dans les limites que nous venons de fixer, à exiger une énumération qui ne peut avoir aucune utilité, du moment que le risque et l'opinion du risque restent les mêmes et que cela est conforme aux usages de la vie.

Cette difficulté n'est au reste jamais soulevée dans la pratique.

En ce qui concerne les marchandises, les assurances se font de deux façons : avec ou sans désignation.

---

1) Alauzet 405.

(2) L'assurance du mobilier ne comprendrait pas, à moins de stipulation contraire, les effets des serviteurs ; le contrat d'assurance est en effet un contrat de droit strict, dont on ne peut étendre la portée d'un cas à un autre. Voyez sur ce point Journal des Assurances 1863, p. 109.

Dans l'assurance avec désignation, les marchandises sont désignées par leur espèce, leur quantité et les marques spéciales de nature à les faire reconnaitre. L'assurance n'a alors d'effet qu'en cas de perte des corps certains spécifiés dans la police.

Ce mode est fort peu usité dans la pratique. Il est dans les usages du commerce d'assurer toujours sans désignation ; et cela se comprend, puisque les marchandises sont destinées par leur nature même à se renouveler constamment. Ce mode d'assurance engage les assureurs pour une valeur déterminée sans avoir égard à l'individualité des objets. On se contente ici de désignations très-vagues; on prend soin surtout de fixer la somme jusqu'à concurrence de laquelle s'étend l'assurance.

Peut-on assurer les choses pour leur valeur entière ?

L'assurance de la valeur entière de la chose peut être dangereuse pour l'assureur, car l'assuré, sûr d'être totalement indemnisé de sa perte, garde peu d'intérêt à la conservation de sa chose et peut par conséquent veiller avec moins de soin à cette conservation et exposer par son incurie la compagnie à des sinistres.

Aussi, frappées de ce danger, les législations anciennes avaient-elles posé en principe que l'assurance ne pourrait comprendre la totalité de la chose et que l'assuré serait obligé de garder à sa charge une portion non garantie, qui l'obligerait à une surveillance plus active. C'est ainsi que l'ordonnance de 1681 (art. 18 et 19) ne permet d'assurer que les 9/10mes de la valeur réelle.

La portion non garantie s'appelle *découvert*.

L'ordonnance ne faisait d'ailleurs que reproduire une disposition dont le principe, diversement réglé, existait dans presque toutes les législations étrangères (1).

---

(1) Ordonnances : de Barcelonne (de 1435 ch. 11 et de 1484) — Ordonnances des Pays-Bas (de 1549, 1551, 1563. — Ordonnance d'Amsterdam (de 1598) — Code Suédois de 1667.

La prohibition de l'ordonnance de 1681 avait été reproduite dans le projet du Code de commerce ; mais elle en fut retranchée sur les observations de la Cour d'appel de Rennes.

Il n'existe donc aujourd'hui aucune disposition légale, qui entrave la liberté d'assurer la chose pour sa valeur entière. Le contrat n'est plus limité, les opérations des compagnies ne sont plus restreintes et l'assurance peut garantir une indemnité complète. Cette liberté existe d'ailleurs actuellement dans les pays voisins, en Italie, en Belgique, en Hollande et en Prusse.

Toutefois les compagnies avaient été engagées par une circulaire ministérielle du 11 juillet 1818 à ne pas couvrir la totalité de l'objet assurable. Ce conseil de prudence n'a pas été généralement suivi. On pourrait cependant citer certaines compagnies, qui, lorsqu'il s'agit de risques exceptionnellement dangereux, exigent que l'assuré conserve un découvert. C'est là une convention parfaitement licite et légale ; mais il faut remarquer que ce découvert suppose nécessairement une réduction de la prime ; les compagnies ne pourraient toucher la prime pour l'immeuble entier et ne garantir qu'une fraction de la perte en cas de sinistre. Une pareille condition, dit M. Alauzet (1), si elle était insérée dans une police devrait être reputée non écrite comme blessant l'équité qui est de l'essence du contrat. Il n'est pas possible d'admettre que l'assuré garde un découvert quand il paie la prime sur la valeur entière.

Au reste les dispositions de cette nature sont dans la pratique absolument exceptionnelles. Loin d'exiger que l'assuré garde sur la chose un découvert, les compagnies le forcent implicitement à assurer pour la valeur totale ; nous verrons en effet plus loin que par l'application de la *Règle Proportionnelle*, elles rendent très périlleuse la situation de l'assuré qui n'a contracté qu'une assurance insuffisante.

---

(1) Alauzet 434.

— 234 —

Le profit espéré des marchandises pourrait-il former la matière d'un contrat d'assurance ?

Cette assurance, prohibée autrefois par l'ordonnance de 1681 et par la plupart des anciennes législations étrangères, (1) est aujourd'hui encore formellement interdite par l'article 347 du Code de commerce.

Bien que cette prohibition soit spécialement écrite pour les assurances maritimes, il y a lieu néanmoins de l'étendre aux assurances terrestres; car elle est conforme aux principes juridiques, qui servent de base à la théorie des assurances. Le profit espéré ne constituerait en effet une base ni assez solide ni suffisamment déterminée pour un contrat d'assurance ; il est trop variable et soumis à des éventualités trop nombreuses. Énorme aujourd'hui, il aura peut-être disparu demain. Une assurance contractée dans ces conditions dégénérerait en une véritable gageure.

En outre l'assurance du profit espéré constituerait un bénéfice pour l'assuré, qui aurait par conséquent intérêt au sinistre. Elle lui donnerait en effet non seulement l'indemnité de la perte réelle qu'il a éprouvée, mais encore tout ce qu'il a manqué de gagner ; elle constituerait pour lui un bénéfice certain au lieu d'un bénéfice éventuel qu'il se promettait, mais qui en réalité était précaire, puisque, tant que la vente n'était pas faite, il pouvait disparaître.

L'assurance du profit espéré n'aurait donc pas pour but unique d'indemniser d'une perte et est par conséquent prohibée ; la règle au reste n'est pas sujette à contestation. Le texte de nos lois, la doctrine et les auteurs sont d'accord sur ce point (2).

Mais il ne faut pas nous dissimuler que cette prohibition est fort peu en rapport avec les nécessités du com-

---

(1) Ordonnances des Pays-Bas (1549-1563) ; de Rotterdam (1604). — Le profit espéré pouvait au contraire être assuré en Italie: Ordonnance de Naples (1623).

(2) Alauzet 154.

merce, et qu'il conviendrait peut-être d'autoriser ce mode d'assurance. Ce serait là d'ailleurs une réforme qui mettrait notre législation en harmonie avec celle des autres pays, notamment avec celle des États-Unis et de l'Angleterre.

C'est par application de la règle que nous venons d'exposer, qu'on refuse au locataire le droit de stipuler une indemnité d'assurance à son profit pour le cas où un événement fortuit, tel qu'un incendie, viendrait l'obliger à rompre son bail. Et cependant le commerçant peut avoir un intérêt immense à conserver à tel endroit le siège de son établissement et éprouver un dommage considérable, s'il est exposé à un déplacement. Mais cet intérêt ne pourrait, disent les auteurs, servir de base à un contrat d'assurance parce qu'il serait d'un profit espéré.

S'il s'agissait d'une maison d'habitation, ce genre d'assurance serait aussi prohibé; mais il est bon de remarquer que ce serait pour un autre motif (1). L'assurance manquerait ici de base parce qu'elle ne reposerait, ce qui est impossible, que sur un intérêt de convenance et d'affection.

SECTION DEUXIÈME.

De divers contrats accessoires au contrat principal.

L'assuré, qui a contracté avec une compagnie, peut, si les risques sont considérables ou s'il éprouve des doutes sur la solvabilité de cette compagnie, chercher à obtenir une garantie plus complète : et de son côté l'assureur, qui craint d'avoir engagé sa responsabilité d'une manière trop étendue peut

---

(1) Alauzet 155.

se décharger sur un autre de tout ou partie des risques, qu'il avait assumés.

Ils arrivent à ce résultat au moyen de conventions accessoires au contrat d'assurance. L'assuré peut, en dehors des moyens de droit commun, souscrire une Assurance de solvabilité. — Contracter une nouvelle Assurance. — Faire reprendre son Assurance. L'assureur peut de son côté rendre sa garantie moins étendue et moins périlleuse en recourant à la Réassurance.

Ce sont là des conventions accessoires, qui sont très usitées dans la pratique et qu'il nous paraît nécessaire d'étudier ici en détail.

§ Ier. — Des conventions mises à la disposition de l'Assuré.

L'assuré peut avoir des doutes sur la solvabilité de la compagnie, à laquelle il s'est adressé, et tenir, surtout si les risques garantis sont considérables, à obtenir une garantie plus complète que celle qui résulte pour lui des simples engagements de l'assureur. Plusieurs moyens sont mis à sa disposition pour arriver à ce résultat.

Il jouit d'abord de tous les bénéfices du droit commun.

Il peut donc exiger de l'assureur une caution ou faire garantir par une hypothèque la créance, éventuelle et indéterminée, que le sinistre pourrait faire à son profit (1).

Il peut, s'il le préfère, recourir à une assurance de solvabilité, c'est-à-dire s'adresser à une compagnie, qui, moyennant le paiement d'une prime, lui garantira la solvabilité du premier assureur. Ce procédé a beaucoup d'analogie avec le cautionnement, mais ne se confond cependant pas avec lui. Ce qui l'en distingue, c'est que le bénéfice de discussion, qui est de droit dans le cautionnement, ne peut

---

(1) Colmet de Santerre. Hyp. 99 bis IV.

être invoqué par l'assureur de solvabilité. Il suffira à l'assuré de prouver l'insolvabilité de la compagnie ; et cette preuve, il pourra la faire par tous les moyens possibles. Un premier commandement suffira en général, sauf à l'assureur à continuer ensuite les poursuites à ses risques et périls et comme sauvetage de la créance qui lui est délaissée (2).

Mais ce genre d'opérations, bien qu'il soit très ancien (3) et ait vu sa légitimité reconnue par l'ordonnance de 1681, est, nous avons déjà eu l'occasion de le dire, fort peu usité actuellement en France.

L'assuré peut encore, s'il trouve la responsabilité de la compagnie trop engagée et partant peu rassurante, chercher à se garantir de l'insuffisance de l'assurance qu'il a stipulée en s'adressant à une nouvelle compagnie et en contractant avec elle une seconde assurance sur le même objet. C'est ce qu'on appelle en pratique une *Double Assurance*.

Ce procédé est-il juridiquement valable ? Il faut à cet égard établir une distinction.

Si le premier contrat d'assurance couvrait déjà la valeur totale des objets, le second contrat est nul ; car, toute la valeur assurable étant déjà garantie, ce contrat manque d'objet et n'a par conséquent aucune existence légale (art. 1108).

Si l'on suppose au contraire que le premier contrat ne couvrait pas l'entière valeur de l'objet, les assureurs qui ont signé les contrats subséquents répondent de l'excédant, en suivant l'ordre de la date des polices.

Telle est la solution théorique, que donne le code de commerce en matière d'assurances maritimes (art. 359).

---

(2) Alauzet 150.

(3) Straccha (de assec. Intr. n° 49) : « Ego autem, post assecurationem factam, dubitans Titium esse solvendum et s:c in bonis non habere valorem mercium mearum aut pecunias assecuratas, super hoc ab alio me assecurari feci : num hæc secunda valebit assecuratio ? Et valere dicendum est »

Elle est conforme à la logique et à l'équité et doit par conséquent être étendue aux assurances terrestres (1),

Hâtons-nous toutefois d'ajouter que la plupart du temps elle ne recevra pas d'application. Et cela arrivera toutes les fois que les assureurs auront été dans l'intention de concourir conjointement à la réparation du sinistre et d'en opérer entre eux la répartition au marc le franc. La loi déduit, en matière d'assurances maritimes, cette présomption de certaines circonstances. C'est ainsi que le Code de Commerce décide que, lorsque les polices portent la même date, les assureurs concourent, au marc le franc, à la réparation du sinistre.

Cette règle, comme toute présomption, est de droit étroit et ne pourrait par conséquent être étendue aux assurances terrestres, pour lesquelles elle n'a pas été écrite. Mais les compagnies qui ont intérêt, aussi bien que les assurés, à atteindre le même but, ont créé diverses combinaisons pour y arriver.

Certaines clauses de leurs statuts arrivent par leur enchaînement à faire présumer cette solidarité, même au cas où les polices sont de dates différentes.

L'assuré est en effet obligé, sous peine de nullité, de déclarer au premier assureur la nouvelle assurance, qu'il se propose de contracter, et au deuxième assureur l'existence de la première police. Les compagnies se réservent après cette déclaration le droit de choisir entre le maintien de la police ou sa résiliation. Si les compagnies consentent, chacune de leur côté, à laisser subsister le contrat, on conçoit qu'elles entendent par cela seul supporter conjointement les risques garantis (2). Mais il est bien entendu, comme le font remarquer MM. Grün et Joliat, que la diminution, survenue vis-à-vis de chacune des compagnies dans la valeur de la

---

(1) Douai 30 avril 1877. Ass. 78 p. 12.
(2) Alauzet 496 — Boudousquié. 110

chose assurée, doit également entraîner une diminution proportionnelle des primes.

Les assurés doivent donc, à peine de déchéance, déclarer, lors de la signature de la police, s'ils n'ont pas contracté sur l'objet une assurance antérieure ; et, dans le cours de la police, signifier a leur assureur les assurances postérieures qu'ils auraient passées avec une autre compagnie (1).

La validité de la clause, qui prononce la déchéance en cas de non-exécution de la déclaration prescrite par ces articles, a été bien à tort contestée par la Cour de Lyon (2), qui la déclare nulle, parce que cette déclaration ne lui parait présenter pour la compagnie aucune utilité.

Il y là une erreur et une confusion bizarre ; aussi cette doctrine est-elle universellement rejetée ; tous les tribunaux s'accordent aujourd'hui à reconnaître qu'on ne peut contester la parfaite validité de la clause dont nous nous occupons (3).

Elle est en effet licite, ne présente rien de contraire à l'ordre public et doit, en vertu du principe de la liberté des conventions, recevoir exécution.

Loin d'être indifférente aux compagnies, la déclaration, que celles-ci exigent, est au contraire pour elles d'une grande utilité :

D'abord pour se réserver dans cette éventualité le droit ou d'accepter les coassureurs et de partager ainsi la responsabilité, ou de résilier la police primitive ;

Ensuite pour savoir s'il peuvent continuer à consentir des assurances aux endroits ou sont situés les objets assurés.

---

(1) Nationale art. 9. Phénix art. 9.
(2) Lyon 4 Juillet 1872. Ass. 73 p. 63.
(3) Cass. 13 juillet 1852. Sir. 52. 1. 785 — Douai 11 août 1870. D. 72. 2. 184 — Paris 18 juillet 1873. Ass. 73 p. 388 — Agen 19. novembre 1864 Ass. 79 p. 456 ; mais cet arrêt, tout en reconnaissant la validité de la clause refuse de l'appliquer parce qu'il était constant dans l'espèce que l'agent de la compagnie connaissait la première assurance.

— Car il peut arriver que le maximum des sommes que leurs statuts leur permettent d'assurer pour un même quartier, *le plein*, soit atteint ; et qu'ils ne puissent alors assumer de nouveaux risques. — La signification d'une nouvelle assurance sur un des objets garantis, lui rendrait sa liberté d'action.

Enfin la compagnie à intérêt à ce qu'un objet ne puisse être assuré pour des sommes trop élevées, alors même qu'elle n'aurait pas exigé que l'assuré gardât un *découvert*.

Si la même chose pouvait en effet être assurée plusieurs fois, il serait à craindre que l'assurance ne pût devenir pour l'assuré une source de bénéfices illicites, ou une incitation à l'incendie volontaire, ou bien encore une raison pour l'assuré de ne pas s'occuper sérieusement de la conservation de son bien ; et l'on ne peut nier que toutes ces considérations ne soient de nature à augmenter notablement l'appréciation du risque.

Si le premier contrat se trouvait annulé sans fraude et d'un commun accord entre l'assureur et l'assuré, on a jugé que le second contrat subsisterait, parce qu'alors le second assureur se trouverait exactement dans la même situation que s'il n'était intervenu aucune assurance précédente (1).

Cette décision doit, pensons nous, être repoussée. Lorsque le deuxième contrat à été formé, il était entaché d'un vice radical, il manquait d'objet. Plus tard les circonstances ont changé et les parties se sont trouvées en état de pouvoir contracter valablement ; mais ce fait n'a pu avoir pour effet de donner de plein droit la vie à un acte frappé, dès son origine, d'une nullité radicale (2).

La personne qui veut contracter deux assurances sur le même objet doit donc, à peine de déchéance, remplir deux formalités. Elle doit en premier lieu signifier à son pre-

---

(1) Bordeaux 18 Avril 1839. D. 39. 2. 194.
(2) Alauzet 201.

mier assureur la nouvelle assurance, qu'elle se propose de contracter; et, en second lieu, faire connaître à la nouvelle compagnie, à laquelle elle s'adresse, l'existence de l'assurance antérieure. — Il doit être fait mention de ces déclarations sur les polices.

Mais il est très important de remarquer que l'assuré qui, en contractant avec une nouvelle compagnie, déclare, l'assurance antérieure faite à une autre compagnie, ne s'engage pas pour cela à maintenir cette première assurance. Si cette assurance antérieure venait pour une cause, ou une autre, à se trouver résolue, par exemple par suite du défaut de paiement de la prime ou de l'absence de déclaration du second contrat, la deuxième compagnie qui a assuré le risque serait tenu de le payer intégralement (1).

Les conventions n'ont d'effet qu'entre les parties ; or la police, souscrite avec la compagnie qui avait consenti la première assurance, est absolument étrangère à la seconde compagnie, qui ne saurait dès lors y puiser aucun droit de son chef.

Quant à la déclaration faite par l'assuré, elle n'a d'autre but que de se conformer aux prescriptions de la police ; mais elle ne contient aucune promesse de la part de celui ci, qui ne s'est en aucune façon engagé à maintenir le contrat. Il n'a pas davantage subrogé la seconde compagnie dans ses droits contre la première, et dès lors il est libre de renoncer expressément ou tacitement au bénéfice de cette première assurance.

La seconde compagnie est donc tenue de la totalité du risque, car elle a garanti cette totalité. Elle ne l'aurait pas payée en entier, si la première assurance avait subsisté ; car l'assuré, ne pouvant réaliser un bénéfice, n'aurait pas été admis à toucher une double indemnité, et il y avait lieu dès

---

(1) Bordeaux 28 juin 1869. Ass. 70 p. 459. — Toulouse 7 juin 1876, conf. par Cass. 10 avril 1877. Ass. 78 p. 201.

lors à une répartition proportionnelle ; mais du moment où ce motif n'existe plus, il n'y a pas de raison pour dispenser l'assureur de tenir ses engagements.

Les assureurs peuvent aussi, au lieu d'exiger cette déclaration, interdire à l'assuré de contracter avec toute autre compagnie.

Cette clause est conçue dans le but éminemment utile à la société d'éviter tout contact avec les autres sociétés et d'empêcher qu'elles ne s'immiscent dans son administration, y apportent des entraves, ou fassent naître des discussions qui seraient trop souvent le résultat de l'opposition des intérêts. — Sa validité ne saurait être mise en doute (1), et elle devrait être respectée alors même que la nouvelle compagnie assurerait des risques plus étendus (2).

Les assurés peuvent encore employer un troisième moyen pour améliorer leur situation et obtenir une garantie plus efficace que celle qu'ils trouvent dans leur contrat primitif. Ils peuvent recourir à la *Reprise d'Assurances*.

Voici en quoi consiste cette opération :

L'assuré s'adresse à un nouvel assureur qu'il substitue à l'ancien, moyennant l'obligation imposée à celui-là de tenir compte des paiements annuels à faire pour l'exécution du premier contrat et moyennant la subrogation aux droits de l'assuré, en cas d'incendie, contre le premier assureur. — Les charges et les bénéfices du contrat primitif passent donc ainsi au nouvel assureur.

« La reprise d'assurances, dit M. Dalloz (3), est indépendante du premier contrat ; les conditions peuvent en être entièrement différentes, c'est un nouvel engagement que contracte l'assuré sans qu'il puisse pour cela se dégager du

---

(1) Dall. v° Assurances n° 101. — Cass. 27 août 1828. D. 28. 1. 406; Cass. 7 juillet 1829. D. 29. 1. 284.

(2) Paris 12 juillet 1834. Sir, 34. 2. 483.

(3) Dall. rep. v° Assurance, n° 109.

premier. Il substitue le dernier assureur en son lieu et place pendant tout le temps que durera la première police ; en cas de sinistre, il ne s'adressera qu'au nouvel assureur qui l'indemnisera. — Celui-ci, subrogé aux droits de l'assuré, poursuit la première assurance et reste seul exposé au danger de n'être pas payé du dommage éprouvé, ou de n'être payé qu'après un long délai. »

Ce procédé constituait surtout pour les compagnies un moyen de concurrence ; les plus sérieuses d'entre elles en ont interdit l'usage à leurs agents. — Il est évident du reste que cette opération pourrait-être critiquée par la compagnie qui aurait interdit de contracter une assurance postérieure (1).

§ II. — Des conventions mises à la disposition de l'assureur.

Les compagnies d'assurances qui ont dépassé sur un seul risque ou sur plusieurs risques communs ou contigus le maximum de garantie, déterminé par leurs statuts ou leurs réglements, ou qui craignent d'avoir engagé leur responsabilité d'une manière trop étendue pour être restées dans les limites de la prudence, cherchent en général à reporter sur d'autres une partie des risques, qu'elles ont assumées. — Elles obtiennent ce résultat au moyen d'une convention spéciale qu'on appelle *Réassurance*.

C'est un contrat par lequel, moyennant une certaine prime, l'assureur obtient d'une autre compagnie qu'elle prenne à sa charge tout ou partie des risques, qu'il s'était obligé à garantir ; — mais dont il continue à être tenu vis-à-vis de l'assuré primitif envers lequel le réassureur ne contracte aucune espèce d'obligation.

Cette définition, empruntée à Emérigon (2) me parait faire ressortir bien nettement le caractère de la réassurance.

---

(1) Trib. de Bonneville, 9 Janvier 1863, Ass. 63, p. 165.
(2) Ch. VIII. sect. 14.

En premier lieu, la convention primitive, l'assurance proprement dite, subsiste telle qu'elle a été conclue, sans altération ni novation. — C'est à l'assureur primitif que l'assuré doit payer sa prime, c'est à lui et seulement à lui que doit être réclamée l'indemnité en cas de sinistre.

Mais côté de ce contrat, que l'assureur primitif ne saurait modifier de son seul gré, vient s'en greffer un second tout-à-fait distinct du contrat primitif. — L'assureur, dans son propre intérêt, voulant diviser des risques défavorables et accroître ainsi le cercle de ses opérations, s'adresse à une autre compagnie et obtient de celle-ci, moyennant une prime qu'il s'engage lui même à payer, à être garanti contre tout ou partie de ces risques (1).

Il n'y a pas ici substitution d'un assureur à un autre. — C'est l'assureur qui seul est engagé, c'est à lui seul qu'on peut réclamer la prime stipulée. — L'assuré primitif reste tout-à-fait étranger au second contrat ; et, de même qu'on ne pourrait lui réclamer le paiement de la prime de réassurance, de même il n'a aucun privilège sur le montant de l'indemnité, que le réassureur peut être appelé à payer.

Si l'assureur tombait donc en faillite, le montant de cette indemnité ferait partie intégrante de son actif et serait distribué par contribution entre tous ses créanciers, sans que l'assuré puisse invoquer sur cette somme aucun droit privilégié (2).

Un acte de l'assureur, tout-à-fait facultatif de sa part, n'entraînant aucun sacrifice pour l'assuré, ne peut donner à celui-ci un avantage, qu'il était libre de s'acheter en faisant assurer à ses dépens la solvabilité de son assureur ; et d'ailleurs on ne crée pas de privilège par interprétation.

---

(1) On peut remarquer que cette convention ne pourrait être faite avec l'assuré lui-même, car on aboutirait ainsi à la résiliation du contrat primitif.

(2) Alauzet 152. — Pardessus III n°ˢ 767 et 802. — Persil. Ass. p. 118. — Quésnault, p. 29. — Pothier n°ˢ 35 et 378. — Grün et Joliat p. 189, Boudousquié p. 59. — Trib. de comm. de la Seine 12 décembre 1855. Ass. 56 p. 76.

L'assuré ne serait pas non plus admis à agir par action directe contre le réassureur, qui ne le connait pas, qui n'a pas traité avec lui et n'a par conséquent contracté vis-à-vis de lui aucune obligation.

Qu'on ne dise pas que la réassurance contient en réalité la stipulation pour autrui, que prévoient les articles 1120 et 1121 du Code civil. — Il n'y a ici de stipulation pour autrui : ni dans le sens de l'article 1120, car l'assureur ne s'est pas porté fort pour l'assuré, puisque seul il était engagé à payer la prime, que seul il pouvait être obligé à la payer — ni dans le sens de l'article 1121 ; car l'assureur, en contractant la réassurance, n'a pas déclaré stipuler au profit d'un tiers, et, la stipulation eut-elle eu lieu, la faillite l'a révoquée en survenant avant l'acceptation de ce tiers.

Ce système, dont les bases juridiques ne me paraissent pas pouvoir être contestées, est cependant, nous ne pouvons le dissimuler, contraire à l'équité. — La réassurance parait ici devenir une cause de bénéfice pour l'assureur et pour ses créanciers ; et l'on ne peut admettre sans quelque répugnance que l'indemnité, stipulée pour la réparation d'un sinistre, puisse rester entre les mains de personnes autres que celles qui ont éprouvé ce sinistre.

Aussi ce privilège, que la Cour de Rennes (1) avait proposé d'inscrire dans nos lois, est-il consacré par les législations étrangères et notamment par la loi belge de 1874 sur les assurances (2).

---

(1) Obs. 1, p. 351.

(2) Voyez sur cette question une dissertation de M. Pouget. Journal des assurances 1857, p. 100. — Voyez aussi la discussion que nous consacrons plus loin à la nature de l'indemnité des risques locatifs.

CHAPITRE TROISIÈME.

DE LA CAUSE DU CONTRAT.

SECTION PREMIÈRE

Des obligations de l'assuré.

Les obligations de l'assuré doivent s'étudier dans trois périodes distinctes.

§ 1. — Avant et pendant la formation du contrat.
§ 2. — Pendant sa durée.
§ 3. — En cas de sinistre.

§ Ier. — Des obligations de l'assuré avant la formation du contrat.

L'assuré doit fournir, lors de la rédaction de la police, des renseignements exacts, précis et complets sur la nature et la destination de l'objet assuré, et sur les risques qu'il veut faire couvrir par l'assurance.

Toute réticence, toute fausse déclaration de la part de l'assuré, qui diminuerait l'opinion du risque ou en changerait le sujet annullent l'assurance ; l'assurance est nulle même dans le cas ou la fausse déclaration n'aurait pas influé sur le dommage ou la perte de l'objet assuré.

Cette clause, écrite dans les polices de toutes les compagnies (1), n'est au reste que la reproduction de l'article 348 du code de commerce.

L'assurance peut donc être déclarée nulle, quand même la fausse déclaration de l'assuré aurait été faite de bonne foi par celui-ci et ne serait de sa part que le résultat d'une erreur (2).—La compagnie ne se serait en effet peut-être pas engagée, si elle avait connu la situation exacte; et dans tous les cas il n'y a pas eu concours de volonté.

En serait-il de même, et la compagnie serait-elle encore recevable à invoquer la nullité de l'assurance pour cause de réticence lorsque l'assuré offre de prouver que le sous-agent a visité l'immeuble, qu'il connaissait les risques de voisinage par exemple, et que c'est sur les lieux qu'il a, lui même, rédigé la police?

Certains arrêts, trop sévères à notre avis, ont décidé que la réunion de ces diverses circonstances, ne suffirait pas pour empêcher l'application de la clause de nullité.

Aux termes des statuts, dit-on, la police doit être rédigée sur les déclarations de l'assuré et à ses risques et périls. — Le mandat du sous-agent est limité à solliciter des propositions d'assurance. Et, dès lors, si celui-ci a consenti à rédiger la police, il n'est plus le préposé de la compagnie, mais le préposé de l'assuré, qui ne peut s'en prendre qu'à lui d'avoir mal placé sa confiance (3).

Cette doctrine, qui peut être fondée en droit, nous paraît bien rigoureuse. Qui ne sait en effet comment les choses se passent dans la pratique? Qui ne sait que la police est rédigée presque toujours, pour ne pas dire toujours, par l'agent, et par lui seul ?

---

(1) Nationale art. 12 ; Phénix art. 12.

(2) Pothier n° 199, Bordeaux 7 août 1835. P. 1835 p. 37.

(3) Cass. 5 mai 1852. Ass. 52. p. 565. — Rennes 30 novembre 1846. — Rouen 2 juillet 1869. D. 71. 2. 61. Cour. supérieure de Luxembourg 9 novembre 1865. Ass 66 p. 19.

— 248 —

Aussi les décisions les plus récentes de la jurisprudence ont-elles condamné un système qui péchait réellement par un excès de sévérité.

La Cour de Bordeaux (1) notamment a décidé que l'absence de déclaration du voisinage d'une usine, de nature à aggraver le risque, ne constitue pas une réticence, qui puisse entraîner la nullité de la police, quand l'assuré est de bonne foi, s'il n'a d'ailleurs dépendu que de l'assureur qui a rédigé la police d'être parfaitement fixé à cet égard, alors surtout que l'immeuble assuré était placé dans un quartier rempli d'usines, qui s'annonçaient au dehors par des indications manifestes.

De même un arrêt récent de la Cour de Cassation (2) autorise l'assuré à prouver que l'inexactitude, contenue dans la police est le résultat d'une erreur matérielle, imputable à l'agent de la compagnie (3).

L'article 348 du code de commerce et, avec lui, les clauses des polices ajoutent que l'assurance est nulle même dans le cas où la réticence et la fausse déclaration n'auraient pas influé sur le dommage ou la perte des objets assurés. Cette disposition, qui peut paraître rigoureuse au premier abord, a été justifiée dans l'exposé des motifs de l'article 348.

« L'assureur, disait M. Corvetto (4), a le droit de connaître toute l'étendue du risque dont on lui propose de se charger. Lui dissimuler quelque circonstance qui pourrait changer le sujet de ce risque ou en diminuer l'opinion, ce serait lui faire supporter des chances dont il ne voulait peut-être pas se charger ou dont il ne se chargerait qu'à des conditions différentes, ce serait en un mot le tromper. — Dès

---

(1) Bordeaux 2 août 1867. Ass. 68 p. 45.

(2) Cass. 19 janvier 1870. Ass. 72 p. 3.

(3) Paris 1er août 1844. Sir. 46 2. 13 — Trib. de la Seine 29 juillet 1859. Ass. 60 p. 120.

(4) Cité par Alauzet, 102.

lors le consentement réciproque, qui seul peut animer le contrat, viendrait à manquer. — Le consentement de l'assuré porterait sur un objet, celui de l'assureur sur un autre et les deux volontés, marchant dans un sens divergent, ne se rencontreraient pas.

« La deuxième partie de la disposition découle naturellement de ces principes. — Le contrat n'ayant pas existé, aucune conséquence, aucun effet n'ont pu en résulter. — Dès lors il est indifférent à l'égard de l'assureur que la chose (le navire) périsse ou ne périsse pas, ou qu'il périsse par une chance sur laquelle la fausse déclaration n'aurait pas influé. — L'assureur serait toujours autorisé à répondre qu'il a assuré tel risque et que ce risque n'existait pas. »

L'assuré doit en outre déclarer en quelle qualité il agit.

« L'assuré doit déclarer et faire mentionner sur sa police, sous peine de n'avoir droit en cas d'incendie à aucune indemnité, si les objets assurés lui appartiennent en totalité ou en partie ; s'il n'est pas propriétaire du terrain sur lequel est construit l'immeuble assuré ; s'il est usufruitier, créancier, locataire, commissionnaire, administrateur, mandataire, acquéreur ou vendeur à réméré, et généralement en quelle qualité il s'agit (1). »

L'assuré doit déclarer si la maison est construite sur le terrain d'autrui. — Cette clause, écrite dans le contrat, est conforme à l'article 348 du Code de Commerce et existerait d'ailleurs en l'absence de toute stipulation formelle (2). L'omission de déclarer que le sol qui porte l'immeuble appartient à autrui constitue une réticence, susceptible d'influer sur l'opinion du risque et d'altérer dans l'esprit de l'assureur l'appréciation des chances d'incendie, les-

---

(1) Nationale art. 6.
(2) Paris 5 décembre 1853. D. 54.2.80.

quelles dépendent du plus ou moins d'intérêt que peut avoir l'assuré à conserver la chose assurée.

Enfin l'assuré doit, nous le savons déjà, déclarer les assurances prééxistantes.

« Si l'assuré a fait couvrir, avant la date de la présente police, les objets sur lesquels porte l'assurance, pour quelque cause ou somme que ce soit, par des associations mutuelles ou par des assureurs sous tout autre titre ou dénomination, il est tenu de le déclarer et de le faire mentionner sur la police. — Si l'assuré a fait couvrir antérieurement des objets autres que ceux sur lesquels porte l'assurance, mais faisant partie du même risque, il est tenu également de le déclarer et de le faire mentionner dans la police (1). »

Nous aurons à examiner plus tard si, lorsque la police s'applique en même temps à plusieurs objets, distincts par leur nature, la fausse déclaration de l'assuré sur la matière de la chose assurée, entraine la nullité de l'assurance pour le tout, ou si cette nullité ne porte au contraire que sur les conventions particulières, relatives à la chose, objet de la fausse déclaration.

§. II. — Des obligations de l'assuré pendant la durée du contrat.

Les principales obligations de l'assuré pendant la durée du contrat sont au nombre de trois. Il doit :

1° Payer la prime (2).

2° Déclarer toutes les modifications ou circonstances de nature à changer ou à modifier les risques.

3° S'abstenir de les aggraver lui-même.

---

(1) Nationale art. 9.
(2) Du mot latin : *prœmium*. D'autres le font dériver du mot : *primo*, parce qu'autrefois la prime devait, à peine de nullité de l'assurance, être payée sur le champ lors de la signature de la police.

1° De l'obligation de payer la prime.

La prime est le prix de l'assurance, c'est ce que l'assuré s'oblige à donner à l'assureur en retour de l'obligation conditionnelle que celui-ci contracte ; elle est l'équivalent des risques dont il se rend garant en cas de perte ou de dommage de la chose assurée.

La prime est donc un des éléments essentiels du contrat. Si elle n'était pas déterminée, le contrat n'existerait pas; il serait nul faute de prix (1).

« S'il n'y a pas de prime stipulée, dit Emérigon (2) il est certain qu'il n'y a pas du tout de contrat, ou que c'est un contrat de toute autre espèce que celui d'assurance. »

Mais quelle solution faudrait-il admettre, si le contrat, tout en disant qu'une prime serait payée, avait omis d'en fixer le taux ?

Nous pensons, avec M. Alauzet, (3) que le contrat serait nul. L'article 343 du Code de commerce laisse, il est vrai, aux tribunaux le droit de fixer dans certains cas le taux de la prime. Mais, outre que l'hypothèse n'est pas la même, cet article qui n'est relatif qu'aux assurances maritimes, constitue une disposition exceptionnelle qu'on ne saurait étendre au delà de ses termes. Or, en droit commun, l'indétermination du prix entraine la nullité d'un contrat, d'une vente par exemple ; à bien plus forte raison doit-elle entrainer la nullité d'un contrat d'assurance ou le prix est nécessairement bien plus arbitraire.

La prime pourrait toutefois rester indéterminée pourvu

---

(1) Pothier n° 18.
(2) Traité des Ass. ch. 3 sect. 11.
(3) N° 172 — Contrà : Pardessus Dr. C^{al} n° 822

qu'on arrête dans le contrat même la base d'après laquelle elle devra être fixée (1).

La prime est ordinairement d'une somme d'argent. Rien n'empêcherait toutefois qu'elle fût stipulée payable en marchandises ou même en services appéciables. — Elle pourrait consister en une chose à donner ou à faire non seulement au profit de l'assureur, mais même au profit d'un tiers (art. 1121).

C'est la compagnie qui fixe le taux des primes. Elle jouit à cet égard d'une entière liberté.

Les primes sont payables d'avance et comptant.

Celle de la première année, d'après les statuts des compagnies, se paie en signant la police, qui n'a d'effet qu'après ce paiement.

Le contrat se trouve jusque là sans existence légale et ne peut par conséquent dans aucun cas donner lieu à une indemnité.

Cette disposition, qui se trouve dans presque toutes les polices, tire sa validité de la convention, mais n'a plus aujourd'hui force de loi ; on pourrait donc y déroger (2).

Les anciennes législations regardaient au contraire ce paiement d'avance comme une des conditions essentielles du contrat. — L'ordonnance de 1681, reproduisant les dispositions d'un grand nombre de lois antérieures (3), prononçait expressément la nullité de l'assurance en cas d'infraction.

Mais cette règle était, même après l'ordonnance, tombée en désuétude, (4) et elle n'a pas été reproduite dans nos lois.

Les primes des autres années se paient habituellement

---

(1) Dans les assurances mutuelles, la prime consiste en un simple engagement conditionnel ; elle est donc nécessairement indéterminée.

(2) Rouen 6 juillet 1878. Ass. 79 p. 88.

(3) Ordonnances : de Barcelonne 1435. — 1458, ch. 12. — 1484, ch. 15. — Statut de Florence de 1523. — Ord. des Pays-Bas de 1563 et de 1570 ; d'Amsterdam de 1620.— Code suédois de 1667.

(4) Guidon de la mer, ch. 15. art. 16.

au commencement de chaque année. Le paiement est donc divisé en autant de termes que la police doit durer d'années (1). Mais rien n'empêcherait l'assuré de payer par anticipation la totalité des primes. Les compagnies accordent même des escomptes pour ce paiement; mais cet usage n'est pas entré dans les mœurs.

La prime est acquise à l'assureur du moment ou les risques commencent; mais à partir de ce moment elle lui est acquise toute entière et irrévocablement. Du moment ou l'assureur a couru un seul instant le risque, il a droit à la totalité de la prime parce que pendant cet instant il s'est trouvé exposé à payer la totalité du sinistre.(2).

Il en résulte que la prime doit rester telle qu'elle a été stipulée et ne peut être ni diminuée ni augmentée sous le prétexte que la durée ou l'intensité des risques stipulés aurait diminué ou augmenté pendant le cours de l'assurance. Le contrat ne peut être modifié que du consentement commun des parties.

Mais si la prime est stipulée payable annuellement, le contrat se trouve divisé en autant de périodes qu'il y a d'années ; et l'assureur et l'assuré ont le droit, réciproque d'ailleurs, de demander à l'expiration de chaque période, une modification dans le taux de la prime, si les risques se trouvent augmentés ou diminués.

Quelle est la sanction qui oblige l'assuré au paiement des primes et quel serait le sort du contrat si celui-ci ne remplissait pas exactement son obligation ?

Nous nous trouvons en présence d'une des difficultés les plus ardues de toute notre matière. Chaque point y a donné lieu à d'ardentes controverses. La jurisprudence et la doctrine s'y trouvent à chaque instant en désaccord.

(1) Dalloz v° Ass. n° 175.
(2) Pothier, n° 182. — Persil p. 270, 308, 479. — Alauzet n°s 178 et 326. — Quesnault p. 81, 243, 259, 295. — Grün et Johat p. 243 et 310. — Boudousquié, p. 90, 328, 427. — Pardessus p. 425.

L'assurance étant basée sur la capitalisation des primes, le mécanisme même de l'institution exige que chacune des primes soit payée exactement à son échéance. Aussi les compagnies ont-elles, pour forcer l'assuré à remplir exactement ses obligations, introduit à cet égard dans les polices des clauses d'une excessive rigueur.

En premier lieu, l'assurance ne commence à courir que lorsque la prime de la première année a été payée ; jusque là le contrat manque d'un élément essentiel à sa validité ; il n'a aucune existence légale et ne peut donner lieu à aucune action contre la compagnie. Cette disposition est de droit strict et doit être appliquée dans toute sa rigueur. Les tribunaux ne peuvent y apporter aucun tempérament (1).

Ce point n'est au reste plus contesté ; les difficultés ne commencent que pour les primes des années suivantes.

« La prime d'assurance, lit-on dans la plupart des polices, (2) est payable d'avance et comptant au domicile de la compagnie, à Paris, ou de l'agent qui a souscrit l'assurance.

« La prime de la première année se paie en signant la police qui n'a d'effet qu'après le paiement.

« Celles des années suivantes se paieront à l'échéance convenue. Néanmoins il est accordé à l'assuré quinze jours de grâce pour les acquitter.

« *A défaut de paiement de la prime*, dans le délai de quinzaine ci-dessus fixé, *l'assurance reste suspendue*, même pendant les poursuites en paiement, et sans qu'il soit besoin d'aucune mise en demeure, *l'assuré n'a droit en cas d'incendie à aucune indemnité* ; mais la police reprend son effet à dater du lendemain à midi du jour où le paiement de la prime arriérée, et des frais, s'il en a été fait, aura été intégralement effectué entre les mains de la compagnie.

---

(1) Cass. 20 août 1874. Ass. 74 p. 436. — Cass. 29 juillet 1878. Ass. 79 p. 85 — Paris 8 février 1877. Ass. 77 p. 415 — Paris 20 Décembre 1878. Ass. 79 p. 53.

(2) Nationale art. 5.

« Si la prime n'a pas été payée, dans le délai d'un an à dater de son échéance ou des dernières poursuites, *la police est et demeure résiliée* de plein droit pour le temps à courir et sans qu'il soit besoin d'aucune notification. La prime échue cependant reste due à la compagnie à titre d'indemnité.

«En cas de résiliement pour quelque cause que ce soit...., les primes payées par anticipation même sans escompte demeurent acquises à la compagnie.

Dans tous les cas le paiement, pendant ou après l'incendie, de la prime échue ne donne à l'assuré aucun droit à l'indemnité du dommage. »

En résumé, voici en quoi se résument les conditions rigoureuses imposées par les compagnies.

(*a*) Si la prime n'est pas payée dans le délai de quinze jours à dater de son échéance, l'assurance reste suspendue.

(*b*) La compagnie peut néanmoins poursuivre le paiement de la prime échue; mais cette poursuite n'empêche pas l'assurance de rester suspendue. Le contrat ne reprend effet au profit de l'assuré que lorsque le paiement a été effectué. Jusque-là celui-ci n'aurait droit à aucune indemnité.

(*c*) Enfin si la prime n'a pas été payée depuis un an, l'assurance est résiliée de plein droit.

Ces conditions paraissent au premier abord si rigoureuses qu'on a tenté d'en contester la validité et que la jurisprudence se refuse encore à les sanctionner en leur entier.

Nous allons consacrer à chacune d'elles un examen spécial.

(*a-b*) En cas de non paiement de la prime, dans le délai de quinze jours à dater de son échéance, *l'assurance est suspendue*. La compagnie peut néanmoins poursuivre le paiement de la prime échue, sans que cette poursuite arrête les effets de la suspension.

On s'est refusé pendant longtemps à reconnaître la validité de cette clause.

La suspension du contrat d'assurance au préjudice de l'assuré, ne peut, enseignait-on dans un premier système, se comprendre que si la compagnie demande la résiliation du contrat : il sera tout naturel alors que ce contrat n'ait pu produire aucun effet. Mais si la compagnie au contraire demande le paiement de la prime, c'est-à-dire l'exécution du contrat, il faut bien admettre que le contrat devra nécessairement produire son effet, et que par conséquent il n'aura pas été suspendu.

« On ne saurait admettre en effet, dit un arrêt de la Cour de Paris, que, la convention maintenue, la compagnie puisse se prévaloir des charges favorables, sans être en même temps chargée des clauses onéreuses. Ce serait admettre à la fois l'existence du contrat et sa non existence, puisqu'en même temps il existerait au profit de l'assureur et serait résolu au préjudice de l'assuré, ce qui répugne autant au droit qu'à l'équité (1). »

En résumé, la compagnie ne saurait en même temps réclamer le paiement de la prime et refuser de régler un sinistre, survenu pendant la période que couvre la prime. Il y aurait là, dit M. Alauzet (2), une stipulation léonine radicalement nulle.

Ce système, qui séduit au premier abord, a été condamné avec raison ; et la Cour de Cassation décide que l'assuré ne pourrait tirer de la suspension de l'assurance aucun motif légal pour se soustraire à l'exécution de son obligation.

S'il ne peut en même temps réclamer de la compagnie l'exécution des engagements qu'elle avait pris envers lui, il ne peut s'en prendre qu'à lui. C'est la conséquence prévue et librement consentie par lui du non-paiement de la prime.

---

(1) Sir 44. 2. 458.
(2) Alauzet 427.

C'est la clause pénale encourue pour défaut d'exécution de l'obligation. La faculté accordée à la compagnie de résilier la police en cas de non paiement de la prime, ou d'en exiger l'exécution de la part de l'assuré n'enlève pas au contrat son caractère synallagmatique.

Cette suspension, parfaitement licite, est donc indépendante de toute option; elle résulte du fait que la prime est impayée et doit être considérée comme une clause pénale.

Mais la Cour de Cassation (1) a refusé d'aller plus loin et d'admettre le second point de nos prémisses.

Elle a déclaré que, du moment où la compagnie avait introduit une demande en justice à fin de paiement de la prime, elle avait opté pour la continuation de la police et que par conséquent, si un sinistre survenait entre l'époque de la demande en justice et le paiement, la compagnie serait tenue à indemnité.

« La réclamation faite, dit un arrêt de la cour d'Amiens, (2) prouve nettement que la compagnie ne regardait pas l'assuré comme déchu de tout droit à une indemnité; car, si elle le considérait comme déchu, elle ne réclamerait pas la prime qui est le prix de cette indemnité : il suit de là qu'elle a entendu assurer, même sans avoir reçu la prime ; cette demande de prime en retard est une preuve incontestable que l'article de la police était abrogé de fait et que les stipulations du contrat devaient recevoir leur exécution nonobstant le retard de la prime.»

Ce système ne nous paraît pas devoir être admis. La base sur laquelle il est établi ne nous semble pas bien solide. La Cour d'Amiens, et après elle la Cour de Cassation ne voient dans la suspension qu'une clause pénale, stipulée pour inexécution de l'obligation (art. 1228) et elles en concluent

---

(1) Cass. 15 nov. 1852 D. 52. 1. 305 — Cass. 2 Août 1875. D. 75. 1.410.
(2) Amiens 12 janvier 1855 D. 55. 2. 153 — Alauzet 427.— Cass. 27 juin 1855. S. 56. 1. 43

logiquement que la compagnie ne peut réclamer en même temps et le paiement de l'obligation et l'exécution de la clause pénale, exiger le paiement de la prime et se refuser à régler le sinistre. Cette conséquence s'impose; malheureusement le point de départ de cette théorie repose sur une analyse inexacte de la convention.

Nous ne sommes pas ici en présence d'une clause pénale, stipulée pour inexécution de la convention : la clause pénale est stipulée uniquement *pour retard dans l'exécution de la convention*. Ce n'est donc pas l'inexécution de la convention qui trouve sa sanction dans la résiliation et les poursuites à fin de paiement; c'est le retard dans l'exécution, qui seul est puni par la suspension de l'assurance.

Or on peut réclamer à la fois l'exécution de l'obligation et la clause pénale, lorsque cette clause ne fait que sanctionner les retards apportés dans l'exécution ; et dès lors l'option de la compagnie pour le maintien de la police ne l'empêche pas de se prévaloir de la déchéance encourue par l'assuré, si un sinistre vient à le frapper avant sa libération, même pendant le cours des poursuites dirigées vers lui (1).

Cette théorie, dont tout l'honneur revient à M. Emile Olivier, nous paraît établie sur une base juridiquement indiscutable. La validité de la clause de suspension est en outre indispensable à l'existence même des compagnies ; qui ne peuvent se voir contraintes à exercer des poursuites coûteuses, chaque fois que la prime ne sera pas exactement soldée à son échéance. Ce système est conforme, quoiqu'on en dise à l'équité ; enfin il découle, et c'est à nos yeux l'argument capital, d'une convention librement consentie par les parties.

Les compagnies pourraient renoncer à invoquer la clause de suspension, établie à leur profit ; mais cette renonciation

---

(1) Voyez un article de M. Em. Olivier. Rev. Prat. 1. p. 525 — Rouen 23 juillet 1847. Colmar 23 janvier 1857. Ass. 59 p. 422 et 423.

ne serait pas facilement présumée. C'est ainsi qu'une compagnie, en recevant un paiement partiel, (1) surtout avec réserve, ou en acceptant un billet à ordre remis par l'assuré débiteur de primes échues et non payées, ne serait pas pour cela non recevable à exciper de la suspension de l'assurance. L'acceptation d'un billet à ordre ne peut en effet être considérée comme un paiement effectif, mais seulement comme une garantie exigée par la compagnie.

Enfin, dans tous les cas, le paiement de primes, effectué après le sinistre, ne relève pas l'assuré de la déchéance encourue lorsqu'il n'est pas établi que la compagnie ait eu connaissance de ce sinistre et encore moins qu'elle ait voulu renoncer à la suspension. Cette clause est du reste inscrite dans toutes les polices.

(c) En second lieu, *si la prime n'a pas été payée dans le délai d'une année à dater de son échéance ou des dernières poursuites, la police est et demeure résiliée de plein droit pour le temps à courir et sans qu'il soit besoin d'aucune notification. La prime échue cependant reste due à la compagnie à titre d'indemnité.*

En droit commun, l'assuré devrait être mis en demeure et la résiliation devrait être demandée devant les tribunaux et prononcée par eux.

Mais les parties peuvent valablement renoncer à ces garanties ; la clause que nous venons d'énoncer, est donc parfaitement licite : elle entraine la résiliation du contrat lorsque les parties l'ont expressément stipulé, sans qu'il soit besoin d'aucune mise en demeure (2).

Mais il est indispensable de remarquer qu'elle est établie en faveur de la compagnie qui seule peut s'en prévaloir, et qui peut, si elle le préfère, réclamer l'exécution du contrat et poursuivre les primes échues.

---

(1) Demolombe XXV n° 548 et sqq. — Aubry et Rau § 502 note 83.
(2) Paris 18. nov. 1874. Ass. 75 p. 45.

L'article 484 du Code civil n'établit en effet la faculté de résolution que contre celui qui n'exécute pas son obligation. Il ne serait pas sage de supposer que la compagnie ait voulu renoncer bénévolement à jouir de ce bénéfice du droit commun. On ne peut présumer que, dans un contrat synallagmatique, les parties aient entendu que l'une d'elles pourrait annuler le contrat à sa volonté en s'abstenant uniquement d'exécuter ses obligations; c'est cependant ce qui arriverait si l'assuré pouvait détruire le contrat par la seule raison qu'il n'aurait pas payé les primes échues, circonstance qui dépend uniquement de sa seule et unique volonté.

C'est donc à la compagnie et à la compagnie seule qu'appartient le droit de demander la résiliation ; mais elle peut, si elle le préfère, réclamer l'exécution du contrat (1).

Mais, objecte-t-on, si cette clause n'avait pas pour but de déroger à l'article 1184 du Code civil, elle serait absolument superflue.

Cette objection n'est pas sérieuse. La clause que nous examinons est à la fois une consécration de l'article 1184 et une dérogation à ses dispositions finales, puisqu'elle supprime la nécessité de toute mise en demeure préalable. Elle ne contiendrait d'ailleurs que la répétition de l'article 1184, qu'elle aurait encore pour utilité de mettre sous les yeux des assurés, qui la plupart du temps ne sont pas des jurisconsultes, les principes généraux, auxquels le contrat est soumis.

En un mot, et pour nous résumer, voici dans toute la rigueur de la convention et des principes la situation exacte de l'assuré vis à vis de la compagnie.

Par le seul fait de l'échéance du terme, l'assuré est en demeure, sans qu'il soit besoin d'aucune sommation. Il doit aller payer la prime échue au domicile de l'agent, il doit l'y

---

(1) Quesnault n° 104—Grün et Joliat n° 321—Alauzet 331 et 343—Paris 23 août 1822. Trib. de la Seine 30 janvier 1874. Ass. 74 p. 253. — Trib. de la Seine 27 juillet 1880 Ass. 80 p. 421.—Voyez en ce sens de nombreuses autorités au journal des assurances 1876. p. 9 et 97.

porter, ce qu'on exprime en disant que la prime est *portable*.

S'il n'a pas effectué ce paiement à l'échéance ou dans le délai de grâce de quinzaine, les effets de l'assurance sont suspendus à son détriment et il est dépouillé de tout droit à une indemnité, sans que la compagnie perde de son côté le droit de poursuivre l'exécution du contrat.

Un an après l'échéance du terme, la compagnie peut déclarer le contrat résilié de plein droit sans sommation ni mise en demeure

Ce système, quoiqu'il soit, à notre avis, parfaitement conforme à la logique et à l'équité, ne laissait pas, d'être très rigoureux et d'entrainer souvent des surprises, contraires à la bonne foi, qui doit être l'âme du contrat d'assurance.

C'est qu'en effet, dans la pratique, l'assuré ne va jamais ou presque jamais payer la prime au siège de la compagnie. Il est dans l'usage constant de toutes les compagnies de faire toucher au domicile de l'assuré le montant de la prime échue. L'assuré s'endormait dans une fausse confiance, et attendait que la compagnie vint lui réclamer ce qui lui était dû. L'agent chargé du recouvrement, apportait, dans l'exétion de son mandat, un retard, volontaire ou involontaire.

Un sinistre survenait et la compagnie opposait la déchéance pour défaut de paiement de la prime Sa prétention était, on ne peut le dissimuler, essentiellement conforme à la rigueur du droit.

Les conventions, librement contractées, font en effet la loi des parties ; le juge ne peut les briser que si elles sont illicites ou immorales, faites par un incapable, ou entachées d'un vice du consentement. Or les clauses de la police stipulent formellement que les primes seront payables d'avance au domicile de la compagnie et à l'échéance fixée par la police.

Elles portent en outre qu'à défaut de paiement de la prime, l'assurance sera suspendue sans qu'il soit besoin d'aucune demande ni mise en demeure.

— 262 —

Il y a là une convention licite, légale qui doit obliger les parties contractantes.

Il est possible que pour assurer la régularité de ses services et surtout pour éviter des déplacements à l'assuré, les compagnies envoient officieusement quérir les primes, afin de réveiller l'assuré, de le protéger parfois contre sa propre négligence, et en même temps pour encaisser des sommes dont le produit est destiné à régler des sinistres ; mais on ne peut voir là qu'un acte de pure bienveillance, fait d'ailleurs dans un intérêt commun, et qui ne devrait pas pouvoir être opposé à l'assureur et faire tomber une des clauses formelles du contrat et la stipulation pénale qui l'accompagne (1).

Cette opinion est évidemment la plus juridique ; nous ne songeons pas à dissimuler que, pour notre part, nous n'hésitons pas à l'adopter. Mais nous devons déclarer qu'elle est repoussée par une jurisprudence constante.

Les tribunaux, mettant un peu trop de côté peut-être les règles du droit, ont édifié sur ce point une théorie, qu'ils prétendent basée sur les principes de l'équité.

Voici quelle est la formule la plus générale du système qu'ils consacrent ;

Lorsque l'assuré pourra établir, et il pourra faire sa preuve par tous les moyens possibles, que la compagnie avait pris l'habitude, était dans l'usage constant de faire toucher les primes à domicile, les juges tireront de ce fait, ainsi constaté, la conséquence que les parties, par une dérogation virtuelle au contrat primitif, ont substitué à la convention ancienne une convention nouvelle, par l'effet de laquelle la prime, *de portable* qu'elle était, est devenue *quérable*.

La situation de l'assuré se trouve alors notablement modifiée

L'assuré, qui attend patiemment qu'on vienne toucher

---

(1) Alauzet 426 — Paris 6 Mars 1838. D. 38, 2. 78 — Chambéry 16 Août 1867. Ass. 67, p. 387 — Voyez aussi un article de M. Ad. Olivier, Journal des Assurances. 1875 p. 97.

chez lui, ne se trouve plus mis en demeure par la seule échéance du terme; son obligation retombe sous l'empire du droit commun qui veut que le paiement soit fait au domicile du débiteur (1).

De plus, et c'est là le point le plus important, la clause pénale ne peut plus être invoquée par la compagnie que conformément au droit commun, c'est-à-dire après une mise en demeure préalable (art. 1230).

Pour éviter ces conséquences, les assureurs ont inséré dans leurs polices une clause spéciale, aux termes de laquelle les recouvrements faits officieusement au domicile des assurés ne pourront jamais être opposés à la compagnie comme une renonciation au droit d'exiger le paiement de la prime à son propre domicile (2).

Il devrait sembler à tout esprit impartial qu'il y a là une convention bien claire, librement consentie, et par conséquent obligatoire pour les parties. Et cependant les Cours d'appel se refusent à tenir aucun compte de cette disposition spéciale et persistent à admettre que la prime portable se transformera, malgré cette clause, en prime quérable.

L'assuré, dit la Cour de Paris, a, la plupart du temps, ignoré ces réserves Il a signé les polices sans en lire les clauses imprimées. Les recouvrements opérés chez lui ont eu pour effet de créer par leur fréquence et leur continuité à l'égard de la compagnie un usage obligatoire, enlevant à ce genre d'exécution tout caractère officieux et sortant par conséquent des termes du contrat. Le système contraire donnerait lieu, dit-on, à des surprises contraires à la bonne foi qui doit présider au contrat d'assurances (3).

---

(1) Lyon 20 février 1857. Ass 57 p. 353.

(2) Nationale. art. 5.

(3) Cass. 10 juin 1863. S. 63. 1. 375. — Cass. 31 janvier 1872. D. 73. 1. 87. — Cass. 29 juillet 1878. Ass. 79 p. 41. — Bordeaux 11 mars 1840. Sir. 40. 2. 421. — Colmar 8 juillet 1841. Sir. 41. 2. 448. — Rouen (Audience solennelle) 25 février 1880. Ass. 80 p. 412.

Telle est la doctrine consacrée par une jurisprudence constante.

Nous avouons qu'il nous semble impossible de nous ranger à cette théorie. Les tribunaux nous paraissent prendre ici trop à cœur les intérêts de l'assuré sans tenir assez compte des droits non moins légitimes de l'assureur. — Cet excès de précaution pour une personne capable semble dépasser ici toute limite et avoir pour résultat d'encourager l'imprudence et la négligence. — Que le juge intervienne dans l'intérêt des personnes trompées, s'il y a eu dol ou violence, c'est très bien ; — mais qu'une personne libre et capable puisse se dégager de ses obligations en excipant qu'elle n'a pas connu ce qu'elle a signé, ce nous paraît-être une prétention dangereuse et absolument anti-juridique.

Aussi certains tribunaux se sont-ils refusés à la consacrer (1) ; et l'opinion, qu'ils ont adoptée, nous semble la plus conforme à la logique et au droit.

Quelle nécessité si pressante y a-t-il donc de protéger si efficacement l'assuré contre les compagnies ? — Les compagnies sont, dit-on, le plus souvent de mauvaise foi ; leurs polices, que l'assuré ne lit pas, sont la plupart du temps de véritables traquenards, où elles accumulent déchéances sur déchéances. Chacune de leurs dispositions cache un piège et l'on ne saurait dès lors montrer trop de rigueur à leur endroit.

Il est temps de mettre fin à ces déclamations d'un autre âge. Les compagnies sont, pour la plupart, administrées par de très honnêtes gens. Les polices qu'elles consentent sont généralement sages et bien conçues, elles ne s'écartent pas des règles de l'équité ; et la meilleure preuve qu'on puisse en donner, c'est que les pays, qui ont codifié les assurances

---

(1) Alauzet 426. — Paris 6 mars 1838. D. 38. 2. 78. — Cour de Genève, 15 décembre 1873. Ass. 1874, p. 15.

la Belgique notamment, ont crû devoir en reproduire presque textuellement les dispositions.

Et, en fin de compte, les compagnies n'obligent pas les particuliers à s'adresser a elles ; elles n'emploient vis-à-vis d'eux ni dol ni violence. Si l'assuré ne lit pas ses polices, s'il n'a qu'une connaissance imparfaite du contrat qu'il consent et vient plus tard à encourir une déchéance quelconque, tant pis pour lui : il ne fera que porter la peine de sa négligence.

Quelque bien fondée que ces observations puissent paraître en droit et en équité, la jurisprudence admet unanimement aujourd'hui que la prime devient portable, de quérable qu'elle était, lorsque la compagnie a pris l'habitude d'en faire opérer le recouvrement au domicile des assurés.

Et dès lors, celui-ci ne se trouve plus mis en demeure par la seule échéance du terme ; il ne peut plus voir les effets de son contrat suspendus ou résolus à son détriment, encourir en un mot la clause pénale que s'il a été régulièrement mis en demeure.

Mais si les tribunaux admettent tous ce principe commun, ils se divisent au contraire lorsqu'il s'agit de l'appliquer et de déterminer les actes, d'où peut résulter la mise en demeure qu'ils exigent.

Dans un système, qui a prévalu longtemps, on cherchait à atténuer autant que possible les dangers qui résultaient pour les compagnies de la quérabilité des primes. Pour atteindre ce but, la plupart des Cours admettaient que l'assureur pouvait opérer la mise en demeure de quelque manière que ce fût. On regardait dans ce système comme constituant une mise en demeure suffisante : une sommation, une citation en conciliation, une lettre chargée, la présentation des quittances à domicile constatée par les registres des garçons de recettes, le livre de copies de lettres de la compagnie, etc. — La mise en demeure n'était, disait-on, assujétie en droit commercial à aucune forme particulière, et ne pouvait par suite être autre que le rappel à l'obligé, et sous une forme quelconque, de l'obligation dont il était tenu et de la nécessité de la mettre à exécution. — L'assureur devait rester le maître absolu des moyens à employer pour atteindre ce but ; il était réputé y avoir abouti, du moment où l'assuré avait été averti (1).

Ce système atténuait pour les compagnies les effets désastreux qu'entraînait pour elles les principes de la transformation de la prime portable en prime quérable, mais il manquait absolument de base juridique.

Aussi a-t-il été condamné par de récents arrêts de la Cour de cassation, qui déclarent que la mise en demeure ne peut résulter que d'une sommation ou d'un autre acte extrajudiciaire équivalent. — Cette solution nous parait s'imposer dans l'état actuel de la Jurisprudence. Du moment où l'on admet que l'assureur a renoncé au bénéfice de la convention primitive, celui-ci doit se trouver entièrement placé sous le régime du droit commun ; nous ne voyons pas trop sur quels arguments on peut se baser pour le dispenser dans ces conditions des formalités, qui sont exigées en règle générale pour opérer une mise en demeure suffisante (art. 1139). (2).

On a décidé en ce sens que la mise en demeure ne résulterait pas d'un billet d'avertissement, adressé par le greffier du juge de paix au débiteur, l'invitant à comparaître devant ce magistrat, pour être entendu contradictoirement avec le créancier sur le différend qui les divise. « Un pareil avertissement, dit la Cour de Cassation, qui ne contient ni l'énoncé des prétentions du créancier ni injonction au débiteur de se libérer sous peine de déchéance de ses droits, est insuffisant

---

(1) Besançon 12 février 1872. Ass. 72 p. 423—Paris 11 août 1873. Ass. 74. p. 96.

(2) Trib. de Rouen 6 juin 1872. Ass. 73, p. 24. — Trib. de la Seine 21 janvier 1873. Ass. 73, p. 104 ; — Lyon 4 juillet 1872. Ass. 73. p. 62, et surtout un arrêt de la Cour de Cassation du 29 juillet 1878. Ass. 79, p. 41, réformant un arrêt de Paris du 29 mars 1876. Ass. 76 p. 349.

pour entraîner la résolution ou la suspension du contrat qui lie les parties (1). »

La mise en demeure ne peut résulter non plus dans ce système d'une lettre missive, ni même d'une lettre chargée. De pareilles communications n'offrent pas en effet les mêmes garanties qu'une sommation régulière ou que quelqu'autre acte équivalent (2).

Elle ne résulterait pas non plus: ni de la présentation de la quittance de la prime échue par les agents de la compagnie au domicile de l'assuré (3), ni même de la reconnaissance écrite de la dette.

La faillite de l'assuré ne permettrait même pas à l'assureur de se soustraire à l'accomplissement de son engagement, en s'appuyant sur la cessation des paiements par l'assuré et sur l'inutilité d'une mise en demeure. — L'assureur doit, même dans ce cas, s'adresser au syndic et le mettre en demeure d'acquitter les termes échus (4).

L'obligation de payer les primes constitue une dette personnelle de l'assuré dont l'assureur peut seul le décharger. Mais cette dette est-elle garantie par un privilège portant sur l'objet assuré?

Certains auteurs l'ont admis. L'article 191 du Code de Commerce accorde à l'assureur un privilège sur le navire assuré. Sans doute cet article n'a trait qu'aux assurances maritimes; mais il n'y a, dit-on, aucune raison pour refuser de l'étendre aux assurances terrestres. Les deux situations présentent en effet un caractère identique.

---

(1) Cass. 29 juillet 1878. — Contrà Dijon 8 juillet 1862. Ass. 63, p. 18. — Paris 29 mars 1876 (arrêt cassé). Ass. 76, p. 349.

(2) Cass. même arrêt. — Cass. 24 novembre 1875. D. 76. 1. 363. — Paris 24 juillet 1879. Ass. 79, p. 448 — Trib. de la Seine. 4 juin 1880. Ass. 80 p. 259. — Contrà. Besançon 16 novembre 1872. Ass. 73, p. 301. — Paris 30 août 1873. Ass. 73, p. 442. — 22 avril 1874. Ass. 74 p. 217.

(3) Paris 29 mars 1876 et Cass. 29 juillet 1878, arrêts cités.

(4) Cass. 22 avril 1879. Ass. 80, p. 225.

« Ce n'est pas, dit M. Boudousquié (1), étendre une disposition hors de ses limites que de l'appliquer à un cas, ou les rapports essentiels, qui ont été le motif déterminant de législateur, sont identiquement les mêmes ; c'est suivre le précepte du législateur lui même qui prescrit dans le silence ou l'obscurité de la loi de remonter à son principe et de l'interpréter par ses motifs, par l'équité et par la nature des choses (2). »

Ce système est généralement repoussé.

Sans doute on ne peut contester qu'il serait équitable et juste d'accorder à l'assureur un privilège. Il conserve la chose assurée et donne plus de valeur à la propriété. Aussi, si les assurances terrestres venaient à être réglementées législativement, nul doute que ce privilège ne soit inscrit dans la loi, comme il l'est chez les peuples voisins (3).

Mais, dans le silence de la loi, il est impossible d'accorder un privilège de cette nature. — Les privilèges sont en effet de droit étroit et ne peuvent s'étendre par voie d'interprétation. Or, quelle base lui donnerait-on dans l'espèce ?

L'article 191 du Code de Commerce est spécial aux assureurs maritimes.

Regardera-t-on la prime comme constituant des frais faits pour la conservation de la chose et comme rentrant à ce titre dans les dispositions de l'article 2102 § 3 du Code civil ? — Mais il est impossible d'admettre cette assimilation. La prime constitue si peu des frais faits pour la conservation de la chose que les hypothèques et privilèges existants ne sont nullement continués sur l'indemnité, payée en vertu de

---

(1) n° 289.

(2) Pardessus n° 591. — Trib. de la Seine 21 juin 1851. Ass. 53 p. 257. — Trib. de Commerce de Libourne 5 avril 1856. Ass. 56p. 265.

(3) Loi Belge, titre X, ch. 3, art. 23. « L'assureur a un privilège sur la chose assurée. Ce privilège est dispensé de toute inscription. Il prend rang immédiatement après celui des frais de justice. Il n'existe, quelque soit le mode de paiement de la prime, que pour une somme correspondant à deux annuités.

l'assurance. L'indemnité ne conserve pas la chose ; elle la remplace ; ce qui est bien différent en fait et en droit. En outre, l'article 2102 § 3 est spécial aux meubles; pour les immeubles qui sont bien plus souvent l'objet d'une assurance, il faudrait se reporter à l'article 2103 § 4 ; et alors les formalités exigées pour la conservation de ce privilège seraient absolument inapplicables.

Enfin ce ne serait pas tout de créer un privilège, encore faudrait-il lui assigner un rang et limiter le nombre d'années de primes, qu'il garantirait; et toute solution serait ici nécessairement arbitraire (1).

Cette théorie n'est au reste applicable qu'aux primes échues avant la faillite de l'assuré. Nous verrons plus tard que le syndic serait au contraire tenu de payer intégralement, et non en monnaie de dividende, le montant des primes échues après la déclaration de faillite.

L'assureur ne réclamerait plus ici un privilège, mais le paiement de la fourniture qu'il fait tous les jours aux intéressés, aux créanciers. Et de même qu'on ne songerait pas à payer en monnaie de dividende celui qui pendant la faillite fournit le gaz pour éclairer les bureaux, le charbon pour les chauffer ; de même on doit payer intégralement l'assureur qui fournit tous les jours sa garantie.

§ II. — Des autres obligations de l'assuré pendant la durée du contrat.

L'assuré, qui est tenu, au moment du contrat, de faire toutes les déclarations relatives à la situation des lieux et aux circonstances propres à augmenter ou à diminuer les risques, voit son obligation se perpétuer pendant le contrat.

Il doit donc mettre la compagnie au courant des événe-

---

(1) Alauzet. 430. — Quesnault n° 349. — Paris 8 avril 1834. Sir. 34. 2. 307. — Chambéry 23 juillet 1864. Ass. 65, p. 132.

ments nouveaux survenus soit chez lui soit dans le voisinage, tels par exemple que la création d'une usine, l'ouverture d'un théâtre ou d'une fabrique quelconque.

Il ne faudrait pas toutefois entendre cette obligation avec trop de rigueur; car ici l'assuré mérite toute faveur et peut fort bien ne pas connaître l'existence de ces changements, ou tout au moins ignorer que, d'après les réglements de la compagnie, ils sont de nature à modifier l'opinion du risque.

Enfin, et à plus forte raison, l'assuré doit s'abstenir de faire dans le bâtiment assuré des changements ou constructions qui multiplieraient les risques. — C'est ainsi qu'il ne pourrait établir dans les bâtiments assurés une usine, une profession, une manipulation quelconque, quelque modeste au reste que soit la condition de la nouvelle industrie (1). Il ne pourrait, par exemple, établir un séchoir; (2) introduire des ouvriers chanvriers dans une grange (3); installer un peintre pour décors de théâtre dans un hangar; (4) mettre en activité une distillerie; (5) ouvrir un débit de vin ou d'eau-de-vie (6).

En sens contraire, on a décidé que l'introduction momentanée dans les lieux assurés d'une locomobile pour y mettre en mouvement une machine à battre ne constitue pas une aggravation de risques de nature à entraîner la suspension de l'assurance, alors surtout que le battage à la vapeur est passé dans les habitudes des cultivateurs de la contrée, depuis une époque antérieure au contrat (7).

---

(1) Dijon 21 décembre 1875. Ass. 76 p. 220.

(2) Colmar 14 juin 850. Ass. 150, p. 165.

(3) Paris 24 mai 1850. Ass. 51, p. 42.

(4) Paris 24 juin et 1er juillet 1854. Ass. 54, p. 304.

(5) Trib. de Toulouse 30 juillet 1853. Ass. 54, p. 18.

(6) Bordeaux 16 juillet 1853. Ass. 53 p. 220.

(7) Trib. de Sens 28 avril 1869. D. 70 3. 16.—Trib. de Provins 22 avril 1869 D. 78. 2. 163.

L'assuré ne peut pas non plus déplacer les objets assurés, transporter, par exemple, des meubles d'une maison dans une autre (1).

Dans tous ces cas, l'assuré doit, aux termes des polices (2), déclarer les risques nouveaux à la compagnie et faire mentionner sa déclaration sur sa police.

La compagnie se réserve alors le droit de résilier la police par une simple notification ou de continuer le contrat, avec ou sans augmentation de prime.

Faute de faire cette déclaration l'assuré est déchu de tous droits à l'indemnité ; mais il est bien entendu qu'il est réservé aux tribunaux d'apprécier si le fait à été, oui ou non, de nature à modifier le risque. Leur appréciation à cet égard est souveraine et échappe à la censure de la Cour de Cassation (3). Mais la déchéance est opposable par l'assureur, à la seule condition de prouver les faits prohibés par la police ; c'est à l'assuré qu'il incombe d'établir que la modification n'avait pas une importance suffisante pour entrainer l'aggravation de risques, prévue par la police (4).

Quand la maison est louée et que le locataire aggrave les risques, c'est au propriétaire à faire la déclaration. Si le propriétaire peut connaître difficilement cette aggravation, l'assureur peut encore moins la connaitre ; c'est donc au premier à surveiller sa chose et à distinguer quand l'industrie des locataires augmente les chances de feu dans les lieux loués.

L'assureur est donc dans tous les cas en droit d'invoquer la déchéance. Il conserve ce droit, alors même que la compagnie connaissait par ses agents le changement des lieux et a continué cependant à percevoir la prime afférente à l'état an-

---

(1) Paris 14 novembre 1872. Ass. 74, p. 140.
(2) Nationale art. 8 et 10.
(3) Cass. 12 mai 1873. D. 73. 1. 162.
(4) Toulouse 21 février 1872. D. 72. 2. 176.

cien. Rien n'obligeait en effet la compagnie à faire des réserves dans ses quittances ; elle restait dans les termes absolus du contrat, armée de ses clauses impératives, savoir : la suspension de plein droit des effets de l'assurance et la déchéance encourue sans aucune notification (1).

Lorsqu'au contraire les risques diminuent, les compagnies se réservent le droit de réduire le montant de l'assurance et de résilier la police dans le cas ou l'assuré n'accepterait pas la réduction,

Mais c'est là un droit réciproque, car on ne saurait admettre qu'un assuré puisse payer une prime pour un risque qui n'existe plus.

SECTION TROISIÈME

Des obligations de l'assuré en cas de sinistre.

Aussitôt que l'incendie se déclare, l'assuré doit employer tous les moyens en son pouvoir pour en arrêter les progrès et pour sauver les objets assurés,

Mais il n'y a là qu'une obligation purement morale, dépourvue de tout sanction et qui n'autoriserait pas l'assureur à refuser pour ce motif le paiement de l'indemnité (2).

La compagnie tient compte à l'assuré de tous les frais qu'il justifiera avoir fait pour arrêter les progrès du feu

L'assuré doit, à l'instant même, donner avis de l'événement au représentant de la compagnie (3).

---

(1) Paris 5 mai 1875 Ass. 76 p. 180.

(2) Alauzet 506 — Contra. Paul. Ass. Terr. n° 168 ; cet auteur ne donne aucun motif à l'appui de son opinion.

(3) Nationale art. 13.

Dès que le sinistre est consommé, et dans le plus bref délai, l'assuré doit, à ses frais, en faire la déclaration devant le juge de paix du canton, qui en dresse acte. Cette déclaration doit indiquer l'époque précise de l'incendie, sa durée, ses causes connues ou présumées, les moyens pris pour en arrêter les progrès, ainsi que toutes les circonstances qui l'ont accompagné ; elle indique encore la nature et la valeur approximative du dommage.

Une expédition en forme, est transmise sans délai soit à l'agent de l'arrondissement soit au directeur de la compagnie (1).

Cette formalité à pour but de faciliter aux assureurs les vérifications qu'ils ont le droit de faire et de leur permettre de contrôler utilement les déclarations de l'assuré.

Le juge de paix dresse acte de cette déclaration ; mais il n'a reçu de la loi aucun mandat pour la contrôler ; tandis que dans les assurances maritimes, le juge doit vérifier et procéder à une enquête.

Cette déclaration doit, à peine de déchéance, être faite à très bref délai : « Si dans les quinze jours de l'incendie, l'assuré n'a pas transmis les pièces, exigées par le présent article, il est déchu de tous ses droits contre la compagnie à moins d'impossibilité constatée (2). » Après le sinistre, l'assuré est tenu de justifier à la compagnie ou à son agent, par les moyens et documents en son pouvoir, de l'existence et de la valeur des objets assurés au moment de l'incendie, ainsi que de la réalité et de la valeur du dommage (3).

Les dommages d'incendie sont réglés de gré à gré, ou évalués en suite d'enquête ou d'expertise contradictoires par deux experts choisis par la parties, soit sur les lieux

---

(1) Nationale art. 14.
(2) Nationale, Assurances générales, Phénix : art. 14
(3) Nationale art. 16.

soit ailleurs... Les frais d'expertise sont supportés par moitié entre la compagnie et l'assuré (1).

Ainsi donc, et c'est là un point essentiel, l'assuré, quelque soit l'estimation portée dans la police, n'a jamais droit qu'au remboursement des objets, qui ont été détruits; et c'est à lui qu'incombe la charge de prouver à la fois et la perte des objets et l'étendue du dommage.

On se montre au reste, en matière d'assurances, très large dans l'admission des preuves « In materiâ assecurationis leviores et quæ possunt haberi admittuntur probationes (2). » C'est qu'en effet l'incendie est, d'une part, un fait de notoriété publique et de force majeure, et que, d'autre part, l'assuré n'arriverait jamais à établir sa preuve par les moyens du droit civil.

Les factures, la preuve testimoniale, le serment et même la commune renommée seront donc admis comme moyens de preuve. On est forcé par la nature des choses de se contenter des preuves les plus légères puisque l'incendie a pu détruire souvent la preuve littérale elle même (3).

Les juges ont un pouvoir discrétionnaire pour apprécier les documents qui leur sont fournis. Il suffit qu'ils acquièrent une certitude morale de la perte pour qu'ils puissent condamner l'assureur à la réparer (4). On procède à une expertise; mais cette expertise n'a pas pour effet d'obliger les parties à se soumettre à l'appréciation du risque. Elle ne les lie pas et ne peut avoir les effets d'une sentence arbitrale. Chacune d'elles conserve donc le droit de s'adresser à la justice pour faire fixer l'indemnité à un taux autre que celui qu'ont indiqué les experts (5).

---

(1) Nationale art. 17

(2) Casaregis disc X n° 4 — Rote de Gênes, dec. 36 n° 4.

(3) Alauzet 199 et 502. — Boudousquié 250. — Quesnault 240 et sqq. — Persil 10 et 106 — Paris 10 mars 1836. D. 37, 2. 146.

(4) Grün et Joliat p. 101 — Goujet et Merger v° Ass. Terr. n° 141 — Cass. 13 juillet 1837. P. 1838 p. 126.

(5) Rouen 17 avril 1861. Ass. 63 p. 58 — Trib. du Hâvre 25 avril 1865. Ass, 66. p. 13.

L'expertise ne constitue au reste qu'une mesure provisoire qui ne préjuge en rien la question de fonds. On ne saurait donc voir dans le fait d'y concourir une renonciation de la compagnie à invoquer une déchéance quelconque (1).

Les parties doivent toutefois y être toutes convoquées et ainsi mises à même d'assister à toutes les constatations essentielles. Leur présence est nécessaire pour suivre les opérations et présenter leurs observations et moyens de défense. La partie non prévenue aurait le droit de faire écarter des débats une expertise, à laquelle elle n'aurait pas été appelée (2).

Nous consacrerons aux moyens, employés pour fixer le taux de l'indemnité des développements plus considérables, lorsque nous étudierons les obligations de l'assureur.

L'assuré qui exagère sciemment le montant des dommages, celui qui suppose détruits par le feu des objets qui n'existaient pas au moment du sinistre, celui qui dissimule ou soustrait tout ou partie des objets sauvés, celui qui emploie comme justification des moyens ou documents mensongers ou frauduleux, est entièrement déchu de tout droit à une indemnité (3).

Cette clause de déchéance est écrite dans toutes les polices ; et sa parfaite validité ne saurait être mise en doute (4), Mais il faut, remarquons le bien, pour que l'assuré l'encoure, que sa mauvaise foi soit établie, que les exagérations aient été volontaires et conséquemment frauduleuses et n'aient pas constitué de simples inexactitudes (5).

Mais du moment où l'assuré a frauduleusement exagéré l'importance du sinistre dans sa déclaration devant le juge

---

(1) Paris 27. décembre 1859. Ass. 61. p. 166 —Trib. de la Seine 18 juillet 1871 Ass. 71 p. 285.

(2) Paris 9 janvier 1869 Ass. 70 p. 422.

(3) Nationale art. 16.

(4) Cass. 11 mai 1869. D. 69. 1. 418.

(5) Rouen 8 Janvier 1864 Ass. 65. p. 21.—Bordeaux 30 mai 1877. Ass. 78 p. 1.—Trib. de comm. de la Seine 29 novembre 1879. Ass. 88 p. 135.

de paix ou dans l'état fourni à la compagnie, la clause de déchéance est encourue, encore que dans sa demande introductive d'instance il ait réduit le chiffre d'abord annoncé.

Mais quelle sera l'étendue de cette déchéance ? Une discussion très intéressante est soulevée sur ce point.

Une même police peut s'appliquer en même temps à plusieurs objets. Un assuré peut, par exemple, faire garantir en même temps et dans la même police son mobilier et ses risques locatifs, ses meubles et ses immeubles, divers corps de bâtiments, avec répartition de la somme assurée en différents articles. — Dans ces conditions, s'il vient à encourir une déchéance, soit pour exagération du montant du sinistre soit même pour toute autre cause, (car la question qui se pose est générale) cette déchéance doit-elle s'appliquer à tous les objets compris dans la police et frapper de nullité cette police tout entière ? Ne doit-elle pas au contraire être restreinte aux objets à propos desquels elle a été encourue, sur lesquels, par exemple, l'assuré a fourni des déclarations volontairement inexactes.

Une jurisprudence, presque constante, a longtemps décidé et décide encore que la déchéance est indivisible et qu'elle atteint le contrat d'assurances dans son ensemble, et non pas seulement dans la partie sur laquelle portait la fraude ou le mensonge (1).

« Attendu, dit un arrêt de la cour de Toulouse du 3 décembre 1877, que si les objets, compris dans le contrat d'assurance et la clause pénale, sont susceptibles d'une division soit réelle soit intellectuelle, l'objet et le but du contrat d'assurances est un...; que, s'il y a dans la police des articles séparés, c'est uniquement pour fixer leur valeur particulière en prévision du sinistre et déterminer le taux des primes ; mais que les primes convenues sont totalisées à la fin de la police et

---

(1) Bordeaux 16 mai 1854. Ass. 54 p 216—Paris 27 décembre 1859. Ass. 61 p. 166—Dijon 21. décembre 1875 Ass. 76 p 220—Toulouse 3 décembre 1877 Ass. 78 p 84.

forment deux obligations réciproques qui sont la cause l'une de l'autre, émanant de deux volontés simultanément exprimées et constituant en réalité une convention unique et indivisible.... ; que les compagnies, en stipulant que l'assuré fera une déclaration sincère et loyale et que l'inaccomplissement de cette condition fera défaillir son obligation a voulu s'assurer la loyauté et la bonne foi de son co-contractant et le contraindre à faire une déclaration vraie dans son entier... qu'une pareille stipulation et une pareille promesse sont indivisibles et par leur nature et par l'intention des parties. »

Ces principes, longtemps consacrés par une jurisprudence presque unanime, nous paraissent manquer absolument d'exactitude.

La divisibilité est, pour nous, à moins de convention spéciale et formelle, la véritable doctrine de droit commun. Toutes les fois qu'on se trouve en face d'un moyen de nullité, de résolution ou de déchéance, qui n'affecte pas nécessairement le contrat dans son essence même, nous ne pouvons y voir qu'une clause pénale, dont il faut restreindre l'application à la partie de l'assurance, à laquelle s'applique la faute pour laquelle cette pénalité a été édictée.

Nous ne voyons pas trop quelle raison il y a d'écarter ici une divisibilité qui est conforme à la réalité quant aux éléments matériels du contrat, et parfaitement compatible avec le point de vue sous lequel ils paraissent avoir été envisagés : *dividuum tam naturâ quam contractu.*

Pourquoi étendre une déchéance qui a été prévue pour un cas spécial et comme punition d'une faute qui ne peut s'appliquer qu'à certaines spécialités de l'obligation à d'autres obligations, que la faute prévue et punie ne devait point affecter et quelquefois même ne pourrait atteindre.

Si la même police d'assurances s'applique à des objets distincts par leur nature, par leur situation, ou par la condition de l'assurance, cette police se divise à notre avis en autant de conventions qu'ils y a d'objets distincts ou de risques différents assurés. La réunion de ces risques dans le même contrat ne constitue qu'une rencontre purement fortuite. Rien n'obligeait l'assuré à les réunir dans la même police; et il lui aurait suffi, s'il avait connu le danger auquel il s'exposait, d'assurer ses risques locatifs la veille et son mobilier le lendemain.

Nous déciderons donc, conformément à la nature même des choses et à l'intention probable des parties, que la fausse déclaration de l'assuré n'entraine la nullité de l'assurance que pour les conventions particulières, relatives à la chose objet de la fausse déclaration.

Cette solution nous parait au reste avoir été consacrée par les arrêts les plus récents (1).

---

(1) Trib. de la Seine 5 décembre 1861. Ass. 63. p. 101 — Paris 20 juillet 1863 Ass. 64 p. 45 — Douai 28 mars 1877, Ass, 77. p. 453 — Dijon 12 février 1872. D. 73. 2, 348 — Voyez surtout sur ce point une consultation de M. Alfred Morise. Avocat à Paris Ass 57 p. 145.

CHAPITRE QUATRIÈME.

DES OBLIGATIONS DE L'ASSUREUR

Les obligations de l'assureur peuvent se résumer en une seule : la réparation du dommage causé par l'incendie.

L'incendie s'entend de tout accident causé par la combustion et par l'action directe du feu. Mais il ne faut pas croire que les compagnies assurent contre tous les effets du feu. Il ne viendrait à l'idée de personne de réclamer à une compagnie le montant des dégâts occasionnés par une chaleur excessive tels, par exemple, qu'une fente survenue dans un tableau ou la fusion des couleurs. Chacun reconnaitrait que dans ce cas la responsabilité de la compagnie ne se trouve pas engagée. Il faut, pour qu'elle le soit, cette conflagration, cette expansion de flammes, qui, dans le langage usuel comme d'après la définition de tous les dictionnaires, constitue ce qu'on appelle un incendie.

En résumé les compagnies répondent des dommages causés par l'incendie. Il faut, pour qu'elles soient responsables, qu'il y ait eu un incendie ; mais dès lors, dans le cas d'un embrasement général par exemple, alors même que certains objets n'auraient pas été touchés par les flammes, il n'en faudrait pas moins décider que leur détérioration, résultat de l'incendie, devrait être tenu en compte dans l'appréciation du sinistre.

On s'accorde à ranger aussi dans la catégorie des dégâts causés par l'incendie, et dont la compagnie répond au même titre : les démolitions, ordonnées par l'autorité compétente pour arrêter les progrès du feu ; (1) et les dégâts causés par les pompiers et le jeu de la pompe à incendie. Au reste cette question, qui aurait pu donner lieu à controverse, reçoit dans l'usage une solution conforme aux principes. Les statuts de toutes les compagnies rendent en effet les assureurs responsables de tous les dommages, causés par l'incendie, même quand il n'y a pas eu action immédiate du feu sur l'objet endommagé « Si les batiments assurés par la compagnie sont endommagés ou détruits par ordre de l'autorité pour arrêter les progrès d'un incendie, la compagnie rembourse le dommage (2). »

L'assureur prend à sa charge tous les risques d'incendie; et peu importerait en principe les causes qui l'auraient produit: les unes sont la suite d'un cas de force majeure, comme la foudre ou les tremblements de terre, les autres sont le résultat de la faute, ou de l'imprudence de l'homme. L'assureur répond en principe des unes et des autres. Mais les compagnies, comme nous le verrons plus loin, restreignent d'ordinaire leur responsabilité par des clauses expresses de leur police.

Quelle serait la situation de l'assureur si la faute provenait de l'assuré lui-même ? Celui-ci pourrait-il réclamer la réparation des dommages dont il a été l'auteur imprudent ?

Deux systèmes se sont produits sur ce point.

Dans une première opinion, on refuse à l'assuré tout recours contre la compagnie. Autoriser l'assuré à se garantir contre ses propres fautes, ce serait, dit-on, l'encourager à d'imprudentes négligences et amener l'anéantissement de richesses que des soins plus vigilants auraient conservées.

---

(1) Il en serait autrement dans certains cas, si les démolitions avaient étaient faites par les voisins effrayés, de leur autorité privée, pour prévenir les dangers dont leur maison était menacée.

(2) Nationale art. 15.

Une telle stipulation serait contraire à l'ordre public. Telle était d'ailleurs la théorie consacrée par l'ancien droit. L'ordonnance de 1681 relevait l'assureur du paiement des indemnités, lorsque le dommage provenait du fait ou de la faute de l'assuré. C'est qu'en effet, disait Emerigon, il serait intolérable que l'assuré s'indemnisât sur autrui d'une perte dont il serait l'auteur. Telle est encore la solution de notre droit moderne. L'article 352 du code de commerce porte que: « les dommages causés par le fait et faute des propriétaires, affréteurs ou chargeurs, ne sont point à la charge des assureurs » Cet article n'est écrit, il est vrai, que pour les assurances maritimes ; mais comme il n'est que la consécration d'une règle élémentaire de justice et d'équité, il doit sans difficulté s'appliquer aux assurances terrestres (1).

MM. Grün et Joliat, qui ont enseigné cette opinion, font toutefois observer que, toute perte étant censée être le résultat d'une force majeure si le contraire n'est prouvé, les assureurs ne peuvent opposer en principe à l'assuré sa faute, que si elle est évidente ou a été reconnue par jugement ; et ils ne se dissimulent pas que cette preuve sera dans la plupart des cas impossible.

Ce système est aujourd'hui presque universellement repoussé. On s'accorde généralement à admettre que l'assureur est responsable de l'incendie, alors même qu'il aurait été provoqué par l'imprudence ou la négligence de l'assuré.

C'est là une solution qui s'impose, pour peu que l'on tienne compte de l'intention des parties. Les incendies proviennent en effet presque toujours de l'imprudence des habitants de la maison incendiée ; si, dans l'assurance terrestre, les événements de force majeure proprement dits donnaient seuls naissance à l'obligation de l'assureur, la garantie cherchée dans le contrat deviendrait purement illusoire et la prime constituerait presque une véritable libéralité. Il n'y au-

---

(1) Grün et Joliat n° 560.

rait plus en réalité que l'embrasement par la foudre ou communiqué par une maison voisine, qui se trouverait couvert.

Rejeter à la charge de l'assuré des imprudences que l'homme le plus précautionné peut quelquefois commettre, ce serait interpréter le contrat dans le sens avec lequel il ne peut produire aucun effet ; car l'assureur arriverait, dans la plupart des cas, à établir que l'incendie provient de la faute ou de la négligence de l'assuré et que le hasard seul ne lui a pas donné naissance : *Incendia plerumque fiunt culpâ inhabitantium*.

Il faut donc admettre que la convention comprend, d'après la coutume universelle et malgré le silence de la police sur l'étendue des risques, la garantie des dommages résultant de la faute de l'assuré ou des personnes habitant avec lui.

Et en fait les assureurs, il faut leur rendre cette justice, n'ont jamais soulevé aucune contestation sur ce point (1)

Il en est autrement, il est vrai, pour les assurances maritimes. L'article 352 du Code du commerce décharge les assureurs de toute responsabilité, lorsque le dommage est provenu du fait ou de la faute de l'assuré. Mais il n'y aucune raison d'étendre cette décision aux assurances terrestres.

La situation est en effet profondément différente. L'armateur, le propriétaire du navire ou de la cargaison n'ont en vue que les accidents de force majeure, les hasards nombreux qui peuvent assaillir le navire en cours de navigation.

La volonté de l'homme est impuissante, à les provoquer, à en tempérer les résultats ; voilà pourquoi le législateur interprétant l'intention des parties, met à la charge de l'assuré ses propres fautes et celles de ses agents (art 352 et 353). Mais en matière d'assurances terrestres, le risque par sa nature même provient le plus souvent de l'imprudence ou de la négligence, et il est naturel de supposer que l'assuré a

---

(1) Fremery, Etudes de droit commercial — Persil n°s 16, 17 et 18.

cherché à se garantir contre une cause aussi fréquente de perte.

En résumé, on peut, croyons nous, poser en principe que l'assuré s'est fait décharger par la police de toute responsabilité résultant de son fait propre, ou du fait des personnes placées sous ses ordres.

Il ne faudrait pas cependant étendre trop cette règle. Car l'assuré devrait supporter le dommage qu'il a causé par sa faute quand cette faute est tellement lourde qu'évidemment, s'il n'eut pas été assuré, il ne se fût pas abandonné à cet excès de négligence. Il serait en effet contraire à l'ordre public et aux bonnes mœurs que l'assuré pût se faire garantir contre des actes qui revêtent toutes les apparences d'un délit. Aussi la Cour de Cassation déclare-t-elle radicalement nulle la clause qui affranchirait l'assuré de sa faute lourde (1).

L'assurance ne garantit donc l'assuré que contre la suite de ses imprudences et négligences ordinaires et non contre les conséquences d'une faute lourde, assimilable au dol. Mais les compagnies ne sont point admises, en cas de sinistre, pour se soustraire à l'obligation de payer l'indemnité stipulée, à alléguer seulement que l'incendie aurait été le résultat d'une imprudence grave ou d'une faute lourde de l'assuré ; elles doivent prouver que cet incendie est le résultat soit de la faute lourde et intentionnelle, soit du dol de l'assuré (2).

C'est aux tribunaux qu'il appartient d'apprécier souverainement si la conduite de l'assuré constitue une faute assez lourde pour dégager la compagnie de sa responsabilité. Il y a là une pure question de fait qui échappe à la censure de la Cour de Cassation.

On a, par exemple, regardé comme une faute lourde, le

---

(1) Cass. 15 Mars 1876. D. 76. 1. 449.—Contra Caen, 18 avril 1874 (arrêt cassé) Ass. 76 p. 121—Alauzet 161 et 507.—Toullier II. p. 254

(2) Douai 5 aout 1867. D. 68. 2. 29 — Poitiers 12 mai 1875. D. 76. 2. 239.

fait d'avoir placé une locomobile près d'une grange (1) ; le fait par un chauffeur d'avoir activé si violemment le feu que l'incendie des pailles et des gerbes était inévitable (2).

On ne considérerait pas au contraire comme constituant une faute lourde, le fait par un individu aliéné, privé de tout discernement, d'avoir mis le feu à la maison qu'il a fait assurer. Ce fait constitue un cas de force majeure, qui rentre à moins d'exclusion expresse, dans l'ensemble des risques que l'assurance a pour but de garantir. Il n'y a en effet, dans l'acte de l'insensé qu'un fait matériel inconscient. Le mal qu'il cause, dit Proudhon qui reproduit la loi romaine (§ 2 *ad legem Aquiliam*) est comparé dans le droit au dommage qui peut résulter de la chute d'une tuile poussée par le vent (3).

Il en serait autrement toutefois si l'assuré avait reçu chez lui une personne atteinte d'aliénation mentale, qui aurait du éveiller l'attention et la sollicitude et provoquer une surveillance spéciale: l'incendie, allumé par cette personne, devrait alors être attribué à la négligence et à l'imprévoyance et ne saurait constituer un cas de force majeure (4).

Nous ne pensons pas qu'il y ait lieu d'établir de règles spéciales pour les cas ou l'incendie serait provenu d'infractions aux lois, ordonnances et réglements de police, ayant pour but de prévenir des accidents, comme par exemple d'un défaut de ramonage ou de l'inexécution des prescriptions imposées aux détenteurs de certaines matières inflammables (décret du 18 avril 1866). Ces infractions ne constituent que de simples contraventions, entrainant dans certains cas l'application d'une peine ; mais de ce fait, il ne résulte pas nécessairement une action civile ; et les juges auraient toujours à

---

(1) Paris 24 mai 1850 Ass. p. 42 — Lyon 11 Oct. 1862. Ass. 63 p. 20 — Bourges 11 Aout 1874. Ass. 74 p. 478.

(2) Paris 24 Aout 1850. D. 51. 2. 139.

(3) Cass. 18 janvier 1870. D. 71. 1. 55.

(4) Lyon 7 Janvier 1858. Ass. 58 p. 185

apprécier, d'après les circonstances de la cause, si l'assuré s'est rendu coupable, dans l'espèce, de dol ou d'une faute assez lourde pour y être assimilée (1).

L'assureur est-il tenu des pertes qui proviennent du vice propre de la chose (2) ?

Certaines denrées, le charbon par exemple, sont sujettes à s'enflammer d'elles-mêmes; les accidents qui peuvent en résulter, à supposer bien entendu qu'il y ait eu incendie, entrainent-ils la responsabilité des assureurs ?

Aux termes de l'article 352 du Code de commerce, l'assureur maritime est déchargé de toutes les pertes provenant du vice propre de la chose.

Cette décision doit-elle être étendue aux assurances terrestres? Nous ne le pensons pas ; car la situation que règle l'article 352 est tout à fait distincte de celle qui nous occupe. Sous prétexte d'avaries, de mauvais état ou de suite de voyages, bien des difficultés auraient pu être soulevées contre les assureurs maritimes; et l'on conçoit dès lors que le législateur ait cru devoir établir une règle à suivre en cette matière. Mais venir dire que dans les assurances terrestres, et spécialement en cas d'incendie, le vice de la chose pourra être allégué contre l'assuré ce serait dénaturer la convention des parties.

Sans doute, les risques sur certaines denrées sont considérables; sans doute, certains corps sont de nature à s'enflammer spontanément ; mais les compagnies doivent apprécier les dangers et augmenter proportionnellement les primes.

Du moment ou elles ont accepté l'assurance, et ou de son

---

(1) Persil n° 21.—Toullier II p. 177. — Poitiers 12 mai 1875. D. 76. 2. 139.

(2) Par vice propre de la chose on entend des détériorations ou pertes qui arrivent par des accidents auxquels cette chose, même en la supposant de la plus parfaite qualité dans son genre, est sujette par sa nature: du vin qui s'aigrit par exemple, ou un las de charbon qui s'enflamme (Pardessus. Dr. Cal. n° 590). Ces mots ne signifient donc pas une conformation vicieuse, par l'effet de laquelle une chose porte en elle-même la cause d'une destruction, qui ne serait pas arrivée si sa composition eût été meilleure.

côté, l'assuré n'a omis aucune des déclarations, qui pouvaient faire connaitre la nature et le vice de la chose assurée, l'incendie qui provient du vice propre de la chose reste au nombre des risques prévus par le contrat et garantis par l'assureur (1).

Par application de ce principe, la Cour de Paris a déclaré les compagnies responsables en cas de combustion spontanée d'un tas de charbon (2). En fait d'ailleurs, les assureurs ne songent pas souvent à argumenter du vice propre de la chose. Leurs tarifs s'élèvent ou s'abaissent suivant les catégories d'objets assurés et les dangers qu'ils présentent. Elles excluent même de leur garantie certains objets qui leur paraissent présenter trop de chances d'incendie, les fabriques de poudre à tirer par exemple.

Les compagnies excluent aussi, par stipulations formelles, certaines causes de risque. C'est ainsi que les polices contiennent en général une clause, aux termes de laquelle « En cas d'explosion ou de détonation, la compagnie ne répond que des dégâts d'incendie qui en sont la suite (3).

Ce texte parait clair et précis ; il ne laisse pas cependant que de soulever dans l'application des difficultés excessivement délicates; et les tribunaux ont, sur ce point, souvent varié dans leurs appréciations Voici quel est, pensons nous, l'état actuel de la Jurisprudence. De deux choses l'une:

Ou l'explosion est précédée et causée par un incendie ou un commencement d'incendie, ou bien au contraire l'explosion a précédé l'incendie et lui a donné naissance.

Dans le premier cas, la compagnie est responsable de tous les dommages indistinctement sans qu'il y ait lieu de rechercher s'ils proviennent de l'incendie ou de l'explosion,

---

(1) Alauzet 168 et 457 — Boudousquié n° 302. — Nous devons dire toutefois que la loi belge. (Titre X ch. 3 art 18.) exclut de la garantie les pertes ou dommages résultant immédiatement du vice propre de la chose.

(2) Paris 22 juin 1875, Ass. 75 p. 345

(3) Nationale. art. 2.

parce que l'explosion n'est alors qu'une conséquence directe de l'incendie. C'est ce qui est arrivé lors d'un sinistre récent, dans l'affaire Poirier. Le tribunal de la Seine (1) constate que l'explosion a été produite par une lumière que l'ouvrier a par imprudence approchée de matières inflammables et qu'on a vu, avant l'explosion, jaillir des gerbes de flammes; et, ce point de fait acquis, il pose en principe que tous les dommages qui ont suivi ont été le résultat du feu, qui a été la cause déterminante du sinistre et doivent par conséquent être supportés par les compagnies d'assurances, sans qu'il y ait lieu de distinguer entre ceux qui ont été occasionnés par l'explosion et ceux qui sont dûs à l'incendie.

Mais remarquons bien qu'il faut pour que cette solution soit applicable, qu'il y ait eu réellement incendie, et on ne saurait regarder comme incendie le fait d'une étincelle qui, tombant sur un baril de poudre ou de picrate de potasse, en a causé l'explosion. Dans ce cas les compagnies ne seraient pas plus responsables que si cette explosion avait été occasionnée par la percussion d'un corps quelconque. Les compagnies assurent en effet contre l'incendie et non pas contre tous les effets du feu.

Dans la seconde hypothèse, lorsque l'explosion a précédé l'incendie et lui a donné naissance, la solution est toute différente. Il faut alors distinguer entre les pertes qui résultent de l'explosion et celles qui ont été causées par l'incendie : ces dernières seules tombent à la charge de l'assureur. C'est ce que la Cour de Paris a décidé, à l'occasion de la catastrophe de la rue de la Sorbonne (2).

« Lorsqu'un sinistre survient par suite d'une explosion, il y a lieu de rechercher si l'incendie a précédé, ou non, l'explosion et quelle part doit être faite à chacune des causes du sinistre dans les dommages dont la réparation est

(1) 31 janvier 1876. Ass. 77 p. 129.
(2) 13 août 1872. D 73. 2. 220.

demandée; et si, après la constatation, l'inflammation et l'explosion doivent être considérées comme un fait simultané et indivisible, on peut établir par les documents de la cause les pertes qui doivent être attribuées à l'incendie ou à l'explosion et par suite fixer le chiffre de l'indemnité, due par les assureurs. »

Les compagnies ne répondent pas non plus des incendies occasionnés par guerre, invasion, émeute ou force militaire quelconque (1).

Le cas de guerre est en effet un cas spécial, anormal, offrant à la matière des assurances des conditions tout à fait différentes des conditions ordinaires échappant à toutes les appréciations qui règlent d'habitude l'évaluation de la prime. Répondre de ces risques, dont l'étendue échappe à toute prévision, serait pour l'assureur bouleverser l'économie du contrat d'assurance. Ce serait le renversement absolu des règles de prudence qu'il doit s'imposer, aussi bien dans son propre intérêt que dans celui de ses assurés. Au lieu de risques permanents, divisés, soumis à une sorte de régularité périodique, offrant d'une année à l'autre des variations peu sensibles qu'un fonds de réserve suffit à couvrir et à équilibrer, il se trouverait en présence de risques énormes, dépassant toute prévision et mettant en péril la prospérité la plus solidement établie. Aussi les compagnies ne peuvent-elles, aux termes de leurs statuts, répondre des incendies résultant de faits de guerre ou d'émeute.

De nombreuses difficultés se sont élevées sur l'étendue qu'il convient de reconnaître à cette restriction, et il est bien difficile, en présence du grand nombre et de la diversité des espèces qui peuvent se présenter, de trouver une définition absolue, un criterium qui puisse servir de base sur ce point à une théorie bien nette.

(1) Nationale art. 2.

. Tout se résout en réalité en une question d'espèce, de fait, dont l'appréciation absolue rentre dans le domaine des tribunaux et échappe absolument à la censure de la Cour de Cassation (1).

La question, se trouvant ainsi ramenée à une simple interprétation de convention, perd beaucoup de son intérêt pour le jurisconsulte. Elle est toutefois si importante et a donné lieu à de si graves difficultés qu'il est impossible de ne pas lui consacrer un examen approfondi (2).

Quels sont donc les caractères distinctifs du fait de guerre? Il y a d'abord certains cas sur lesquels tout le monde est d'accord. Un projectile, lancé pendant le bonbardement d'une ville, tombe sur une maison et y met le feu ; les soldats ennemis incendient volontairement un bâtiment : personne ne doute que dans de semblables circonstances l'assureur ne soit exempt de responsabilité.

Mais faut-il s'arrêter là, la compagnie ne sera-t-elle exonérée que dans le cas unique où le sinistre aura été causé *manu militari*, par un acte de force majeure ou de contrainte, par un de ces faits qui constituent une manifestation violente ou autoritaire?

C'est ce qu'a pensé la Cour de Besançon (3) : « Considérant que la responsabilité à la charge de l'assureur embrasse tous les cas non formellement exceptés ; que les exceptions doivent toujours s'interpréter restrictivement ; que dans l'intention, des parties l'exception mentionnée pour les incendies occasionnés par la guerre, n'a pu s'entendre que des risques ayant pour cause directe un fait matériel de guerre, un conflit quelconque entre belligérants et non des événements, qui, même accomplis pendant l'état de

---

(1) Cass. 16 juillet 1872. D. 73. 1. 97.

(2) Les éléments de cette discussion se trouvent dans une savante étude de Mᵉ A. Léger, avocat. Ass. 71 p. 20 ; et dans une consultation de Mᵉ Champetier de Ribes, à laquelle ont adhéré Mᵉˢ Rousse et Allou. Ass. 71 p. 264.

(3) Besançon 26 et 28 juin 1871. Ass. 71 p. 261.

guerre, ne sont pas le résultat des opérations militaires ;... que comprendre dans cette exception tout sinistre se rattachant même indirectement à la guerre serait lui donner une portée contraire aux prévisions de la clause et à la volonté des parties ;... qu'on ne saurait l'étendre à des modifications volontaires et accidentelles, notamment à l'augmentation temporaire du nombre des habitants, étrangers ou non, se trouvant dans l'immeuble assuré...... »

Cette théorie donnait une interprétation trop étroite à la clause des polices; aussi a-t-elle été repoussée, et à bon droit, par presque tous les tribunaux. Il est en effet constant qu'il existe des cas ou, indépendamment de toute lutte actuelle, la garantie de l'assureur ne saurait cependant se trouver engagée. Dans une ville envahie, par exemple, l'ennemi prend possession d'une maison pour y placer ses troupes. Pendant cette occupation la maison est détruite par un incendie, provenant de la négligence ou de l'imprudence des soldats qui s'y trouvent installés. N'est-il pas évident que l'assureur ne sera pas tenu des dommages ? car il n'est pas admissible que la commune intention des parties ait été de comprendre dans la garantie de pareilles éventualités qui sont évidemment tout à fait en dehors des éléments d'après lesquels ont été fixés les tarifs des compagnies d'assurances ?

Nous pensons trouver, à cet égard une appréciation bien exacte dans une consultation de Me Champetier de Ribes :
« Est-il constant, dit-il, que les Prussiens ont été amenés dans cette maison eux et leurs bêtes par la guerre et rien que par la guerre ? que c'est la guerre qui leur a permis d'envahir ce domicile et cette écurie, de s'y comporter en maître, de substituer leur autorité tyrannique et irresponsable à l'autorité vigilante du propriétaire ? Cette occupation violente, est-ce le résultat de la guerre ? La guerre n'est-elle pas dès lors l'occasion directe et prochaine de cet incendie? Enfin n'est-il pas rigoureusement exact de dire que sans la

guerre cet incendie n'aurait pas eu lieu ? C'est justement cet état violent, anormal, menaçant, négation brutale de toutes les garanties ordinaires, ce souffle de dévastation qui sévit sur les pays livrés à l'invasion et sous lequel les incendies s'allument par milliers, c'est en un mot les risques incalculables résultant de la guerre que les compagnies ont entendu décliner. »

Il faudra donc, à notre avis, si un incendie survient, rechercher de bonne foi si cet incendie peut être attribué aux risques ordinaires de la propriété assurée ou s'il doit être considéré comme ayant été occasionné par la guerre, c'est-à-dire si sa nature est telle qu'il ne se serait pas produit sans être amené par la guerre.

Il est bon de remarquer toutefois qu'on ne peut étendre cette décision à certaines conséquences de la guerre trop éloignées ou trop indirectes. Ainsi dans les cas ou un soldat, logé isolément chez l'habitant en vertu des ordres de l'autorité, occasionne un incendie par sa négligence comme aurait pu le faire un hôte quelconque, on peut contester qu'il y ait là un fait de guerre dans le sens de la police.

Reste la question de la preuve. A qui incombera la charge de prouver que l'incendie est dû à un fait de guerre ? Il faut, pensons nous, appliquer ici les règles ordinaires de la preuve, car nous ne voyons pas de motifs assez puissants pour y déroger. Or la compagnie, en alléguant le fait de guerre pour éviter de remplir les conditions de la police, invoque évidemment une exception ; et dès lors c'est à elle qu'il appartient d'en établir l'existence : *Reus excipiendo fit actor* (1).

Mais elle pourra fournir cette preuve par tous les moyens possibles. Elle s'est en effet trouvée dans l'impossibilité de se procurer une preuve écrite, elle peut donc user de la

---

(1) Trib. de Pontoise, 2 janvier 1872. Ass. 72 p. 105. — Paris 17 août 1872. D. 73. 2. 97.

preuve testimoniale, à quelque somme que s'élève le sinistre. Et même si la compagnie se trouvait dans l'impossibilité de faire entendre, à l'appui de son exception, des témoins qui déclarent avoir vu s'accomplir le fait de guerre allégué, elle pourrait établir sa preuve, au moyen de présomptions graves, précises et concordantes laissées à l'appréciation souveraine du juge. Il lui suffira de démontrer que le sinistre a eu lieu dans des circonstances telles que tout fait présumer la réalité du fait de guerre. Et, une fois ce point acquis au débat, l'assuré ne pourrait avoir gain de cause que dans le cas où il prouverait à son tour que, malgré les apparences contraires, le sinistre a été occasionné par un fait autre que le fait de guerre présumé.

Eclairons cette théorie par un exemple. Des troupes ennemies occupent une maison que le propriétaire a été obligé de leur abandonner entièrement. Un incendie survient.

Si le fait de l'occupation est contesté, ce sera à la compagnie de le prouver. Mais si on suppose ce fait acquis aux débats, il y aura présomption que la cause du sinistre est le résultat de l'imprudence ou de la négligence des soldats logés dans la maison. Tout se résoudra, dit Mᵉ Champetier de Ribes, en dehors des circonstances de fait variables à l'infini, au point de savoir qui du propriétaire ou de l'envahisseur occupait en maître la maison incendiée. Si c'est le propriétaire, c'est lui qui sera présumé responsable ; si c'était l'envahisseur c'est sur lui que retombera la présomption de responsabilité. Et cette présomption, basée sur l'invraisemblance extrême qu'il y aurait à attribuer une autre origine à l'incendie, sera certainement de nature à être regardée par le juge comme ayant la force d'une preuve, si l'assuré n'est pas en mesure de la combattre et de la vaincre en prouvant que, nonobstant les probabilités militant en faveur de la compagnie, c'est cependant un fait indépendant de l'occupation ennemie qui a été la cause de l'incendie.

Cette solution a été admise par presque tous les tribunaux (1). La Cour de Besançon (26 et 28 juin 1871 suprà) avait cependant imposé à l'assureur la preuve directe d'un fait matériel de guerre; mais cette décision qui acculait les compagnies à une véritable impossibilité et aboutissait à leur faire payer tous les sinistres de guerre a été condamnée par tous les tribunaux ; et la Cour de Besançon elle même s'est, dans un arrêt suivant, rangée à l'opinion commune (2).

Peu importe d'ailleurs que les dégâts aient été pendant la guerre commis par des soldats français (3).

Les mêmes décisions sont applicables en cas d'émeute (4).

§ II. — Du temps et du lieu des risques.

Le temps est ordinairement déterminé par le contrat. La responsabilité de la compagnie commence généralement à courir du moment de la signature de la police, ou à dater du lendemain, et elle finit à l'expiration de la période pour laquelle l'assurance été consentie, le plus souvent à la fin de l'année.

Supposons qu'un incendie se soit déclaré quelque temps avant l'expiration du terme et se soit prolongé après cette expiration. Quelle est la part de responsabilité qui incombera à la compagnie ?

Devra-t-on se baser sur le laps de temps, compter *de momento ad momentum*, et dire que la réparation due par

---

(1) Tribunaux de : Nevers 29 décembre 1871 ; Ste Menehould 13 décembre 1871 ; Sedan (Co) 22 mars 1872 ; Rouen 24 janvier 1872 ; Péronne 27 décembre 1871 ; Briey 28 juillet 1871 ; Montargis 29 août 1871 ; Compiègne 1er décembre 1871. — Angers 9 février 1872. Ass. 72 p. 112 ; 10 avril 1872. D. 72, 1, 97 ; 1er août 1872 72 p. 363. Metz (séant à Mézières) 20 mars 1872. Ass. 71 p. 153. — Paris 16 juillet 1871. Ass. 71 p. 361. Amiens 10 décembre 1871. Ass. 71 p. 131.

(2) 2 février 1872. Ass. 72 p. 101.

(3) Dijon 4 décembre 1872. D. 73. 2. 97.

(4) Paris 3 août 1872. Ass. 72 p. 443.

l'assureur se calculera seulement sur les dégâts produits pendant la durée du contrat qui restait à courir? MM. Boudousquié (272) et Alauzet (461) pensent que l'incendie est censé avoir eu lieu en entier pendant la durée des risques par cela seul qu'il a éclaté avant leur expiration. Le risque en effet est indivisible ; ce qui suit le moment ou il a commencé en est inséparable et ne forme qu'un tout qu'on ne saurait fractionner.

Enfin le lieu des risques ne peut être changé, c'est d'ailleurs une clause contenue dans la plupart des polices. C'est ainsi que le mobilier assuré, qui garnit une maison, ne pourrait, à peine de déchéance, être transporté dans un autre immeuble que celui ou il a été déclaré être renfermé. Les compagnies ont un intérêt évident à défendre ces déplacements. (arg. analog. 364 Comm.).

Mais hâtons nous d'ajouter qu'il ne faut pas pousser à l'excès les déchéances résultant du changement de lieu des objets assurés.

Rien ne s'opposerait, par exemple, à ce qu'un propriétaire, transportât ses meubles d'un appartement dans un autre, les changeât de place soit en les reléguant dans les dépendances nécessaires de cet appartement, telles que la cave ou le grenier, soit en en concentrant un grand nombre dans une pièce quelconque. Il n'y a pas là aggravation de risque ; ou du moins ce serait une aggravation tacitement prévue et tolérée par le contrat. Le propriétaire ne cesse donc pas de jouir à cet égard de la liberté, attribuée à toute personne, de placer son mobilier où et comme elle l'entend (1).

---

(1) Paris 10 mars 1837. D. 37. 2. 461. — Lyon 11 avril 1837. D. 38. 2. 48.

SECTION DEUXIÈME.

De l'indemnité.

---

§ Ier. — De la fixation du taux de l'indemnité.

L'assureur doit à l'assuré la réparation du dommage que lui a occasionné l'incendie. Mais il ne lui doit rien de plus ; là s'arrête son obligation. L'assurance, et c'est là le principe fondamental de la matière, ne doit jamais être une source de bénéfices pour l'assuré ; car il faut que celui-ci ne puisse jamais avoir intérêt à la production du sinistre. L'indemnité doit donc, pour être équitablement fixée, répondre à deux conditions. Elle doit réparer entièrement la perte subie ; elle doit ne jamais enrichir l'assuré.

Les auteurs, se plaçant au point de vue purement théorique, ont tenté d'établir un système qui conciliât exactement ces deux nécessités ; et ils ont consacré des discussions approfondies (1) à rechercher quelle est la base logique qu'il convient d'adopter pour la fixation précise et équitable de l'indemnité. Précisons la difficulté. Des marchandises, par exemple, sujettes à des variations de cours, sont détruites par un incendie. Devra-t-on rembourser la valeur qu'elles avaient au jour du sinistre, ou bien le prix auquel elles avaient été achetées, ou bien encore le taux auquel elles étaient cotées au moment de la formation du contrat d'assurance ?

Chacun de ces systèmes a ses inconvénients Rembourse-

---

(1) Voyez notamment Alauzet, 408 et sqq.

t-on la valeur que la chose avait au jour du contrat, comme le veut l'article 339 du Code de Commerce pour les assurances maritimes, on s'expose à ne fournir dans aucun cas à l'assuré la réparation du dommage qu'il a subi. Si la chose a diminué de valeur depuis la formation du contrat, l'indemnité basée sur sa valeur originaire, constituera pour l'assuré un bénéfice. Si l'objet à suivi au contraire un mouvement de hausse, il y aura perte pour l'assuré qui ne pourra recouvrer qu'un prix, calculé sur une moindre estimation.

Ce système ne satisfait donc ni l'un ni l'autre des intérêts en jeu. Il aboutit à favoriser la fraude ; car la valeur des marchandises au moment du contrat ne pourra que bien difficilement être l'objet d'une appréciation exacte, car il est peu de marchandises dont la qualité puisse être appréciée d'une manière bien positive et dont les cours soient parfaitement fixés ; et, dans ces conditions le propriétaire cherchera bien souvent à en exagérer la valeur.

M. Alauzet propose dans un second système, de prendre pour base de l'indemnité le prix d'achat : « La base du prix d'achat, dit-il, est immuable, plus facile à déterminer et à vérifier, et éloigne bien mieux la possibilité des fraudes. Le cas ou la diminution sur le prix d'achat sera telle que l'assuré aura intérêt à la perte, se présentera rarement ; car les négociants ne choisissent pas pour faire leurs achats les moments de hausse exagérée ; mais, ce cas venant à se réaliser, alors même cet intérêt consiste dans une perte évitée, ce qui n'est nullement contraire au principe du contrat d'assurance. » L'obligation serait donc, ajoute M. Alauzet, toujours certaine dans sa quotité, ce qui constituerait sans contredit un grand avantage.

Il est facile de répondre que ce système n'arrive, pas plus que le précédent, à procurer une réparation exacte du dommage. Dans bien des cas il aboutira en effet à constituer un bénéfice pour l'assuré ; c'est ce qui arrivera si la marchandise a baissé depuis le jour de l'achat, Mais, répond M.

Alauzet, l'assuré ne gagne pas puisqu'il ne fait que rentrer dans ses débours. C'est là qu'est l'erreur. Il y a confusion entre deux pertes qui ont une cause différente ; si l'assuré recouvre la perte que les fluctuations des cours lui avaient fait subir antérieurement au sinistre, qui peut nier que ce sinistre constituera pour lui un bénéfice, puisque, grâce à lui, il rentrera intégralement dans des débours, dont une partie était déjà absorbée par la baisse. Réciproquement, si les marchandises ont haussé, l'assuré à qui l'on ne paierait que le prix d'achat ne serait pas entièrement indemnisé, puisqu'il perdrait dans ces conditions le bénéfice que la hausse lui avait acquis.

Ni l'un ni l'autre des deux systèmes que nous venons d'exposer ne peuvent donc être admis ; et il faut décider, sans hésitation, que l'indemnité doit se calculer sur la valeur que la chose avait au moment du sinistre.

Mais alors, objectent MM. Vincens et Alauzet, l'assuré gagnera à ce mode d'opérer. S'il est remboursé au jour du sinistre et que les marchandises aient augmenté depuis la signature du contrat, il réalisera un bénéfice, car ce surcroit de valeur n'est qu'un profit espéré ; en cas de baisse l'indemnité ne sera pas au contraire suffisante parce que la dépréciation pouvait n'être que momentanée, et qu'en gardant les marchandises en magasin, le propriétaire pouvait légitimement espérer qu'elles reprendraient la même valeur. Enfin, si l'on fixe la valeur au moment du sinistre, l'obligation est nécessairement incertaine dans sa quotité.

MM. Grün et Joliat ont réfuté cette objection : « La hausse survenue, disent ces savants auteurs, n'est pas à proprement parler un bénéfice ; elle est au moment de l'incendie un des éléments essentiels de la valeur vénale des marchandises, de même qu'au moment de l'assurance la valeur réelle n'était pas le prix coûtant mais le prix courant. — Enfin si l'on voulait suivre à la rigueur les règles particulières au droit maritime et s'en rapporter uniquement à l'évaluation des marchandises selon le prix courant du jour de l'assurance il faudrait décider que l'assureur serait tenu de payer d'après ce prix, même lorsque la marchandise sera ultérieurement baissée. On reconnait que cette décision blesserait les principes. Puisque l'on soustrait l'assureur à cette éventualité défavorable, il faut pour conserver la balance égale le soumettre a la chance d'une augmentation de valeur. »

Ce système répond, pensons nous, aux deux conditions que nous avons reconnues nécessaires pour que la fixation de l'indemnité soit juste et équitable. En prenant pour base d'évaluation la valeur de la chose au jour du sinistre, on arrive a procurer à l'assuré la réparation exacte du préjudice que le sinistre lui a causé, et on n'aboutit jamais à lui procurer un enrichissement, au détriment des compagnies. Aussi est-il consacré par la loi belge de 1874 (1).

Au reste, quelque soient les hésitations qui ont pu se produire sur ce point dans la doctrine, cette discussion est purement théorique et n'offre qu'un intérêt médiocre; car, en l'absence de dispositions légales, toutes les compagnies ont réglé la question dans leurs statuts conformément à la théorie que nous venons d'exposer.

« Les immeubles, non compris la valeur du sol (2), et les objets mobiliers sont estimés d'après leur valeur vénale au moment de l'incendie.

Les matières, denrées et marchandises sont évaluées au cours du jour de l'incendie.

« Les matières et denrées en cours de fabrication sont

---

(1) Titre A ch. 3 art. 20.

(2) Il est inutile de faire remarquer que le sol, n'étant exposé à aucune chance de feu, n'a jamais pu servir d'aliment à une assurance contre l'incendie et que l'évaluation du sol sur lequel les bâtiments assurés sont élevés n'entre jamais dans l'évaluation des experts lors du sinistre. Il n'était donc pas besoin de l'exclure par une clause de la police. On invoque en sens contraire un prétendu arrêt du 6 novembre 1860 que nous avons vainement recherché et qui n'a, croyons nous, jamais existé.

évaluées à l'état brut, au cours du jour de l'incendie, en y ajoutant les frais de fabrication faits jusqu'à ce jour (1) ».

L'insertion dans les polices de cette clause, libre résultat de la convention des parties, enlève, comme nous le faisions pressentir, tout intérêt à la controverse que nous venons d'examiner. Cette solution, qui suivant nous marche absolument d'accord avec tous les principes de droit et d'équité, ne saurait d'ailleurs être critiquée au point de vue de la légalité. Les auteurs, qui en ont contesté la base, et en autres M. Alauzet, ne font d'ailleurs aucune difficulté pour le reconnaitre (2).

La compagnie doit donc le remboursement de la valeur vénale de la chose au moment du sinistre. On entend par valeur vénale, et c'est un principe consacré par la jurisprudence, le prix pour lequel on aurait pu vendre la chose le jour de l'incendie (3). Certains auteurs au contraire ont voulu qu'on donnât à l'assuré le prix que coûterait la reconstruction de l'immeuble détruit en déduisant la différence du vieux au neuf. Toute autre solution ferait, disaient-ils, faire perdre l'assuré. Si par exemple celui-ci, escomptant l'avenir, a fait construire dans un modeste village une maison somptueuse qui lui a coûté 100000 fr. et qu'il ne vendrait peut être pas 50000 ; et que dans ces conditions, l'incendie vint à détruire l'immeuble, n'est-il pas évident que le sinistre causera à l'assuré une perte sèche de 50000 fr.? Cette objection nous parait reposer sur un examen insuffisant de la situation. Ce n'est pas le sinistre qui causera cette perte que l'assuré subira. Elle était antérieure à l'incendie et provenait uniquement de la fausse spéculation que le propriétaire avait faite en entreprenant la construction. On a jugé toutefois que lorsqu'un incendie détruit

---

(1) Nationale art. 18 — Phénix art. 18 - - Assurances générales, art. 17.
(2) Alauzet 440.
(3) Besançon 2 août 1856. Ass. 57 p. 6. — Paris 24 et 31 mai 1876. Ass. 76 p. 392.

des clichés la compagnie doit une indemnité égale aux frais de reconstitution des clichés et non à leur valeur (1). Nous ne pouvons approuver cette solution en son entier. Les motifs que nous venons de donner nous obligent à la repousser. Il y aura lieu de rechercher la perte réelle que la destruction aura causée à l'imprimeur ; et cette perte pourra, dans bien des cas, être inférieure aux frais de reconstitution des clichés; c'est ce qui arriverait par exemple si l'ouvrage avait cessé d'être en vogue et ne devait plus être soumis à la réimpression. La Compagnie ne devrait dans ce cas que la perte matérielle provenant de la fusion des caractères.

Outre le paiement de l'indemnité principale, l'assureur doit en outre des dommages et intérêts accessoires. Il doit en premier lieu rembourser les frais de sauvetage: c'est lui qui profite en effet le plus directement de la conservation des objets assurés et il est juste qu'il supporte les dépenses faites dans ce but ; c'est ainsi qu'il doit rembourser les frais de démolition d'un mur, ordonnée par l'administration municipale dans un but de sécurité publique, les frais d'enlèvement des matériaux résultant soit de cette démolition soit directement de l'incendie.

Enfin, aux termes des polices, l'assureur doit partager avec l'assuré les frais de l'expertise nécessaire après le sinistre pour l'évaluation des pertes. Mais il faut remarquer que cette clause n'a trait qu'aux frais occasionnés par l'expertise amiable extra-judiciaire. Ces frais doivent nécessairement être partagés; et les juges ne pourraient les faire supporter par la partie condamnée qu'en les adjugeant à l'autre à titre de dommages et intérêts (2).

Mais, au contraire, lorsque les prétentions des parties deviennent telles qu'il faut recourir aux tribunaux, qui pour s'éclairer nomment des experts, les frais occasionnés

---

(1) Trib. de la Seine 20 novembre 1871 Ass. 72 p. 69.
(2) Toulouse 31 décembre 1872. Ass. 75 p. 133. confirmé par Cass. 10 Août 1874. D. 75 1. 158.

par cette expertise, rentrent dans les dépens de l'instance et doivent être supportés par la partie qui succombe (1).

Nous venons de voir que l'indemnité se règle dans tous les cas sur la perte réellement éprouvée par l'assuré. On peut se demander dans ces conditions à quoi sert l'estimation des objets assurés qui est faite dans toutes les polices, et quelle est son utilité. La réponse est facile.

En premier lieu, elle sert pour la compagnie de base à la fixation et à la perception de la prime.

En second lieu, si l'évaluation des objets assurés ne peut servir à fixer d'une manière invariable leur existence, leur qualité et leur valeur au moment de l'incendie, elle peut, à moins de stipulation contraire, constituer au moment du sinistre un élément très sérieux d'appréciation et fournir des renseignements fort utiles lorsqu'il s'agira de déterminer exactement l'étendue des pertes éprouvées par l'assuré (2).

L'évaluation faite dans la police sert en outre de limite aux droits de l'assuré qui, quelque soit le montant de sa perte, ne pourra jamais recevoir au delà de cette évaluation. Il pourra recevoir moins, si la valeur des objets au moment du sinistre est inférieure à cette évaluation ou si la perte n'est que partielle ; mais il ne pourra jamais recevoir plus.

Il est bon de remarquer d'ailleurs que si l'assuré avait exagéré dans la police l'estimation des objets assurés, même sciemment, il ne s'exposerait pas pour ce fait à l'annulation de l'assurance. Cette exagération ne peut en effet nuire qu'à lui même en lui faisant payer une prime plus élevée, puisque dans tous les cas il ne pourra recevoir que la valeur réelle de la chose au moment de l'incendie. Sans doute le ministère public pourra y voir un élément du crime

---

(1) Cass. 2 mai 1854 Ass. p. 84.
(2) Paris 13 février 1834. D. 34. 2. 133. — Dalloz v° Ass. n° 212.

une sorte de préméditation de l'incendie volontaire ; mais il ne serait ni équitable ni juridique d'en faire un motif d'annulation du contrat.

Enfin l'insuffisance de l'évaluation dans la police donne ouverture à l'application de la règle proportionnelle.

C'est une disposition insérée dans la plupart des polices, aux termes de laquelle « S'il est reconnu que la valeur des objets couverts par la police excédait au moment de l'incendie la somme assurée, l'assuré est son propre assureur pour l'excédant et il supporte en cette qualité sa part de dommages et intérêts au centime le franc (1). »

Dans ces conditions, si le sinistre détruit complétement la chose assurée, la compagnie doit payer intégralement l'indemnité stipulée ; l'assuré supporte le reste du dommage.

Mais si la perte n'est que partielle, l'assuré ne sera indemnisé que proportionnellement à la somme garantie par l'assureur ; il restera son propre assureur pour l'autre partie.

Un exemple va éclaircir cette difficulté. Supposons qu'un immeuble, assuré pour la somme de 5000 francs, soit détruit par un incendie ; et qu'au moment de l'expertise, on reconnaisse que sa valeur était en réalité du double, soit de 10000 francs.

L'assuré sera, dans ces conditions, présumé n'avoir contracté d'assurance que pour la moitié de la valeur, soit 5000 francs et être resté son propre assureur pour les autres 5000 francs. Tout se réglera dès lors comme s'il y avait lieu d'opérer la répartition de l'indemnité entre deux compagnies d'assurance.

Et dès lors si la perte est totale, la compagnie en supportera la moitié, soit 5000 francs, somme égale à celle qui était portée au contrat ; et l'assuré perdra l'autre moitié.

Si la perte n'est au contraire que partielle, si la moitié

---

(1) Nationale art. 23. — Cet article est reproduit par la loi Belge titre X, ch. 3, art. 21.

seulement de l'immeuble est détruite, chacune des parties ne supportera que la moitié de la perte : la compagnie paiera 2500 francs seulement; l'autre moitié de la perte restera à la charge de l'assuré, qui est resté son propre assureur dans cette proportion.

Cette règle proportionnelle semble, il faut en convenir, assez bizarre au premier abord. Car lorsque j'assure des marchandises, par exemple pour 5000 francs, mon intention est de recouvrer dans tous les cas au moins ces 5000 francs ?

Elle trouve cependant sa justification dans des considérations de diverses natures ; et il est aisé de démontrer qu'elle est appuyée sur les principes de la plus rigoureuse justice.

En premier lieu, l'assuré, en contractant une assurance inférieure à la valeur réelle, a pensé que si le feu éclatait chez lui tout ne serait pas brûlé à la fois, qu'il aurait toujours le temps nécessaire pour sauver une partie des objets menacés et qu'il pouvait dans ces conditions économiser sans danger la moitié de la prime d'assurance. L'assuré opérerait alors le sauvetage exclusivement à son profit et la compagnie n'y trouverait aucun bénéfice. — C'est pour déjouer ce calcul que les assureurs ont établi dans leur police la clause de la règle proportionnelle (1).

On ajoute généralement que lorsqu'un individu fait assurer par exemple vingt sacs de farine dans un grenier et que réellement au moment de l'incendie il y en avait quarante, la compagnie n'a aucun moyen de savoir si le sinistre a frappé sur les sacs assurés plutôt que sur ceux qu'ils ne l'étaient pas, et qu'il est juste par suite de diviser la responsabilité.

Présenté sous cette forme, l'argument manque évidemment d'exactitude ; car le doute qui pourra naître sur l'individualité des objets qu'on a voulu garantir ne serait en

---

(1) Pouget. Ass. 63, p, 142.

aucune façon de nature à justifier la règle proportionnelle. Il n'est pas entré en effet dans l'esprit de l'assuré de garantir tel ou tel objet mais bien une valeur déterminée sur une quantité d'objets. Il n'y a donc pas à s'inquiéter ici de l'individualité des objets assurés.

Mais il n'en est pas moins vrai, et ceci ne nous parait pas contestable, qu'en accumulant, par exemple, dans ses magasins le double des marchandises qui devaient y être contenues d'après sa déclaration, l'assuré a notablement aggravé les risques et multiplié les chances d'incendie. Qui ne voit en effet combien la situation est devenue plus périlleuse alors ?

Cette considération me paraitrait suffisante, à elle seule, pour établir que la règle proportionnelle est appuyée sur des principes d'équité indiscutables.

M. Alauzet (1) n'a vu au contraire dans cette convention, qu'une clause exorbitante, reposant uniquement sur l'interprétation de la volonté des parties. Et dès lors, il enseigne qu'il faut pour que la compagnie puisse invoquer le bénéfice de cette stipulation, qu'elle démontre: que l'assuré a sciemment conservé un découvert, que c'est avec connaissance de cause qu'il est resté son assureur pour une certaine partie et qu'il s'est ainsi volontairement soumis à l'application de la règle proportionnelle.

Ce principe posé, il en déduit :

1º Que, pour apprécier si l'assuré a conservé en réalité un découvert, on doit se reporter au moment ou le contrat a été signé. Si l'assurance était à ce moment égale à la valeur de la marchandise, l'assuré, n'ayant pas eu par conséquent l'intention de conserver un découvert et de rester ainsi son assureur pour partie, ne saurait se voir opposer la règle proportionnelle et devrait par suite recevoir intégralement la somme stipulée ;

(1) Nos 411 et 412.

2° Que la clause ne saurait être appliquée en cas d'assurances sur marchandises indéterminées : « Si le hasard a voulu, dit-il, qu'au moment de l'incendie les magasins se trouvassent encombrés de marchandises, il ne s'en suit pas que l'assuré ait voulu être son propre assureur pour une partie des dommages qui peuvent frapper une portion de ces marchandises. »

Nous repoussons absolument cette double conclusion.

C'est au moment de l'incendie et non à celui du contrat, qu'il faut se placer pour apprécier si la valeur des objets est ou non supérieure à la somme assurée.

Cette opinion est conforme au texte formel de la police, que nous avons cité tout-à-l'heure. Elle marche en outre d'accord avec les principes qui servent de base à la règle proportionnelle. C'est en effet au moment de l'incendie et non à celui du contrat que l'assureur aura à souffrir de l'aggravation des risques résultant de l'accumulation des marchandises. C'est encore au moment de l'incendie que l'assuré pourra opérer à son seul profit le sauvetage des objets menacés. Les deux dangers que la règle proportionnelle a précisément pour but de combattre, ne se rencontrent qu'au jour du sinistre. C'est donc a ce jour qu'il faut se placer pour décider si, oui ou non, elle doit être appliquée.

Nous pensons toutefois, avec M. Alauzet (1), qu'il y a lieu d'apporter ici un tempérament.

Quand un assuré déclare la valeur de la chose qu'il soumet à l'assurance et lorsqu'il est évident qu'il a eu l'intention de se décharger de tous les risques, il serait fort dur pour lui, si son évaluation, non suspectée de fraude, a été acceptée et vérifiée aussi complétement que cela a convenu à l'assureur, de se voir trompé dans son espoir au moment du sinistre. Nous estimons donc que la règle proportionnelle

---

(1) N° 413.

ne pourrait être que bien difficilement opposée dans de pareilles circonstances.

Lorsqu'une même police est relative à divers risques, énumérés par articles séparés, la règle proportionnelle doit s'appliquer par article et non sur l'ensemble des risques, dont le montant est totalisé à la fin de la police (1).

La règle proportionnelle ne s'appliquerait pas, à moins de convention contraire, à l'assurance du risque locatif. Le locataire qui assure la valeur des risques locatifs n'a pas égard à la valeur réelle de la maison. Son but est d'obtenir une garantie contre l'action qui pourrait être exercée contre lui, jusqu'à concurrence de la somme assurée (2).

Mais les compagnies fixent généralement une somme pour laquelle le locataire est tenu de se faire assurer ; et, en cas contraire, il y a lieu d'appliquer notre règle.

« L'assurance du risque locatif est basée sur la valeur totale de l'immeuble loué, déduction faite de la valeur du sol. Si l'assuré a fait couvrir une somme égale à la valeur de cet immeuble, la Compagnie répond à sa place de la totalité du dommage, jusqu'à concurrence de la somme assurée.

« S'il n'a fait assurer qu'une somme moindre, la Compagnie répond seulement du dommage dans la proportion existant entre la somme assurée et la susdite valeur totale, à moins toutefois que la somme garantie n'égale quinze fois le montant annuel du loyer, auquel cas le dommage demeure à la charge de la Compagnie jusqu'à concurrence de la somme assurée (3). »

D'autres compagnies adoptent une base différente :

« L'assurance du risque locatif, quand les bâtiments sont occupés par un seul locataire, est basée sur la valeur totale

---

(1) Paris 2 décembre 1880. art. 18, p. 158.
(2) Cass. 24 février 1866. Ass. 72, p. 150.
(3) Phénix, art. 12.

des bâtiments, déduction faite de la valeur du sol, et l'indemnité d'incendie, dans ce cas, est réglée, comme pour l'assurance de la propriété.

« Quand les bâtiments sont occupés par plusieurs locataires, l'assurance du risque locatif a pour base le chiffre du loyer. Si le locataire, dans ce cas, a fait assurer une somme égale à quinze fois au moins le montant annuel de son loyer, la Compagnie répond à sa place du dommage, jusqu'à concurrence de la somme assurée. S'il n'a fait assurer qu'une somme moindre, la Compagnie ne répond du dommage que dans la proportion existant entre la somme assurée et le montant de quinze années de loyer, et l'assuré reste son propre assureur pour l'excédant (1). »

Ces clauses sont parfaitement valables (2).

Enfin la règle proportionnelle ne pourrait être appliquée à l'assurance contre le recours des voisins (3).

Les éléments sérieux d'appréciation font en effet absolument défaut. On ne saurait exiger de l'assuré une indication exacte et complète. L'application de la proportionnalité placerait celui-ci dans des conditions d'incertitude qui ne lui permettraient pas de se garantir surement ou qui devraient l'amener à exagérer démésurément le chiffre de la police et partant des primes.

Reste une question très importante à examiner. Certains objets, des objets d'art, une galerie de tableaux par exemple, ont une valeur qu'il serait impossible de faire estimer lorsqu'ils seront détruits, puisqu'ils ne peuvent avoir de cours et ont surtout une valeur d'opinion. Peut-on convenir qu'on s'en remettra dans ce cas pour fixer le taux de l'indemnité soit à l'évaluation donnée dans la police, soit à

---

(1) Nationale, art. 27.
(2) Trib. de Bordeaux, 21 décembre 1852. Ass. 53, p. 75. — Trib. de la Seine, 3 février 1860. Ass. 61, p. 266.
(3) Dijon, 27 janvier 1876. Ass. 77, p. 208.

une estimation faite, lors de la signature du contrat, contradictoirement avec la compagnie ?

Dans ce dernier cas, il parait difficile de contester la parfaite validité de la convention. L'assureur se trouverait à notre avis certainement lié et deviendrait non recevable à contester la valeur des objets. Il avait en effet, au moment de l'expertise, le droit de débattre avec l'assuré le prix qu'il donnait à sa collection. En acceptant l'évaluation, en consentant à ce que cette évaluation servit de base au paiement du sinistre, la compagnie a fait elle même la loi qui la régit.

Cette opinion, quoique très discutée, était, dans l'ancien droit admise par la majorité des auteurs et elle nous parait actuellement consacrée par la jurisprudence. Nous trouvons cette solution dans la loi belge de 1874, ch. 3, art. 20 « Si la valeur assurée a été préalablement estimée par experts convenus entre les parties, l'assureur ne peut contester cette estimation sauf le cas de fraude (1). »

Ne faut-il pas aller plus loin et permettre de convenir que l'assureur sera tenu, lors du sinistre, de s'en remettre à la seule affirmation de l'assuré ? La question peut sembler plus délicate, et beaucoup d'auteurs, repoussent cette clause comme illicite; car l'assureur ne peut être exposé, dit-on, à indemniser l'assuré au-delà de la valeur réelle de la perte éprouvée « Cette clause, dit Pothier, était proscrite avec raison par plusieurs sentences de l'Amirauté du Palais, comme tendant à éluder les dispositions de l'article 22 de l'Ordonnance et à permettre les fraudes qui se commettent par de fausses estimations. »

Nous pensons toutefois qu'il convient d'apporter ici un

---

(1) Targa, ch. LI. — Scaccia § 1, quest. I, n° 71.—Rote de Gênes déc. 78 n° 8.— Casaregis, disc. X n° 128.—Emerigon I ch. IX sect. 9. — Estrangin sur le n° 159 de Pothier. — Alauzet 415 et 416. — Paris conf. par Cass 12 juin 1837. Dall. v° Ass. n° 214. — Contrà Valin sur l'art. 57. — Pothier n° 156. — Pardessus II n° 593. — Grün et Joliat n° 253.

tempérament. Sans doute on ne pourra convenir que l'assureur sera tenu de s'en tenir à l'affirmation de l'assuré au sujet du sinistre, car nul ne peut être constitué témoin unique dans sa propre cause ; seulement cette convention déplacerait les rôles en imposant à l'assureur l'obligation de prouver son exception. Il y aurait donc présomption en faveur de l'assuré, les rôles seraient simplement renversés et la charge de la preuve de l'exagération ou du mensonge à la charge de l'assureur. L'assuré serait cru jusqu'à preuve contraire ; mais cette preuve contraire serait formellement réservée. Entendue en ce sens, la clause, dont nous nous occupons, ne nous paraîtrait présenter aucun caractère illicite (1).

Le locataire peut se faire garantir de la responsabilité, qui lui incombe aux termes des articles 1733 et 1734 du Code civil ; et toutes les compagnies assurent contre ce qu'elles appellent le Risque Locatif. La compagnie est tenue toutes les fois que le locataire, son assuré, est lui-même soumis à une responsabilité quelconque ; et elle doit le garantir de toutes les condamnations qui pourraient être prononcées contre lui du chef de l'incendie. Mais il est essentiel de remarquer que l'assureur n'est pas tenu par le seul fait de l'incendie ; il faut de plus que le locataire ait payé le propriétaire ou qu'il ait été condamné comme responsable. Si donc le recours du propriétaire n'est pas exercé ou est déclaré mal fondé, les assureurs du locataire ne sont pas tenus, car ils se sont engagés uniquement à exonérer le locataire de sa responsabilité (2).

Des difficultés se sont élevées sur l'étendue de l'obligation de la compagnie. Nous avons vu qu'en cas d'incendie le locataire doit, outre les dommages matériels, payer le prix du bail pendant le temps nécessaire à la relocation. Le

---

(1) Pardessus 594. — Cp. Alauzet 199 et s 99.
(2) Dall. v°. Ass. n° 141.

loyer sera-t-il, à défaut de clause expresse et dans le silence de la police, compris dans l'assurance ?

Certains tribunaux se sont prononcés pour la négative. Les compagnies n'ont entendu, dit-on, garantir l'assuré que de l'obligation à laquelle il était soumis, en cas d'incendie, d'indemniser le propriétaire des destructions ou dégradations arrivées à la chose louée et non point l'indemniser de toutes les conséquences des articles 1733 et 1734. Le locataire ne peut en effet, avoir plus de droits que le propriétaire lui-même ; or, le propriétaire ne pourrait réclamer que la réparation du préjudice matériel résultant de la perte qu'il a éprouvée et ne pourrait en aucun cas se prévaloir de la perte des bénéfices qu'il aurait pû retirer des objets assurés, notamment de la perte des loyers (1).

Mais la doctrine et la jurisprudence décident généralement aujourd'hui que la perte des loyers, qui a été la conséquence de l'incendie, se trouve comprise dans les risques locatifs couverts par l'assurance (2).

Le risque locatif en effet ne comprend pas uniquement la réparation du dommage matériel ; c'est une abstraction, un objet tout-à-fait incorporel. La compagnie prend à sa charge la responsabilité du locataire et s'engage à la garantir ; et, dès lors, l'assuré n'a qu'une chose à établir, le montant des sommes que le propriétaire est en droit de lui réclamer. Cette preuve faite, l'assureur est mis en son lieu et place en tout et pour le tout ; il doit couvrir intégralement les risques du locataire.

Il est évident toutefois qu'il en serait autrement si la compagnie avait par une clause expresse de ses polices, restreint sa responsabilité au seul dommage matériel. Cette clause se trouve écrite dans la plupart des polices « La

---

(1) Paris 2 janvier 1832. D. 35. I. 93. — Paris 19 mars 1840. Sir 40. 2. 337. — Paris 20 juillet 1863. Ass. 64, p. 45.

(2) Alauzet 450. — Cass 24. novembre 1840. D. 41. 1. 28.

compagnie n'est responsable que des dommages matériels et ne doit soit au propriétaire, *soit au locataire*, soit au voisin, aucune indemnité pour changement d'alignement, défaut de location ou de jouissance, résiliation de baux, chômage ou toute autre perte non matérielle (1). »

Sa parfaite validité ne saurait au surplus être mise en doute (2) ; et elle devrait être respectée, à moins d'une intention contraire manifestement exprimée. Une clause manuscrite, répétant que la compagnie assure contre les risques des articles 1733 et 1734, ne suffirait pas pour constituer une dérogation aux clauses imprimées de la police (3).

L'utilité de l'assurance du risque locatif a été sérieusement mise en question. Lorsque le locataire, habitant une maison que le propriétaire a déjà fait assurer pour son compte, assure ses risques locatifs, la prime est payée deux fois ; la première fois par le propriétaire, le seconde par le locataire. Qui ne voit cependant qu'il n'il n'y a dans ce cas qu'un seul et unique risque garanti et que dans aucun cas l'indemnité ne sera payée plus d'une fois? Cet argument a servi de base à M. Viette, lorsque ce député proposât la suppression des articles 1733 et 1734.

Il contient, nous ne songeons pas à le contester, un certain fonds de vérité ; mais il n'est cependant pas absolument exact.

Et d'abord, la prime n'est pas en réalité payée deux fois ; car, si le propriétaire paie le plus souvent une prime très faible, c'est parce que la compagnie a généralement l'espoir d'exercer un recours contre le locataire. Qu'on supprime le risque locatif et la prime du propriétaire deviendra plus élevée parce qu'il n'y aura plus de compensation dans la possibilité d'un recours.

(1) Nationale, art. 1er.
(2) Paris 26 avril 1833. Sir 33. 2. 585 ; 19 mars 1840. Sir 40. 2. 337.
(3) Bordeaux 3 août 1858, Ass. 60, p. 278. — Contrà Paris, 4 janvier 1861. Ass. 61. p. 12.

D'ailleurs il est inexact de dire que des deux assurances contractées par le propriétaire ou par le locataire, l'une ou l'autre se trouve nécessairement sans objet. Chacune de ces personnes conserve en réalité un intérêt direct à contracter une assurance pour son compte. Le propriétaire peut en effet voir son immeuble détruit par cas fortuit ou force majeure et n'avoir par conséquent aucun recours contre son locataire et à plus forte raison contre l'assureur du risque locatif ; d'autre part l'intérêt du locataire ne saurait être mis en doute.

Les compagnies assurent encore les propriétaires contre les recours que peuvent exercer contre eux les voisins dont les immeubles ont été endommagés ou détruits par la communication du feu. Nous savons que ce recours, pour être admis, est soumis à une double condition. Le demandeur doit prouver d'abord le fait matériel de l'incendie et de la communication du feu ; il doit en second lieu établir que l'incendie est dû à la faute du défendeur (art. 1382); c'est là un principe universellement reconnu.

Lorsque cette double preuve est fournie, la compagnie est tenue, dans les limites de son contrat, de garantir l'auteur du sinistre contre les recours qui pourraient être exercés contre lui par ses voisins. — Mais, en matière d'assurances contre l'incendie, que faut-il entendre par voisins ?

Lorsque c'est un locataire qui s'est fait assurer contre le recours des voisins, il faut entendre par voisins les propriétaires et les locataires des maisons voisines et surtout les locataires de la même maison (1). Mais il en est tout autrement lorsque l'assuré est lui-même propriétaire. Les voisins ne peuvent être alors que les propriétaires ou locataires des maisons voisines. On conçoit en effet que le propriétaire qui s'est fait assurer contre le recours des

---

(1) Lyon 26 février 1857. Ass. 57, p. 156.

voisins, c'est-à-dire contre la responsabilité d'un quasi-délit qui est très rare, ne peut prétendre y comprendre la responsabilité légale ou contractuelle, bien autrement fréquente et d'une admission plus facile, puisqu'elle existe de droit, dont-il peut être tenu vis-à-vis de ses locataires (1).

§ II. — Du Paiement de l'Indemnité.

Dès que la liquidation est terminée, l'indemnité fixée doit être payée sans délai. Tout retard non justifié donnerait lieu au paiement d'intérêts; et la compagnie retardataire devrait l'intérêt de cette indemnité au taux commercial de 6 %, alors même que la police n'imposerait à l'assuré en cas de retard du paiement de la prime que l'intérêt à 5 % (2).

Mais la compagnie peut-elle être contrainte à faire des paiements partiels avant la clôture de l'expertise ? Suivant certains auteurs, les juges peuvent, avant cette clôture, allouer à l'assuré une provision, lorsque l'assureur n'oppose à l'assureur aucune exception ou que l'exception soulevée paraît être d'un succès fort douteux (3).

D'autres se refusent au contraire, et avec raison, à accorder cette provision. Il ne doit en effet être alloué de provision qu'en cas de dette reconnue. Par suite aucune provision n'est due par l'assureur ; car, tant que l'expertise complète n'est pas terminée, on peut découvrir des faits susceptibles d'entraîner la déchéance de l'assuré ou de réduire la responsabilité de l'assureur (4).

Les assureurs ont cherché un procédé pour se procurer une garantie contre les incendies volontaires et déjouer toute

---

(1) Trib. de la Seine, 14 février 1855. Ass. 55, p. 126.
(2) Cass. 16 juillet 1872. D. 73. 1. 98.
(3) Pardessus. Ass. n° 595. — Lyon 23 février 1861. Ass. 62. p. 66.
(4) Trib. de la Seine, 1er juillet 1873. Ass. 73, p. 306.

— 314 —

fraude ou calcul intéressé. Ils se réservent dans la police le droit de faire reconstruire dans un délai déterminé, à dire d'experts et à l'amiable, les bâtiments détruits par l'incendie et de remplacer en nature et aux mêmes conditions les marchandises ou objets mobiliers détruits par le sinistre. — Dans ce cas, la compagnie reprend les marchandises endommagées et remplacées. — Quelquefois elles en reprennent la totalité ainsi que les matériaux provenant des bâtiments incendiés et elles paient alors la valeur entière ; mais le plus souvent elles les laissent aux assurés suivant la valeur fixée par l'expertise et se contentent de payer l'excédant jusqu'à concurrance des dommages constatés.

Mais si l'assureur peut reprendre les matériaux sauvés à la condition de désintéresser l'assuré, il ne pourrait y être contraint; il n'y a là pour lui qu'une pure faculté. Le délaissement, autorisé en matière maritime, n'est pas et ne peut pas être étendu aux assurances terrestres. L'action en délaissement, contraire aux vrais principes et à la nature du contrat d'assurance, constitue en effet une dérogation aux règles générales du droit et ne peut par conséquent être appliquée à des cas pour lesquels elle n'a pas été formellement consacrée (1). Pour prévenir d'ailleurs toute espèce de doute à cet égard, les polices contiennent en général une renonciation expresse à cette faculté (2).

§ III. — De la situation de la compagnie après le paiement de l'indemnité ;
et des recours qu'elle est admise à exercer.

La compagnie qui, après une expertise contradictoire, a mis à la disposition des sinistrés les sommes formant le

---

(1) Benecke. Traité de l'indemnité en matière d'assurances. — Emérigon II, p. 177. — Lyon 23 février 1861. Ass. 62, p. 66.
(2) Nationale et Phénix, art. 20. — Ass. Gén. art. 22 et 23.

montant du réglement approuvé par les experts, a satisfait à son obligation et se trouve libérée de ce chef. L'assureur doit seulement la réparation des dommages causés d'une manière directe et immédiate par l'incendie. Après le réglement de l'indemnité opéré et accepté, ce qui reste des objets incendiés est aux risques et périls de l'assuré qui en est propriétaire. C'est donc à celui-ci qu'incombe l'obligation de prendre des mesures conservatoires pour garantir la portion des bâtiments restés intacts contre les intempéries et les accidents pouvant résulter de la chute des murs calcinés qui sont restés debout (1).

La compagnie ne se trouve cependant pas dans tous les cas libérée de toutes ses obligations. Sans doute si la perte a été totale, le contrat a reçu son exécution intégrale ; mais si la perte au contraire n'a été que partielle, l'assureur continuera à être tenu jusqu'à concurrence de l'excédant de la somme assurée sur la somme payée.

Les compagnies se réservent dans ce cas le droit de résilier la police par une simple notification après le sinistre et quelque soit l'importance du dommage. Elles stipulent aussi qu'elles pourront résilier toutes les polices souscrites au nom du même assuré. Dans le cas où elles usent de ce droit, les primes perçues en vertu de la police atteinte par le sinistre, demeurent acquises à la compagnie ; celles afférentes aux autres polices sont remboursées au prorata du temps restant à courir pour finir l'année du risque (2).

Les compagnies qui ont opéré le paiement de l'indemnité ne se trouvent pas pour cela absolument à découvert, et rien ne prouve que la perte doive en dernière analyse rester à leur charge. Elles peuvent en effet se retourner contre les personnes qui sont responsables du sinistre, à un

---

(1) Trib. de commerce d'Avignon, 31 mai 1859. Ass. 59, p. 309. — Riom, 29 novembre 1876. Ass. 77, p. 8.

(2) Nationale, art. 23.

titre ou à un autre, et exiger d'elles le remboursement de leurs déboursés. C'est ainsi qu'elles peuvent recourir contre les auteurs du désastre ou les personnes qui en sont civilement responsables, contre le locataire par exemple, contre les voisins, ou les auteurs du sinistre, contre l'architecte ou l'entrepreneur lorsque l'incendie est dû à un vice de construction et est survenu dans les dix ans de la confection des travaux (art. 1792-2270).

Mais à quelles conditions ce recours est-il soumis ? Existe-t-il indépendamment de toute convention, ou n'existe-t-il que par suite d'un accord préalable entre les parties. Il faut à cet égard établir une distinction.

La compagnie peut, en l'absence de toute cession ou subrogation conventionnelles, consenties soit dans le contrat d'assurance soit dans la quittance d'indemnité, exercer contre l'auteur du sinistre l'action de l'article 1382.

Il puise ce droit dans un principe élémentaire d'équité. « Par l'effet de l'assurance, dit M. Pardessus (1), il est devenu celui qui avait intérêt à ce que la chose assurée ne fût pas endommagée ; le tort qu'elle a éprouvé est tombé sur lui ; il est la véritable partie lésée ; il a donc le droit de demander réparation, car nul ne peut se dispenser de réparer le tort qu'il a fait (art 1382). »

D'ailleurs l'action en responsabilité contre l'incendiaire existe ; car la précaution qu'a prise le propriétaire de se faire assurer ne saurait affranchir le coupable de l'obligation de payer des dommages et intérêts. Or cette action ne peut être attribuée qu'à la compagnie ; car l'assuré, ayant touché déjà une fois son indemnité, ne saurait être admis à la toucher une seconde fois.

En second lieu, l'assureur jouit de la possibilité de se faire subroger dans les droits de l'assuré contre les auteurs

---

(1) Droit commercial n° 595

du désastre ou contre les personnes qui en sont civilement responsables.

Mais il faut remarquer que cette cession ou subrogation n'existe que lorsqu'il y a une clause spéciale à cet effet et que la compagnie ne serait pas admise à s'en prévaloir à défaut de convention expresse.

Si la police d'assurance, ou tout au moins la quittance, est muette, le paiement serait impuissant à produire la subrogation par sa seule force. La subrogation n'a lieu en effet de plein droit qu'au profit de celui qui, étant tenu avec d'autres ou pour d'autres, du paiement de la dette avait intérêt à l'acquitter. Or l'assureur, qui a soldé l'indemnité, ne l'a pas payée comme tenu avec ou pour l'auteur du dommage. Il l'a payée en vertu de son obligation personnelle résultant de son contrat et complétement étrangère à l'obligation qui incombe à l'auteur responsable du sinistre. Il n'existe entre eux aucun lien, ils ne sont tenus ni l'un pour l'autre ni l'un avec l'autre ; et dès lors la subrogation n'existe pas de plein droit (1).

Cette solution ne tient un compte suffisant ni des règles de l'équité ni des nécessités de la pratique. Les législations étrangères, et notamment la loi belge de 1874 (2), déclarent que l'assureur qui a payé le dommage est subrogé à tous les droits de l'assuré contre les tiers, du chef de ce dommage, et que l'assuré est responsable de tout acte qui préjudicierait aux droits de l'assureur contre ces tiers.

Cette théorie sera probablement introduite dans notre droit, le jour où nos législateurs consacreront enfin aux assurances la loi qu'on s'accorde depuis si longtemps à réclamer. Mais, dans l'état actuel des choses, la subrogation n'a pas lieu de plein droit au profit des assureurs. Aussi toutes

---

(1) Pardessus loc. cit. — Dalloz, v° Ass. n° 247 — Demolombe, Contrats IV p. 259 et sqq — Cass. 2 mars 1829. D. 55. 2. 165 — Cass. 2 juillet 1878.

(2) Titre X ch. 3 art. 22.

les compagnies prennent-elles le soin d'insérer à cet égard dans la formule de leurs polices une clause expresse et spéciale et de se faire céder tous les droits de l'assuré contre les auteurs du sinistre. « La compagnie se réserve en cas d'incendie, ses droits et tous ceux de l'assuré contre tous garants généralement quelconques, à quelque titre que ce soit, et notamment contre les locataires, voisins, propriétaires (pour ces derniers en cas d'incendie causé par un vice de construction ou un défaut d'entretien), auteurs de l'incendie, association d'assurances mutuelles, ou autrement.

« A cet effet, l'assuré, en ce qui le concerne, la subroge sans garantie, par le seul fait de la présente police, et sans qu'il soit besoin d'aucune autre cession, transport, titre ou mandat, à tous ses droits recours ou actions.

« L'assuré est tenu, quand la compagnie l'exige, de réitérer ce transport par acte séparé et notarié, comme aussi de réitérer la subrogation dans la quittance du dommage (1) ».

La légalité de cette clause, qui ne peut plus d'ailleurs être discutée maintenant, a été cependant combattue avec la plus grande énergie par M. Alauzet (2).

Cette convention est, dit-il, nulle comme cession et nulle comme subrogation.

Elle est nulle comme cession parce qu'elle manque à la fois d'objet et de prix.

Sans doute il est permis de céder des droits éventuels aussi bien que des droits acquis ; aucune loi ne les a retirés du commerce. Mais encore faut-il que la chose existe, qu'elle ait un corps, qu'elle représente une valeur appréciable et vénale. Or, est-ce un droit éventuel que la possibilité indéfinie d'une demande de dommages et intérêts, pou-

---

(1) Nationale et Phénix art. 22.
(2) N° 481.

vant résulter du délit ou du quasi délit d'une personne quelconque ?

« On peut, dit M. Alauzet, céder des droits éventuels, soit; mais encore faudrait-il que l'on sût quand, à quelles conditions, de quelle manière, contre qui ils naîtront ou pourront naître ».

Une éventualité, aussi indéfinie que celle dont il s'agit, trouverait-elle un acheteur ? Pourrait-elle être estimée ? Une chose peut-elle être vendue s'il y a impossibilité tout aussi bien de lui assigner un prix que de lui trouver un acquéreur ?

En admettant même que le droit éventuel à une indemnité fût autre chose qu'un être de raison, que l'on pût trouver deux parties consentantes à ce contrat de vente et la chose qui en est l'objet, la vente serait encore nulle. Il resterait encore pour valider le contrat à stipuler un prix ; or il est bien certain que les assureurs ne donnent absolument rien en retour de la cession qui leur est consentie.

Nulle comme vente, la convention, que nous étudions, n'est pas non plus, au dire de M. Alauzet, valable comme subrogation ; puisqu'on n'y trouve remplie aucune des conditions rigoureuses imposées par l'article 1250 du code civil.

Nous concédons d'autant plus volontiers ce dernier point, que si la question qui nous occupe a pu quelque temps rester douteuse, si l'on a pu contester avec quelque apparence de raison la validité des transmissions diverses des droits de l'assuré à l'assureur, c'est qu'on a voulu trop longtemps voir une subrogation dans la convention des parties.

Il n'y a ici qu'une simple cession de droits éventuels et une cession dont la validité, sanctionnée par la Jurisprudence, ne saurait plus être mise en doute. Toute convention, dit un arrêt de la Cour d'Amiens (1), que nous regrettons de ne

---

(1) 13 avril 1825. P. XIX. p. 398.

pouvoir reproduire textuellement à raison de son étendue, doit avoir son effet lorsqu'elle n'est ni contraire aux bonnes mœurs ni en opposition avec la loi. D'autre part, aux termes de l'article 1598 du code civil, tout ce qui est dans le commerce peut être vendu lorsque des lois particulières n'en ont pas prohibé l'aliénation. Or, aucune loi ne prohibe les cessions du genre de celle dont il s'agit : elles n'ont rien en elles mêmes d'illicite ni de contraire à l'ordre public. Les choses futures et les droits aléatoires sont susceptibles d'être vendus. Malgré le caractère éventuel et aléatoire des droits et actions cédés et l'impossibilité de désignation actuelle des personnes contre lesquelles ils pourraient venir à être ultérieurement exercés, cette cession n'a pas moins porté, au moment ou la police d'assurance l'a effectué au profit des assureurs, sur un objet clairement déterminé et sur des droits et actions dont l'une et l'autre des parties contractantes pouvaient se rendre compte.

En résumé, on ne se trouve donc ici en présence ni de la subrogation conventionnelle de l'article 1250, ni de la subrogation de plein droit de l'article 1251 ; car on ne satisfait point aux dispositions de ces deux articles. Mais la convention, que nous étudions, constitue une cession, qu'on doit déclarer valable aux termes de l'article 1598 (1).

L'assureur par l'effet de cette clause de la police se trouve donc en possession de tous les droits et voies de recours de l'assuré. Il peut donc, entre autres, exercer le recours accordé par l'article 1733 au propriétaire contre ses locataires. Cette affirmation est toutefois contredite par M. Alauzet (2). Après avoir, comme nous venons de le dire, contesté en général la validité de la clause de cession, le savant auteur ajoute que dans tous les cas, en recon-

---

(1) Amiens, suprà — Cass. décembre 1834 Sir 35. 1. 148 ; 13 avril 1836 Sir 36. 1. 273; 24. nov. 1840. Sir. 41. 1. 45. Paris, 8 mai 1867. Ass. 67 p. 341.

(2) n° 483.

naissant même cette clause pour légale, la responsabilité du locataire (aussi large que l'entend l'article 1733) ne saurait en aucun cas se trouver comprise dans la subrogation.

D'après lui, le propriétaire ne peut pas céder une action qui est tirée de sa situation de bailleur, action exceptionnelle qu'on a créée uniquement en sa faveur. Elle lui est personnelle et dérive de circonstances tout à fait étrangères à l'assureur qui perdent toute force à son égard. On a voulu donner au propriétaire une récompense, un équivalent de la liberté d'agir qu'abandonne le locateur dans sa propre chose dont on peut abuser sans qu'il puisse l'empêcher par sa surveillance. Cette faveur ne peut être étendue à l'assureur qui ne s'est dépouillé d'aucune prérogative : et dès lors l'assureur doit rentrer dans le droit commun. Il a subi un dommage dont il lui est dû réparation, mais sous l'empire du droit commun, c'est à dire à la charge par lui de faire, aux termes de l'article 1382, contre le défendeur la preuve de la faute ou du délit dont celui-ci s'est rendu coupable et sans pouvoir invoquer la disposition absolument exceptionnelle de l'article 1733, disposition absolument exorbitante du droit commun, privilège qui de sa nature est tout personnel et doit être directement restreint dans ses limites (1).

L'opinion de M. Alauzet est restée isolée ; et tout le monde s'accorde actuellement à reconnaître que les droits résultant de l'article 1733 peuvent très légalement faire l'objet d'une cession ou d'une subrogation. Rien n'indique en effet dans la loi que l'action qu'accorde cet article soit personnelle et incessible. Il est bien évident au contraire qu'elle constitue un droit purement pécuniaire, qui doit par suite être parfaitement transmissible (2).

La cession des droits, résultant de l'article 1733, serait même comprise dans la formule de cession générale de tous

---

(1) Colmar 13 janvier 1832. D. 32. 2. 208.
(2) Cass. 24 nov. 1840. Sir. 41. 1. 45 ; 2. déc. 1834. Sir 35. 1. 148 ; 13 avril 1836 Sir. 36. 1. 271 ; 15 Juillet 1874. Sir 75. 1. 211 — Toulouse 1er février 1877. Ass. 78 p. 48.

les droits et actions de l'assureur, sans qu'il soit nécessaire d'insérer à cet égard de stipulation formelle. Mais il serait prudent toutefois de préciser ce point spécial. Ainsi la Cour de Riom a refusé de voir cette cession dans une clause de police ainsi conçue : « Tout paiement est fait à la charge de subroger la société aux droits et actions qu'aurait l'assuré en cas d'incendie contre les personnes du fait desquels serait provenu l'incendie. »

Il y a là, a pensé la Cour, une cession contre les auteurs du sinistre, mais non contre les personnes présumées responsables. Et dans ces circonstances l'assureur ne serait admis à jouir que des recours ordinaires sans pouvoir invoquer le bénéfice de l'article 1733.

Il ne faut voir au reste dans cette cette décision qu'une solution extrêmement rigoureuse et qui a été dictée, un peu trop peut-être, par les circonstances de la cause, qui étaient défavorables à la compagnie.

Enfin les compagnies se réservent le droit d'exiger, lors du paiement, une quittance subrogative.

Cette expression « quittance subrogative » qu'on rencontre dans la plupart des polices manque malheureusement d'exactitude et elle est de nature à faire attribuer à l'opération qui nous occupe, un caractère qu'en réalité elle n'affecte pas. C'est qu'en effet il n'y a pas ici de subrogation. La quittance délivrée n'est qu'une formalité intervenue postérieurement à la signature du contrat et au sinistre pour donner effet contre les tiers au transfert éventuel stipulé dans le contrat d'assurance. Elle est appelée à tenir lieu de la signification de cette cession entre les mains du débiteur cédé, et elle ne peut diminuer les avantages provenant de cette cession, qui résulte d'un contrat antérieurement consenti (1).

De ce principe qu'il n'y a pas en réalité ici de paiement

---

(1) Poudousquié p. 385 — Larombière, Traité des obligations sur l'art. 1252. — Dalloz v° Ass. Terr. n°s 269 1° et 256 2°.

— 323 —

avec subrogation et qu'on ne peut voir dans la rédaction de la quittance qu'un procédé employé pour régulariser, à l'égard des tiers, la cession consentie dans la police, on déduit une conséquence très importante.

Il peut arriver que l'assuré n'ait reçu de la compagnie qu'une indemnité incomplète et qu'il lui reste un recours à exercer contre son locataire pour le surplus du dommage.

Dans ce cas l'assureur pourra, pensons nous, agir concurremment avec le propriétaire; et celui-ci ne pourra le primer dans la distribution, en invoquant contre lui la disposition de l'article 1252 : *nemo censetur subrogasse contra se*. Cette maxime est en effet inapplicable dans l'espèce ; car la cession des droits, consentie par le propriétaire au profit de la compagnie, ne constitue pas une subrogation mais un transfert éventuel parfait par le simple consentement. Il n'y a donc pas lieu d'appliquer ici une disposition dont la sagesse est fort contestable et qui, dans tous les cas, ne prévoit que l'hypothèse d'une subrogation (1).

Les compagnies, en assurant les risques du propriétaire, peuvent renoncer dans leurs polices à exercer de recours contre les locataires qui occuperaient au moment du sinistre l'immeuble assuré; et c'est ce qui arrive le plus souvent lorsque le propriétaire et le locataire sont assurés à la même compagnie, le premier pour sa propriété, le second pour ses risques locatifs.

Quelle est la portée qu'il faut attribuer à cette renonciation.

On soutient dans un premier système que cette stipulation est particulière aux rapports entre l'assureur et le propriétaire et reste absolument étrangère au locataire, qui ne peut dans aucun cas l'invoquer à son profit.

---

(1) Voyez les auteurs cités à la note précédente— Trib. de Vervins 2 août 1878. Ass. 79 p. 9. —La loi Belge titre X. ch. 3. art. 22, consacre une solution contraire «La subrogation ne peut en aucun cas nuire à l'assuré qui n'a été indemnisé qu'en partie. Celui-ci peut exercer ses droits pour le surplus et conserve à cet égard la préférence sur l'assureur.

— 324 —

Le propriétaire ne sera pas obligé de subroger l'assureur dans son recours contre le locataire. Ce sera là le seul effet de la convention.

Mais il n'en sera pas moins resté maître de son action contre le locataire et rien ne l'empêcherait, au moment du sinistre, soit de poursuivre ce locataire directement soit de céder à la compagnie l'action, qui est née à son profit.

Le locataire ne pourait s'en plaindre ; car il est resté étranger au contrat primitif, dont le propriétaire ne lui avait pas donné connaissance et que celui-ci pouvait résilier ou déchirer à son gré. On ne se trouve point en effet ici dans les termes de l'article 1121 du Code civil. Pour que le locataire pût invoquer le bénéfice de cet article, il aurait fallu qu'il fut intervenu au contrat ou eut déclaré vouloir en profiter. Tant qu'il n'a pas fait cette déclaration, le propriétaire peut révoquer la stipulation; et, en fait, cette révocation s'opère lorsque le propriétaire cède ses droits à l'assureur dans une quittance subrogative. Ajoutons que, loin d'avoir déclaré qu'il voulait profiter de la stipulation, le locataire aura le plus souvent fait assurer personnellement ses risques locatifs et montré qu'il n'entendait pas se prévaloir de la renonciation à tout recours contre lui.

La jurisprudence admet au contraire que le locataire se trouve, dans l'espèce, absolument exonéré de la responsabilité de l'article 1733. La compagnie qui indemnise le propriétaire n'est pas fondée à exercer de recours contre le fermier (1). Elle ne pourrait même pas se faire subroger au droit du propriétaire et demander au locataire le remboursement des sommes qu'elle a payées à celui ci ; la subrogation ou quittance subrogative, qui serait délivrée dans ces conditions, serait radicalement nulle (2).

Et de son côté le propriétaire ne jouit plus d'aucun re-

---

(1) Caen 10 juillet 1873. Ass. 73. p. 381.
(2) Douai 19 juillet 1871. Ass. 71 p. 360.

cours contre le locataire puisqu'il ne peut être indemnisé deux fois et a d'ailleurs renoncé par avance à toute action (1).

§ IV. — De la Nature et du Caractère de l'indemnité.

Nous arrivons à une des parties les plus importantes de notre sujet. Quel est, dans le silence de la loi, la nature, le caractère qu'il faut attribuer à l'indemnité payée par l'assureur ?

Faut-il la regarder comme subrogée réellement à cet immeuble et en représentant par suite la valeur en toutes choses ? Ou bien, n'y faut-il voir qu'une simple créance résultant du contrat d'assurance et formant la contre-valeur aléatoire de la prime payée par l'assuré, créance qui a pu naître sans doute à l'occasion de l'immeuble, mais qui en est en réalité absolument distincte et indépendante ?

Nombreuses et importantes sont les conséquences qui découleront de l'adoption de l'une ou de l'autre de ces opinions :

Si la somme payée est subrogée à l'immeuble :

1º Elle n'entrera pas dans la communauté et restera propre à l'époux, propriétaire de l'immeuble incendié.

2º L'héritier donataire, soumis au rapport dans une succession, devra rapporter l'indemnité qu'il aura touchée comme il eut rapporté l'immeuble lui même.

3º De même au cas de retour conventionnel, l'indemnité fera retour comme si l'immeuble existait encore en nature.

4º Enfin, et c'est sur ce point surtout que la controverse a été soulevée, la somme payée par l'assureur continuera à

---

(1) Il faut remarquer que ce système aboutit à supprimer le risque locatif du domaine de l'assurance, le propriétaire qui s'assure ayant en général la faculté d'exonérer de leurs risques ses locataires et fermiers, sans supplément de prime.

être chargée des hypothèques ou privilèges qui grevaient la chose incendiée et sera par conséquent distribuée aux créanciers hypothécaires et privilégiés par préférence aux créanciers simplement chirographaires.

Admet-on au contraire que l'indemnité n'est qu'une créance comme une autre, qui n'est en aucune façon représentative de l'objet, les questions, que nous venons de poser, se résolvent nécessairement en sens inverse.

1° L'indemnité doit tomber dans la communauté comme toute somme acquise pendant le mariage.

2° L'obligation au rapport est absolument éteinte par suite du sinistre qui a détruit la chose.

3° Il ne saurait être question de retour, puisque la chose n'existe plus en nature.

4° L'hypothèque, éteinte par la perte de l'immeuble, ne se reportera pas sur l'indemnité ; et le montant de la somme, payée par la compagnie, devra par conséquent être distribué entre tous les créanciers sans distinction.

Cette difficulté est fort ancienne. Elle avait été déjà discutée sous l'ancien droit à propos des assurances maritimes. Valin (1) avait soutenu que le prix de l'assurance succédait à la chose assuré. Mais cette opinion, réfutée par Emerigon (2) avait été condamnée par des arrêts que cite Valin lui-même.

Le droit ancien ne fournit donc pas sur ce point de données précises ; et la question est encore aujourd'hui l'objet d'une vive controverse.

On enseigne dans un premier système, qui séduit au premier abord, que l'indemnité constitue la représentation exacte de l'immeuble et doit en tenir la place dans toutes les relations juridiques.

---

(1) Sur l'article 3 du titre des Prescriptions p. 315.
(2) Contrats à la grosse, ch. 12 sect. 7.

Cette opinion, que certains arrêts ont consacrée, n'a trouvé dans la doctrine qu'un seul défenseur. Elle repose surtout sur des considérations d'équité. Il est évident, dit-on, que la somme payée est la juste valeur et le corrélatif de la chose qui a été détruite et est destinée à la remplacer dans les biens du propriétaire. Pourquoi dès lors les créanciers privilégiés et hypothécaires ne seraient-ils pas préférés, puisque c'est bien leur chose qui a été assurée ? Pourquoi le sinistre donnerait-il aux créanciers chirographaires des droits qu'ils n'avaient pas ? Ne craint-on pas de compromettre la sécurité publique en provoquant au crime par l'intérêt ?

Enfin ne voit-on pas que si l'on admet que l'indemnité ne représente pas la chose assurée, il s'en suivra que les assurés qui n'ont sur l'objet que des droits résolubles, soumis par exemple à un retour, à une action en rescission à une substitution, trouveront dans l'assurance une source certaine de bénéfices, puisque, l'action de ceux qui peuvent exiger le rapport ou la restitution se trouvant éteinte par la perte de la chose, ceux-ci n'ont aucun droit sur l'indemnité qui profitera exclusivement à l'assuré (1) ?

On invoque encore à l'appui de ce système la loi des 10-22 décembre 1874 sur l'hypothèque des navires, dont l'article 17 décide formellement que l'hypothèque continue à s'exercer sur l'indemnité comme sur le navire lui-même.

Ce système parait, nous ne pouvons le nier, conforme aux règles de l'équité. Si une loi était faite sur la matière il n'est pas douteux qu'on y verrait introduire une disposition qui le consacrerait. Mais dans l'état actuel de la législation, il nous parait difficile de le soutenir avec quelque chance de succès. Les assurances contre l'incendie n'étaient pas assez connues

---

(1) Boudousquié n° 136. — Colmar 25 août 1826. D. 27. 2. 122. — Rouen 27 décembre 1828. D. 3. 2. 33. — Bordeaux 28 janvier 1830. D. 39. 2. 142 ; 19 mars 1857. Ass. 57, p. 228. — Nimes 20 juin 1860. Ass. 6', p. 369.

en 1804 pour que le législateur ait cru devoir introduire dans le Code de dispositions qui les régissent. Lorsqu'on tentât en 1849 de réformer le régime hypothécaire, on proposa d'attribuer aux créanciers hypothécaires un droit de préférence sur les créanciers chirographaires; mais le projet n'aboutit pas ; et nous ne trouvons aujourd'hui dans nos lois aucune disposition qui nous permette de nous ranger à cette opinion. Aussi est-elle repoussée par la presque unanimité des auteurs et par une jurisprudence constante.

On s'accorde généralement à décider que l'indemnité n'est pas l'immeuble et qu'on ne saurait la regarder comme le représentant.

L'indemnité, due par une compagnie d'assurances ne constitue pas, dans ce système, un prix représentatif de l'immeuble incendié, mais une simple créance résultant du contrat d'assurance et formant la contre valeur aléatoire de la prime payée par l'assuré.

« Vainement essaierait-on, dit M. Colmet de Santerre (1), d'assimiler la créance d'indemnité à la créance d'un prix de vente pour transporter l'hypothèque sur l'indemnité comme on la transporte sur le prix de vente. L'assimilation est loin d'être exacte parce que le prix de vente est produit par l'immeuble, il est le résultat d'un échange de valeur : le vendeur a échangé sa propriété contre le prix ; mais l'indemnité due par l'assureur ne provient pas de l'immeuble assuré, elle est née d'un contrat à part, qui s'est formé, on peut le dire, à côté de l'immeuble, dont cet immeuble a été l'occasion, sans avoir pour objet l'immeuble qui n'était pas promis par une partie et acquis par l'autre. — Le contrat d'assurance est un accident ; le propriétaire pouvait le faire ou ne pas le faire ; donc ce n'est pas l'immeuble incendié qui par lui même produirait le droit à l'indemnité ; si l'assurance n'avait pas eu lieu, l'incendie n'aurait pas engendré l'indem-

(1) Hyp. 100 bis II.

— 329 —

nité. Le droit à l'indemnité est acquis par le paiement des primes qui ont été fournies non pas par la valeur même de l'immeuble mais par d'autres valeurs, de l'argent ou des meubles, qui n'étaient pas affectées au droit des créanciers hypothécaires. »

Il est impossible, à notre avis, de mettre mieux en lumière les motifs qui s'opposent à ce qu'on puisse jamais confondre l'indemnité avec l'immeuble et la regarder comme lui étant substituée par l'effet d'une subrogation réelle.

Ce principe établi, la solution de toutes les questions, que nous nous étions posés, s'impose.

Un immeuble hypothéqué vient-il à être incendié. L'hypothèque sur le bâtiment s'éteint ; et elle ne se reporte pas sur l'indemnité. Cette indemnité mobilière sera distribué entre tous les créanciers au prorata de leurs créances.

Tous les biens des débiteurs sont en effet le gage commun de ses créanciers ; et le prix en doit être distribué par contribution, à moins qu'il n'y ait entre eux de cause légitime de préférence (art. 2092). Or, aux termes de l'article 2115 du Code Civil, l'hypothèque n'a lieu que dans les cas et dans les formes déterminés par la loi ; aux termes de l'article 2118, les biens immeubles et leurs accessoires réputés immeubles sont seuls susceptibles d'hypothèque. Donc l'indemnité payée par la compagnie d'assurance n'appartient pas par préférence aux créanciers, qui avaient hypothèque sur cet immeuble. Aucune loi n'affecte par privilège la somme assurée en cas de perte de l'immeuble aux créanciers inscrits. — Cette solution est au reste universellement admise aujourd'hui (1). De même et pour les mêmes motifs, si le locataire avait fait assurer son mobilier sur

---

(1) Mourlon III. 1501.—Aubry et Rau § 634 texte et note 19. — Colmet de Santerre Hypothèques 100 bis II et 166 bis II. — Pardessus n° 594. — Persil n° 180. — Grün et Joliat n° 110. — Quesnault n° 309. — Troplong. Hyp. n° 390. — Goujet et Merger n° 289. — Cass. 28 juin 1831. D. 31. 1. 214. — Limoges 24 novembre 1831. — Grenoble 27 février 1834. Paris 8 avril 1834.

lequel le propriétaire avait privilège, ce privilège ne se reporterait pas sur l'indemnité d'assurance (1).

Les statuts de plusieurs compagnies sont cependant contraires à ces principes. Ils portent que l'indemnité sera payée par préférence aux créanciers hypothécaires. Mais cette convention ne saurait avoir aucune force à l'égard des tiers. Comme le fait remarquer M. Alauzet (2), cette clause peut bien avoir entre l'assureur et l'assuré cette valeur que celui là s'oblige à ne pas se dessaisir au préjudice des créanciers hypothécaires de la somme dont il sera débiteur et que l'assuré de son côté ne pourra critiquer cette destination donnée au montant de l'assurance; mais elle ne peut obliger les étrangers à respecter les conventions contenues dans la police ou leur être préjudiciable; et, s'il y a opposition, ce serait à leurs risques et périls que les assureurs passeraient outre et paieraient par préférence les créanciers hypothécaires (3).

Le donateur est libéré de l'obligation de rapporter l'immeuble donné à la succession, lorsque celui-ci a péri par cas fortuit et sans sa faute, soit avant soit après l'ouverture de la succession. Il n'est tenu de le rendre que dans l'état où il se trouve (art. 855 et sqq).

Si le donataire avait fait assurer cet immeuble, il ne serait pas tenu de rapporter à la succession l'indemnité qu'il aurait touchée d'une compagnie d'assurance. Cet indemnité n'est en effet, nous venons, de le démontrer, que l'équivalent de la chance aléatoire que l'assuré a couru en payant une prime et ne constitue en aucune façon la représentation de l'immeuble. La prime ayant été payée par le donataire, il est juste qu'il profite exclusivement des avantages d'un contrat,

---

(1) Trib. de la Seine. 10 janvier 1868. Ass. 68 p. 175. — Douai, 2 décembre 1869. D. 70. 2. 145. — Paris, 8 décembre 1879. Ass. 80. p. 91.
(2) n° 146.
(3) Cass. 15 février 1826. D. 26. 1. 138.

qu'il était libre de faire ou de ne pas faire et dont il a seul supporté les charges (1).

M. Demolombe qui adopte ce système (2), y apporte cependant une restriction : « Ce que l'on pourrait prétendre seulement, dit-il, c'est que l'indemnité serait rapportable dans le cas où elle aurait été payée au donataire, en exécution d'un contrat d'assurance qui aurait été passé par le défunt lui-même avant la donation ; car alors il serait vrai de dire que la donation comprenait le droit éventuel à cette indemnité, qui en effet aurait été acquise au défunt, si la donation n'avait pas été faite. »

On doit décider de même qu'en cas d'incendie d'un immeuble dotal, l'indemnité ne serait pas dotale. Les biens non constitués en dot sont en effet paraphernaux. Or la maison seule est dotale de part le contrat de mariage ; l'indemnité ne la représente pas et doit donc être paraphernale, aux termes du droit commun.

Mais il faut remarquer que dans cette hypothèse le sol reste dotal (1).

Ce système a cependant été vivement combattu. — On s'est fondé, pour attribuer à l'indemnité un caractère dotal, sur cette considération que le mari en faisant assurer n'a pas agi pour son compte, mais comme administrateur de la fortune de la femme.

Or, dans ces conditions, l'indemnité doit appartenir à la femme seule, et, dès lors, elle ne peut être que dotale. La dot ne pourrait dit-on, se trouver transformée ou diminuée pendant le mariage contrairement au vœu de la loi. Et il est évident que si l'on refuse d'attribuer à l'indemnité le caractère qui appartenait à l'immeuble, les biens paraphernaux

---

(1) Aubry et Rau § 634, texte et note 19—Nimes, 20 juin 1860. Ass. 61, p. 369. — Bordeaux, 30 mai 1877. Ass. 78, p. 51.

(2) XVI. n° 491.

(3) Nîmes, 20 juin 1860. Ass. 61. p. 369.

de la femme se trouveront augmentés au détriment de ses biens dotaux (1).

Ce système n'est que spécieux. Il ne peut se soutenir qu'à la condition de voir dans l'indemnité la représentation, la transformation, si l'on veut, de l'immeuble incendié.

Au reste, même en admettant que l'indemnité fut dotale, il ne s'ensuivrait pas qu'il y eut obligation de remploi, car les articles 1549 et 1550 en permettant au mari de toucher la dot et d'en donner quittance, ne l'assujétissent à aucune garantie ; et on ne peut lui imposer ce que la loi elle même n'a pas exigé (2).

Il nous reste à examiner une question des plus controversées dans la doctrine et dans la Jurisprudence. Un immeuble est loué. Le locataire prend soin de se faire assurer contre les risques locatifs. Puis la maison est incendiée. A qui devra être payée l'indemnité, due par la compagnie d'assurance ?

Sera-t-elle exclusivement affectée au propriétaire envers lequel le locataire aura été déclaré responsable de l'incendie ? Ou bien entrera-t-elle dans le domaine du locataire pour y former le gage commun de ses créanciers et y être distribuée entre eux par voie de contribution, ou le propriétaire ne sera appelé que comme un créancier ordinaire ?

La question, nous l'avons dit, est très discutée. Les auteurs se montrent fort divisés et la Jurisprudence est, il faut l'avouer, bien loin d'être encore fixée.

On enseigne dans un premier système, qui est peut être le plus conforme à la rigueur du droit, et en faveur de qui les tribunaux paraissent pencher actuellement, que l'indemnité doit être payée au locataire et que le propriétaire n'a sur elle aucun droit privatif et peut seulement, comme les autres créanciers, y venir par contribution.

---

(1) Dall. rep. v° Contrat de mariage, n° 4030. — Trib. de Lyon. 31 août 1860. Ass. 61, p. 90.

(2 Nîmes, arrêt cité.

Tous les biens d'un débiteur sont, dit-on, le gage commun de ses créanciers, et le prix s'en distribue par contribution, à moins qu'il n'y ait entre eux une cause légitime de préférence (art. 2092). On ne crée pas de privilège par interprétation.

Or rien, dans l'espèce dont nous nous occupons, n'autorise à penser que les parties, signataires de la police d'assurance, aient eu la volonté de déroger à cette règle générale et d'attribuer exclusivement au propriétaire de l'immeuble le montant de l'indemnité.

Le propriétaire n'a pas été partie à la convention. Le locataire n'a pas agi non plus comme son *negotiorum gestor*. S'il a stipulé, c'est dans son intérêt personnel, pour se garantir contre les risques d'un événement qui lui causerait un dommage éventuel possible et pour se mettre à l'abri de la responsabilité qui pouvait lui incomber aux termes de l'article 1733. Mais il n'a eu aucunement pour but d'assurer les risques du propriétaire. Comment donc admettre celui-ci à réclamer le bénéfice d'une convention à laquelle il est resté absolument étranger? C'est le locataire qui a stipulé la créance conditionnelle d'indemnité, qui l'a stipulée pour lui et son nom; et dès lors, comment ne ferait-elle pas partie de son actif? Car l'indemnité est allouée, il faut se le rappeler, non pas comme représentant la chose, mais comme équivalent des primes, payées par l'assuré et prises sur ses revenus (1).

Ce système nous ne songeons pas à le contester, est peut être juridiquement exact, c'est-à-dire qu'il est conforme à la rigueur du droit. Mais il nous semble si contraire à son esprit et à la nature spéciale du contrat d'assurance ; il nous paraît

---

(1) Alauzet 452. — Cass. 31 décembre 1862. D. 62. 2. 114. — Cass. 26 janvier 1863. D. 63. 1. 425.

blesser si profondément l'équité, qu'il nous est bien difficile de l'admettre (1).

Il aboutit en effet à des conséquences bizarres qui choquent à la fois le bon sens et l'équité et renversent toute l'économie du contrat d'assurance ; et par suite il est pratiquement inapplicable.

Et d'abord les créanciers, qu'on tend à protéger, n'auront jamais rien à y gagner ; car jamais ils ne pourront réclamer le bénéfice de l'égalité qu'on voudrait leur attribuer ; et voici pourquoi.

Le locataire ne peut, nous le savons, agir en responsabilité contre son assureur que lorsqu'il a été poursuivi par son assureur. Jusque là la compagnie, qui a couvert les risques locatifs, ne doit rien. Que fera donc le propriétaire s'il craint de se voir réduit à un dividende dans la faillite de son locataire ? Il ira trouver l'assureur de celui-ci et lui proposera une transaction qui sera sans aucun doute acceptée. Moyennant une indemnité, supérieure au dividende probable, mais inférieure à la somme due pour réparation du sinistre, il s'engagera à garder le silence. L'assureur de son côté gagnera à cet arrangement, puisqu'il achetera ce silence avantageux pour une somme moindre que celle qu'il aurait eu à verser entre les mains du locataire ou des créanciers de celui-ci.

Il y aurait là une collusion, frauduleuse si l'on veut, un résultat bizarre, mais qui suffirait à démontrer que l'action en indemnité n'est pas la propriété du locataire ni de ses créanciers, puisqu'ils peuvent s'en trouver dépouillés par la seule volonté du propriétaire. La légalité de ce procédé ne saurait être mise en doute ; la jurisprudence le reconnait formellement (2).

---

(1) Consultez sur ce point la thèse de doctorat présentée à la faculté de droit de Toulouse, par M. Gay, le 28 mars 1868. Nous empruntons à cet ouvrage une grande partie des développements qui suivent.

(2) Nancy, 20 mars 1875. Ass. 76, p. 89. — Cass 5 février 1878, Ass. 98, p. 81.

— 335 —

« Attendu en droit, dit un arrêt de la Cour de Nancy, confirmé par la Cour de Cassation, que le locataire qui s'est fait assurer contre le risque locatif n'a pas par le seul fait de l'incendie une action déjà née pour contraindre l'assureur à lui payer une somme représentative de la valeur du dommage causé à l'immeuble ; qu'en effet une action récursoire ou en indemnité ne saurait être intentée à raison d'un préjudice simplement possible, et qui, pouvant par conséquent ne pas avoir lieu, n'est pas encore à réparer ; que cette action ne peut se fonder que sur un préjudice réel, rendu constant et certain soit par le paiement d'une somme soit par une condamnation judiciaire ; que jusqu'alors l'obligation de l'assureur reste conditionnelle puisqu'elle dépend d'un événement futur et incertain.

« Attendu que l'assureur du locataire, n'étant ainsi débiteur que sous condition suspensive, a droit et intérêt à prévenir l'accomplissement de la condition qui le rendrait débiteur pur et simple ; qu'il peut donc légitimement s'entendre avec le propriétaire de l'immeuble incendié pour prévenir les conséquences de son action, en le désintéressant ou en transigeant avec lui ; que, s'il y parvient, son obligation conditionnelle envers le locataire est éteinte aux termes de l'article 1176.

« Attendu que d'autre part, le locataire ne peut plus dès ce moment réclamer l'indemnité d'un préjudice qui ne peut désormais lui être causé, l'action que le propriétaire avait contre lui se trouvant définitivement éteinte. — Par ces motifs.... (1). »

On peut donc en conclure que, puisque le locataire peut se trouver dépouillé de l'indemnité contre sa volonté et par

---

(1) La survenance d'une faillite n'enlevant ni aux débiteurs du failli ni à ceux qui sont obligés envers lui le libre exercice de leurs droits et ne pouvant aggraver ni modifier leur situation, il en résulte que l'assureur du locataire peut, avant comme après la faillite, prévenir l'accomplissement de la condition sous laquelle il était obligé, en éteignant le recours. Il rend par cela même le failli complétement indemne et satisfait donc à son obligation.

le seul fait du propriétaire, c'est que l'action ne lui appartient pas, n'a jamais été dans ses biens, et appartient, en vertu d'un droit propre et exclusif, à ce propriétaire (1).

Le système que nous combattons se heurte encore, dans un autre ordre d'idées, à une seconde impossibilité pratique d'application.

Dans la plupart des polices (on pourrait même dire dans toutes) l'assureur se réserve le droit de rétablir l'immeuble incendié dans son état primitif. Cette clause ne tend-elle pas, dit Me Rendu (2), à établir que, dans l'esprit du contrat d'assurance de ce risque, l'assurance ne peut bénéficier qu'au propriétaire, et que c'est seulement d'une manière indirecte qu'elle peut profiter au locataire, en lui procurant sa libération ?

Si l'assureur use de l'alternative qu'il se réserve et fait reconstruire le bâtiment incendié, pourra-t-on sérieusement soutenir que les créanciers du locataire auraient le droit de demander au propriétaire le versement dans la caisse commune du prix de ces réparations, sauf à reprendre plus tard son dividende dans la répartition, au marc le franc ? Non ; — car il est évident que le locataire et ses représentants seraient ici sans droit.

Et, dans ces conditions, n'est-il pas bizarre que le droit et la qualité des créanciers puisse dépendre du mode d'exécution de l'obligation ? Peut-on admettre qu'un débiteur puisse au gré de sa fantaisie attribuer avantage à tel ou tel d'entre eux, au détriment des autres ?

« Signaler les conséquences, dit M. Gay, c'est juger le système qui les produit. Si la question est résolue dans l'hypothèse précédente en faveur du propriétaire c'est que son droit est antérieur à l'exécution de l'obligation ; et si

---

(1) Paris 13 mars 1837. Sir 37. 2. 370
(2) Avocat à la Cour de Cassation.

ce droit est préexistant, s'il lui appartient, il ne peut être revendiqué par les créanciers du locataire.

Enfin la théorie de la Cour de Cassation renverse absolument l'économie du contrat d'assurance, en ce sens qu'elle arrive à procurer au locataire un enrichissement ou tout au moins à améliorer sa position. C'est ainsi que l'actif du débiteur, insuffisant peut être pour lui faire obtenir un concordat, pourra s'élever assez pour obtenir ce résultat, si l'on y joint le montant de l'indemnité qui lui serait payée :

Supposons par exemple qu'il n'y ait pas d'assurance du risque locatif et que le failli ne puisse offrir qu'un dividende de 10 % à ses créanciers. Si l'on ajoute à l'actif du locataire le montant de l'indemnité, cette somme profitera à ses créanciers et élèvera nécessairement l'actif de 10 à 20 % par exemple, dans des conditions qui décideront le créancier à accepter des propositions de concordat.

Il y a là certainement un bénéfice pour l'assuré. Or c'est là un résultat auquel l'assurance ne doit jamais aboutir ; car il est de l'essence du contrat que l'assuré ne puisse dans aucun cas avoir intérêt à l'arrivée du sinistre.

Nous citons ce dernier argument sans nous l'approprier ; car nous devons avouer que nous ne le trouvons pas aussi concluant, qu'il le parait à M. Gay ; et voici pourquoi. C'est qu'en réalité l'assuré ne s'enrichira pas. Il paiera un créancier, au lieu d'en payer un autre ; mais le chiffre des dettes impayées restera toujours le même.

M. Nachet, Conseiller à Cour de Cassation, montre parfaitement, dans son rapport (1), qu'il n'y a pas lieu d'invoquer ici le principe que l'assurance ne doit pas être une source de bénéfices pour l'assuré : « Ce principe, dit-il, dans son sens direct et primitif, n'exprime rien de plus, si ce n'est que l'assurance peut s'étendre à toute la valeur de la chose

---

(1) D. 68. I. 68.

— 338 —

assurée, mais ne doit jamais dépasser cette valeur. Vouloir faire de cette règle, spéciale aux rapports de l'assureur et de l'assuré, la règle des rapports de l'assuré avec les tiers et plus encore la règle des rapports des créanciers de l'assuré entre eux, ce serait à nos yeux se méprendre. D'ailleurs dans l'espèce, le locataire ne reçoit que ce qu'il doit lui même au propriétaire et ses créanciers ne reçoivent que ce que leur doit leur débiteur. »

Sous le bénéfice de cette réserve, nous pensons qu'il est impossible d'admettre avec le premier système que nous avons exposé, que l'indemnité constitue le gage commun de tous les créanciers du locataire. Une telle opinion se heurte à notre avis aux bases mêmes du contrat, aux conséquences invraisemblables qu'elle engendre ; elle heurte l'équité et le sens commun.

Il faut donc décider que le propriétaire a un droit privatif et exclusif à l'indemnité due pour risques locatifs ; et nous allons chercher à établir par des arguments directs, l'existence de ce droit que nous croyons devoir lui reconnaître (1).

La base juridique la plus solide qu'on puisse, à notre avis, assigner à un droit de cette nature consiste à déterminer avec exactitude le caractère de l'assurance du risque locatif. Ce caractère ressort, pensons nous, bien nettement et du but que s'est proposé le locataire et des termes mêmes de la police.

Une assurance de cette nature n'est autre chose qu'une stipulation faite par le locataire dans son propre intérêt, mais faite en même temps dans l'intérêt d'un tiers, c'est-à-dire du propriétaire, que l'assureur s'engage à désintéresser:

---

(1) Voyez en ce sens : Pouget. Dict. Ass. II, p. 107. — Lehir IV, p. 278. — Ass., 11ᵐᵉ année, p. 90. — Dall vᵒ Ass. nᵒ 443. — Trib. de Rouen, 22 mai 1857. Ass. 58, p. 15. — Paris, 11 mai 1861. Ass. 61, p. 365. — Voyez surtout un jugement du tribunal de commerce de Calais du 19 décembre 1869. Ass. 70, p. 33. — Cp. Paris, 24 mars 1855. Ass. 55, p. 407.

stipulation que l'article 1121 déclare parfaitement valable à l'égard de celui-ci. Interpréter la convention de cette façon, c'est l'entendre dans un sens conforme à la volonté primitive du locataire. Quel a été le but poursuivi et recherché par lui ? C'est uniquement de trouver dans l'assurance une garantie contre le recours que le propriétaire peut exercer contre lui aux termes des articles 1733 et 1734. L'assureur s'est engagé non pas à payer une somme représentative de l'immeuble, mais à rapporter quittance au locataire, à le rendre indemne et à le décharger de toute responsabilité. Cette intention ressort des termes mêmes du contrat. La police ne porte pas que, dans le cas d'un incendie dont l'assuré serait responsable, il lui sera payé une somme égale à l'indemnité qu'il aurait lui-même à fournir à son propriétaire. Elle stipule que l'assureur sera tenu de garantir l'assuré contre la responsabilité dont celui-ci pourrait être tenu.

Pour que l'acquittement de la dette contractée en ces termes soit complet, pour que l'engagement soit exécuté et éteint, il faut que le propriétaire soit payé. Il est donc nécessaire que le paiement se fasse à son profit. Autrement la responsabilité de l'assureur continuerait à subsister ; et le contrat, alors même qu'il y aurait eu paiement, ne serait pas exécuté. Il y a là en quelque sorte une obligation de faire qui ne peut profiter qu'à l'un des stipulants et ne peut dès lors être invoquée que par lui seul.

Cet argument nous paraît juridiquement irréfutable.

M. Gay fait d'ailleurs remarquer, et avec beaucoup de raison, que nous trouvons dans notre droit civil, en matière de location, une action directe absolument semblable, et dont ni la jurisprudence ni la doctrine ne cherchent cependant à contester l'existence. C'est celle que l'on reconnait au propriétaire, aux termes de l'article 1753, et qui lui permet d'agir, tant pour les loyers que pour les réparations, contre les sous-locataires, par une action personnelle et directe, et sans qu'il ait besoin d'invoquer le bénéfice de l'article 1166.

« N'y a-t-il pas là, dit-il, un argument d'analogie péremptoire ? L'espèce est identique à celle qui nous occupe ; le locataire ne sous-loue pas dans l'intérêt du propriétaire ; le contrat qu'il passe avec le sous-locataire lui est étranger, le propriétaire peut même l'ignorer. La créance des baux est bien dans le patrimoine du locataire principal, et cependant le bailleur aura le droit d'agir, suivant la mesure établie par l'article 1753, sans que les créanciers du locataire principal puissent se plaindre et exiger l'addition de ces sommes à la masse active de leur débiteur. »

Le propriétaire peut donc agir directement contre les sous-locataires tant pour le paiement des loyers que pour les réparations et en particulier pour les réparations qui seraient rendues nécessaires par la survenance d'un incendie. Le sous-locataire ne joue-t-il pas ici à l'égard du locataire principal le rôle d'assureur du risque locatif ? L'analogie n'est-elle pas parfaite ?

Ajoutons que le résultat contraire serait injuste et aboutirait à enrichir les créanciers de la faillite, auxquels l'incendie n'a causé aucun préjudice, au détriment du propriétaire, qui seul a souffert.

La question que nous venons d'étudier se pose en des termes identiques pour le cas d'assurance contre le recours des voisins.

La controverse est la même, et les arguments, qu'on invoque dans l'un et l'autre sens, présentent une parfaite analogie. Aussi proposons nous de décider qu'en cas d'assurance de cette nature, l'indemnité appartient en propre aux voisins, éventuellement subrogés dans tous les droits que l'assuré responsable de l'incendie peut avoir à exercer contre l'assureur. Les voisins peuvent en conséquence réclamer cette indemnité par une action directe et à l'exclusion des créanciers de l'assuré (1).

Il est bon de remarquer que ce privilège, que nous pensons devoir reconnaître au propriétaire et aux voisins, est formellement reconnu par la loi belge de 1874. L'article 38, titre XI, ch. 1er de cette loi est ainsi conçu « En cas d'incendie d'un immeuble l'indemnité due au locataire qui a fait assurer les risques locatifs est dévolue au propriétaire de l'immeuble à l'exclusion des créanciers de l'assuré.

« De même l'indemnité due par l'assureur du recours des voisins appartient exclusivement à celui-ci ; le tout sans préjudice du droit du propriétaire ou des voisins, dans le cas ou l'indemnité ne le couvrirait pas de la perte. »

Espérons que nous ne tarderons pas à voir insérer dans nos lois une disposition aussi équitable !

---

(1) Paris, 24 mars 1855. Ass. 55, p 207.

CHAPITRE QUATRIÈME.

DE LA FORME ET DE LA PREUVE DU CONTRAT.

Le contrat d'assurance est un contrat purement consensuel.

L'accord seul des parties peut lui donner naissance et il n'a pas besoin d'être constaté par écrit. Mais de ce que la rédaction d'un écrit ne soit pas un des éléments essentiels du contrat, il ne s'en suit pas que le contrat soit de nature à s'établir par toute espèce de preuves. Si les parties conviennent de leurs obligations respectives, elles ne peuvent exciper de l'absence d'écriture et demander pour ce seul fait la nullité du contrat. Mais s'il y a contestation sur l'étendue des engagements, sur leur nature ou leur existence, nous retombons sous le coup des règles générales du code civil, qui n'admet la preuve par témoins qu'avec beaucoup de réserve.

Il y a donc ici à examiner deux questions distinctes qu'on est trop facilement porté à confondre : la forme elle même du contrat ; et les moyens de preuve dont on peut user pour en établir l'existence et l'étendue.

SECTION PREMIÈRE.

De la forme du contrat.

Le contrat d'assurance est toujours soumis dans la pratique à une rédaction écrite. Il se constate dans un acte qu'on appelle police (1).

L'ordonnance de 1781 exigeait que la police fût faite par écrit, mais permettait de la rédiger sous signature privée. Mais les lois antérieures avaient varié sur ce point ; Les ordonnances de Barcelone voulaient que toute assurance fut faite par acte public non seulement sous peine de nullité mais même sous peine d'amende. Rien ne justifiait une telle rigueur. Aussi les autres législations ne l'avaient elles pas consacrée. Mais elles ordonnaient, à peine de déchéance, que l'acte fut constaté par écrit (2); et l'on comprend facilement cette exigence si l'on songe que le contrat d'assurance est un contrat de droit strict, ou chaque clause a sa valeur, ou une circonstance même de peu d'importance omise ou mal définie, ou la moindre réticence dans les déclarations de l'assuré peut être en certains cas une cause d'annulation. Aussi l'article 332 du Code de Commerce exige-t-il que la police soit rédigée par écrit.

Cette nécessité d'un écrit ne saurait toutefois être imposée en matière d'assurances terrestres. L'écrit ne saurait être regardé ici comme nécessaire à la validité même de l'acte (3).

---

(1) Le mot police est d'origine italienne ; sa signification est celle d'un acte ou d'un billet, constatant soit une convention soit une promesse soit une simple reconnaissance.

(2) Ord. des Pays-Bas, 1563 et 1570 ; d'Amsterdam. 1598 ; de Rotterdam, 1604. — Code Suédois de 1667. — Code de Danemarck de 1683.

(3) Pothier n° 99.

Cette forme est absolument étrangère à la substance du contrat ; elle n'est nécessaire, disait Merlin (1), que pour faire conster de l'existence de la convention contre ceux qui voudraient la nier. Mais à quelque somme que puisse monter l'assurance, on est en droit d'en alléguer l'existence; et celui contre qui on invoque cette allégation ne peut s'en défendre qu'en affirmant que la convention n'a pas eu lieu avec lui.

Aucune loi ne dispose que l'écriture est de l'essence du contrat d'assurances terrestres. Ce contrat reste donc sous l'empire des règles du droit commun, suivant lesquelles les conventions peuvent en principe exister sans écrit (2).

De ce principe général, on a déduit que, du moment où il y aura eu de la part de l'agent et de l'assuré une intention formelle de contracter avant la signature de la police et le paiement de la première prime, le contrat existera, contrairement à l'usage et même aux statuts de la compagnie (3).

C'est ainsi que cette situation peut résulter, en l'absence de police, de la quittance de primes consentie par l'agent de la compagnie, et de la remise des plaques (4).

La Cour de Cassation (5) a encore décidé en ce sens que le contrat d'assurance peut être déclaré obligatoire avant la signature de la police et le paiement de la prime, malgré les dispositions contraires des statuts ; et spécialement que le contrat peut être prouvé par l'inscription sur le livre-journal de l'agent, qui a préparé une quittance à souche, et

---

(1) Rép. v° Police et contrat d'assurance n° 2.

(2) Valin. Comm. de l'ord. de 1681, p. 446. — Vincens III, p. 272. — Pardessus III, p. 792. — Alauzet I. 181. — Devilleneuve et Massé. Dict. v° Ass. Mar. n° 34. — Cass. 15 février 1826. Sir 17. 1. 131 ; 15 juin 1857 et 29 mars 1859. Sir 59. 1. 132 et 476. — Grenoble 18 novembre 1850. D. 55. 2. 180. — Bordeaux 26 janvier 1855. Ass. 55, p. 169. — Douai 1er mars 1856. D. 57. 2. 305.

(3) Cass 29 mars 1859. Ass. X, p. 225. — Colmar 12 mars 1861. Sir 61. 2. 561. — Douai 12 mars 1856. Sir 59. 2. 132. — Colmar 4 février 1868. Sir 68. 2 102.

(4) Cass 15 février 1826.

(5) 15 juin 1857. Sir 57. 1. 152.

par l'offre que l'assuré a faite du paiement de la prime contre la remise de la police, paiement et remise qui n'ont été différés que pour la régularisation de la police par l'agent.

Mais toutefois, en présence de l'usage général de la rédaction écrite, la présomption est, jusqu'à preuve contraire, qu'il n'a pas été dérogé à cette règle, surtout si une clause de la police, connue de l'assuré, portait que l'assureur et l'assuré ne sont engagés qu'après que la police a été signée de part et d'autre (1).

Les parties ne sont donc engagées en principe, à moins d'une intention contraire suffisamment établie, que lorsque la police a été signée de part et d'autre. Et, par exemple, l'assuré dont la police est expirée au moment du sinistre, est sans droit à une indemnité, si une nouvelle police n'a pas été signée. Il en serait ainsi alors même qu'il y aurait eu préparation de la police nouvelle inscrite sur les registres de souscription de l'agent de la compagnie, si cette police n'est pas signée par les parties et la première prime payée (2). Il en serait ainsi dans le cas même où la compagnie, par son administration centrale, aurait adhéré à une assurance proposée par un agent local (3).

L'assuré pouvait en effet jusqu'au dernier moment refuser la signature. Une convention à laquelle manquent des éléments aussi essentiels et dont l'imperfection permet encore à l'assuré de discuter et même de retirer son consentement ne peut être tenue pour un contrat définitif, établissant un lien de droit entre les parties contractantes (4).

---

(1) Grenoble, 18 novembre 1850 D. 55. 2. 180.

(2) Paris 31 juillet 1852. Ass. 53, p. 43. — Riom 29 décembre 1869. Ass. 71, p. 127. — L'agent de la compagnie qui n'a commis aucune négligence pour la signature de de la police n'est pas non plus personnellement responsable du sinistre. C'est à celui qui veut s'assurer à venir signer au siège de la Société.

(3) Douai 8 août 1856. Ass. 58, p. 139. — Cass 5 juillet 1859. Sir 59. 1. 566.

(4) Cass. 29 mai 1859. Ass. 60, p. 333. — Dijon 6 janvier 1860, eod. loc. — Cass. 5 novembre 1862. Sir 63. 1. 147.

L'usage de rédiger les polices par écrit est conforme aux intérêts de tous. Il est plus nécessaire ici que partout ailleurs. Le contrat d'assurance n'a pas été en effet réglementé par la loi. Tous ses effets sont le résultat de la convention. La police doit donc spécifier tous les points.

Le contrat peut contenir une infinité de clauses qui, lorsqu'elles ne dérogent pas à l'ordre public, à la loi ou aux bonnes mœurs doivent être ponctuellement exécutées : Avant de signer une clause, il faut donc en bien peser les termes, en considérer toute l'étendue ; mais lorsqu'elle est écrite, elle doit être observée dans son entier.

On conçoit qu'on ne saurait, dans ces conditions, apporter trop de soin à la rédaction des polices. « Verba (3) assecurationis ponderanda sunt, quod ii contractus recipiunt legem a pactis et conventionibus. » Aussi tous les codes étrangers réglementent-ils cette rédaction avec un soin minutieux (4). En France, l'article 332 du Code de Commerce, spécial aux assurances maritimes, indique les diverses mentions qu'on doit y insérer. Il faut, par analogie appliquer cet article aux assurances terrestres mais sans qu'on puisse jamais arguer le contrat de nullité pour le seul fait de l'omission de l'une d'elles.

L'absence d'une législation, spéciale à la matière des assurances, a fait adopter l'usage général des polices imprimées. On trouve dans toutes les compagnies des polices, qui contiennent les conditions du contrat, détaillent avec précision les engagements des deux contractants et forment ainsi la véritable règle du contrat.

Ces conditions sont parfaitement valables et obligatoires pour les parties. On avait été tenté, dans le début, sous le prétexte que l'assuré n'en prenait ordinairement pas connaissance et ne se donnait même pas la peine de les lire,

---

(1) Rote de Gênes. déc. 102. § 105.

(2) Code Hollandais, art. 256, 287, 299 ; Wurtemberg. art. 482, 492, 498 à 500, 505, 506 ; Code espagnol, art. 420.

d'en contester la validité. Les polices étaient, disait-on, de véritables pièges, tendus à la crédulité ou à la bonne foi des assurés. Les compagnies y accumulaient toutes les déchéances, résolvaient invariablement les cas douteux à leur profit etc.; et, dès lors, les tribunaux, ne devaient point être tenus de faire respecter un contrat, qui présentait toujours un caractère léonin.

On est bien revenu aujourd'hui, hâtons-nous de le dire, sur ces préventions d'un autre âge. N'était ce pas le cas de dire avec Valin que c'est précisément dans les clauses imprimées qu'il y a lieu d'appréhender le moins de surprises. Leur notoriété met quiconque à même de juger, par lui-même ou par le secours d'autrui, de la valeur et de la force des clauses qui y sont insérées. Le fréquent usage qu'on en fait en rend l'idée familière.

Aussi la jurisprudence, après quelques hésitations, proclame-t-elle aujourd'hui, que toutes les clauses de la police sont également obligatoires. La signature, apposée par les contractants au bas de cette police, implique nécessairement de leur part la connaissance et l'approbation de toutes les conventions qu'elle renferme (1).

A la suite des clauses imprimées se trouvent les clauses manuscrites, le *libellé* de la police. Ces clauses peuvent porter des dérogations aux clauses générales imprimées ; et, en cas de contradiction, elles devraient être suivies de préférence. La loi particulière, si elle déroge à la loi générale, doit en effet servir de règle. Les clauses imprimées s'adressent à tout le monde et contiennent ce qu'il est probable que toutes les parties acceptent ; mais les clauses manuscrites contiennent ce que très certainement la per-

---

(1) Cass. 2 août 1875. D. 75. 1. 410 ; 17 mars 1880. Ass. 80, p. 405. — Bordeaux, 14 juillet 1873. Ass. 74, p. 45.

sonne désignée dans la police a voulu dans le cas particulier (1).

On peut pour se rendre compte de la forme que doit revêtir la police et des énonciations qu'elle doit contenir, consulter, mais à titre de simple renseignement, l'article 332 du Code de Commerce.

Elles doivent être rédigées sur papier timbré. Mais les compagnies ont la faculté de se soustraire à cette obligation, au moyen de l'abonnement, c'est-à-dire en payant une taxe annuelle de 0,04 °/₀₀ des capitaux assurés garantis. Plusieurs d'entre elles, et des plus importantes, la compagnie d'Assurances générales, la Nationale, la Providence et l'Urbaine viennent tout récemment de renoncer à ce mode de perception à la suite de nombreuses difficultés suscitées par l'administration du Timbre.

Elles ne doivent contenir aucun blanc ; mais aucune nullité n'est attachée aux prescriptions de la loi à cet égard. Le blanc, quoique toujours suspect puisqu'il favorise singulièrement la fraude ne saurait entraîner la nullité (2).

Le contrat doit en outre contenir, une désignation exacte des biens assurés et une énumération des obligations que les contractants prennent, l'un vis-à-vis de l'autre. Ce serait une superfétation de les indiquer ici. Il suffira de se reporter à cet égard soit à l'article 332 du code de commerce, soit aux divers chapitres de cette étude

Il importe de remarquer que les Cours d'appel sont souveraines appréciatrices de l'interprétation des clauses des polices et que leurs décisions échappent absolument à la censure de la Cour de Cassation (3).

---

(1) Alauzet 186. — Emérigon, ch. 2. sect. 3. 4 § 2. — Grün et Joliat 252. — Quesnault, p. 126. — Pardessus n° 792. — Boudousquié, p. 257. — Gand 20 août 1861. Ass 62, p. 132.

(2) Aix 29 avril 1823. Sir. 23. 2. 204.

(3) Cass. 3 avril 1861 Ass. 61, p. 410.

Enfin les polices d'assurances doivent être datées et signées des parties.

Notons que l'article 1328 du Code civil n'est pas applicable ici et que la police, quoique non enregistrée, pourrait faire foi de sa date même à l'égard des tiers. C'est en effet un principe généralement admis que l'article 1328 n'est pas applicable aux actes sous seing privé qui constatent des opérations commerciales. Les juges ont donc le pouvoir de constater, même à l'égard des tiers, la sincérité du contrat d'assurance, à l'aide des pièces, faits et circonstances de la cause. La nécessité de l'enregistrement pour les polices serait une véritable anomalie en matière commerciale et se trouverait en opposition avec les usages et les nécessités du commerce (1).

Enfin les polices doivent être signées des parties, jusque là elles ne constituent qu'un projet.

Les polices, dit M. Alauzet, sont souvent signées par plusieurs assureurs, si celui qui signe la première déroge par une annotation particulière aux clauses imprimées ou écrites dans le corps de l'acte, tous ceux qui souscrivent après lui la même police sont censés l'avoir fait sous la même condition, à moins d'une volonté contraire formellement exprimée. Cet usage est très ancien ; il s'est maintenu sans interruption jusqu'à nos jours et doit encore être appliqué (1).

Une fois signée, la police ne peut être annulée ou modifiée que du consentement des deux parties. Les modifications que celles-ci conviennent d'y apporter, les changements dans les objets assurés, l'augmentation ou la diminution des valeurs et des risques, les ventes et changements de domicile, etc., sont constatées par des actes appelés *Avenants* (de Advenant, venant après).

---

(1) Alauzet 188. — Pardessus II. 246. — Massé VI, n° 66. — Larombière IV. art. 1328 n° 52. — Demolombe, contrats VI n° 581 et les nombreuses autorités qu'il cite. — Cass. 14 décembre 1858. Sir. 60. 1. 987. — Contrà · Persil, p. 79.

L'avenant est au reste soumis aux mêmes conditions de forme et de rédaction que la police primitive.

SECTION DEUXIÈME.

De la preuve du Contrat.

Nous venons de reconnaître que l'écrit n'est pas de l'essence du contrat d'assurance qui peut parfaitement exister sans lui. C'est un principe incontestable, bien qu'il soit en opposition avec une pratique constante. Mais du moment ou la convention est contestée, soit dans son existence soit dans son étendue, on retombe sous l'empire des lois de droit commun qui régissent la preuve.

La preuve du contrat d'assurance est une question qui a divisé tous les auteurs, à tel point que, suivant l'expression de M. Alauzet, il faudrait remonter jusqu'au camp d'Agramant pour trouver un exemple de discorde pareille. Les uns admettent la preuve testimoniale sans conditions ; d'autres ne l'admettent qu'avec des réserves; d'autres enfin la repoussent toujours.

Nous avouons que pour notre part nous ne voyons pas trop comment ce sujet peut prêter à tant de controverses et de discussions. Aucune raison ne permet, pensons nous, de soustraire le contrat d'assurance aux règles ordinaires du droit commun. Qu'on applique purement et simplement ces règles et les solutions deviendront sûres et faciles.

L'assurance est-elle inférieure à 150 francs, elle pourra être établie par témoins et même par simples présomptions.

---

(1) Straccha de Assec. gl. 40. — Alauzet 189. — Aix 23 avril 1825. D. 25. 2. 206.

Nous venons de voir en effet que l'écriture n'est pas de l'essence du contrat.

L'assurance est-elle au contraire supérieure à 150 francs, elle ne pourra être prouvée que par écrit, à moins qu'on ne se trouve dans un des cas d'exception prévus par la loi.

Le Code civil forme en effet en France le droit commun. Ce sont toujours ses dispositions qui doivent être appliquées lorsqu'il n'existe pas de disposition expresse qui y déroge.

Lorsque la loi commerciale est muette, dit M. Alauzet, c'est le Code civil qui parlera pour elle, incomplète c'est le Code civil qui achevera sa pensée, obscure c'est le Code civil qui servira à l'expliquer. Or, nous ne trouvons dans le Code de commerce aucune disposition qui permette de déroger dans l'espèce aux règles du droit civil.

L'article 109 de ce Code autorise l'admission de la preuve testimoniale dans certains cas particuliers ; mais cette disposition est faite pour les achats et les ventes et ne saurait être étendue au-delà de ses limites.

On ne trouve nulle part pour le contrat d'assurance l'exception contenue dans l'article 109 pour les achats et les ventes. Dès lors, aux termes de l'article 1341 du Code civil, le contrat d'assurance supérieur à 150 francs ne peut être en principe prouvé que par écrit.

Mais, de la même façon qu'il faut appliquer la règle, il faut aussi appliquer les exceptions ; car on ne peut admettre que la loi commerciale soit plus sévère que le droit civil. C'est ainsi que le contrat d'assurance pourra, même au dessus de 150 francs, être établi par témoins s'il y a commencement de preuve par écrit (1). La compagnie soutiendrait en vain que, d'après ses statuts, le contrat n'a d'effet que du jour ou la police a été signée. La question est précisément

---

(1) Alauzet 782 et sqq. — Pardessus n° 792. — Grün et Joliat n° 197. — Massé II. p. 401.—Cass. 25 mars 1859. Sir. 59. 1. 476 ; 5 novembre 1862. Sir. 63. 1. 147.— Colmar 12 mars 1861. Sir. 61. 2. 561. — Rouen 17 avril 1866. Ass. 67, p. 417.

de savoir si elle n'a pas entendu contracter, en dérogation à cette clause (Colmar. arrêt cité).

D'un autre côté, l'article 1348 4° établit encore une exception à la nécessité de l'écrit, pour le cas où le créancier aurait perdu le titre qui lui servait de preuve littérale par suite d'un cas fortuit, imprévu et de force majeure. L'assuré, si la police a été détruite, dans l'incendie par exemple, serait admis dans ce cas à recourir à la preuve testimoniale ou même aux simples présomptions pour établir son droit (1).

La police doit, conformément au droit commun, être rédigée en double. Il faut bien que chacune des parties ait en mains la preuve de son droit. Aux termes de l'article 1325 du Code Civil, les actes sous seing privé, qui contiennent des conventions synallagmatiques, ne sont valables qu'autant qu'ils sont faits en autant d'originaux qu'il y a de parties ayant un intérêt distinct. Cette règle est applicable au pacte d'assurance, puisqu'il doit y avoir réciprocité d'obligations entre l'assuré et l'assureur. On ne trouve pas ici l'exception que l'article 109 du Code de Commerce consacre pour les achats et les ventes (2).

L'article 1325 doit donc être suivi. Au reste en matière d'assurances terrestres, l'usage est conforme à la loi. Les polices sont généralement faites en double et même en triple original (le troisième original est destiné à la Direction de la société).

Mais il est bon de remarquer que la question ne se poserait pas si toutes primes avaient été payées comptant ; car alors on ne serait plus en présence que d'une convention unilatérale.

---

(1) Pothier n° 102. — Alauzet 183. — Emerigon ch. 2 sect. 6. — Cass. 15 février 1826. D. 26. 1. 138. — Rennes 15 décembre 1832. P. XXIV, p. 1644. — Bordeaux 14 juillet 1873. Ass. 74, p. 45.

(2) Alauzet 184 et 347. — Aix 20 août 1813. P. XIII, p. 742. — Aix 23 novembre 1813, D. 14. 2. 82. — Cass. 19 novembre 1816. P. XIII. p. 742. — Contrà : Toullier VIII. n°s 342 et 343.

CHAPITRE CINQUIÈME.

DES MODES D'EXTINCTION DU CONTRAT D'ASSURANCE.

Le contrat d'assurance prend fin par l'expiration du temps pour lequel il a été consenti. Les obligations des parties ont été alors accomplies de part et d'autre, et le contrat a reçu son plein et entier effet.

Mais, à coté de ce mode normal d'extinction, il est sujet, comme tous les autres contrats d'ailleurs, à des causes nombreuses d'annulation et de déchéances ; nous avons eu bien des fois l'occasion de le signaler.

Toutes les fois que, pour quelque cause que ce soit, la police se trouve dissoute, soit partiellement, soit en totalité, il y a *Ristourne* (1).

Dans tous les cas ou le contrat n'a pas sorti son plein et entier effet, soit qu'il soit déclaré nul soit qu'il soit résilié, que cela provienne de la fraude ou de l'erreur de l'une ou de l'autre partie, le contrat est ristourné.

Les motifs, qui peuvent amener l'annulation ou la résiliation du contrat d'assurance, peuvent provenir de deux causes d'un ordre différent. Le contrat peut en effet se trouver ristourné soit par suite de causes intrinsèques, provenant ou de la nullité de la police ou de la disparition

---

(1) C'est le mot technique employé en matière d'assurance pour exprimer l'idée de dissolution du contrat. Il tend à indiquer que les assureurs ressortent, c'est à dire se tirent du péril. Le mot *Ristorne*, qu'on trouve dans le dictionnaire de l'académie n'est pas usité.

d'un des éléments essentiels de la convention : la perte ou la vente de l'objet assuré, par exemple; soit par suite d'événements extrinsèques, qui, sans toucher à l'existence du contrat lui même, viennent modifier profondément la situation des parties qui y ont figuré. Tels sont : la faillite de l'assuré ou de l'assureur, ou la mise en liquidation de la compagnie.

SECTION PREMIÈRE

Des causes intrinsèques de résiliation du contrat d'assurance.

Le contrat d'assurance est résolu :

1º Par l'expiration du temps pour lequel il a été consenti.

Quelques compagnies ont adopté toutefois le principe de la tacite reconduction et en ont fait une des clauses du contrat (1). Cette clause a besoin d'être formellement stipulée ; mais elle n'a rien de contraire à l'ordre public ni aux bonnes mœurs et est parfaitement légitime (2).

2º Par la perte totale de la chose assurée. Le contrat n'a plus en effet d'objet. Aussi serait-il nécessaire, dans le cas même où l'on ferait reconstruire le batiment assuré, de stipuler une nouvelle assurance ; car l'ancien contrat ne revivrait plus. Il n'en est pas de même de la perte partielle ; mais les compagnies se réservent en général la faculté de résilier dans ce cas la police en totalité.

3º Par la Nullité du contrat. Ce qui arrivera toutes les fois

---

(1) Soleil art. 11.
(2) Lyon 9 Janvier 1855. Ass. 55. p. 294 — Trib de la Seine 14 janvier 1874. Ass. 75 p. 294.

que l'assurance portera, par exemple, sur des risques finis ou sur un objet qui n'a jamais existé ou dont l'assurance est prohibée par la loi, qu'il y ait eu ou qu'il n'y ait pas eu fraude.

4° Par la Déchéance. Les compagnies se réservent dans bien des cas le droit de résilier le contrat. Nous n'avons pas à revenir ici sur les causes nombreuses de déchéance, que les polices consacrent et que nous avons déjà étudiées. Les principales reposent sur le défaut de paiement, de la prime, les réticences ou les fausses déclarations de l'assuré.

Cette faculté de résiliation appartient exclusivement à l'assureur ; car on ne peut admettre que l'assuré puisse se faire à lui même, un motif de résiliation de l'inexécution des engagements dont il est tenu (1).

Les assureurs stipulent même souvent que la résolution aura lieu de plein droit et sans mise en demeure. Les compagnies n'auront dans cette hypothèse qu'à s'adresser aux tribunaux, qui ne pourront se dispenser de prononcer la résolution. Il faut remarquer que cela n'est vrai que pour le cas ou il s'agit uniquement de vérifier un fait matériel. Mais au contraire, dans tous les cas ou il faudrat apprécier ce fait, décider, par exemple, si la circonstance alléguée est de nature à changer l'opinion du risque ou à constituer une contravention aux clauses stipulées, il faudra s'adresser aux tribunaux qui seuls pourront décider; et les compagnies ne pourraient sous aucun prétexte se substituer à eux pour procéder à cette appréciation.

Lorsque les assureurs se réservent le droit de résiliation, les polices décident invariablement que les primes perçues resteront acquises à la compagnie.

Il faut, dit M. Alauzet (2), entendre sainement cette clause

---

(1) Paris 23 août 1822. P. XVII p. 590.
(2) N° 519.

Les primes ne peuvent être que le prix du risque ou la peine de la fraude. Si la fraude est prouvée, et c'est aux assureurs à en fournir la preuve et aux tribunaux seuls à déclarer qu'elle existe, les primes sont valablement acquises. Mais, dans tout autre cas, si le contrat est annulé ou résilié, la prime ne peut plus être due. Il n'existe pas le moindre doute à cet égard et les clauses, qui en décideraient autrement seraient contraires à l'équité et à l'essence du contrat, et par suite radicalement nulles.

5° Par la vente de l'objet assuré.

Si l'objet assuré vient à changer de mains par suite de vente, échange, succession ou donation, le bénéfice et les charges de l'assurance passent-ils de plein droit au cessionnaire ? Un propriétaire assure son immeuble, paie suivant l'usage la prime de l'année courante d'avance; puis il le vend à un tiers. Un sinistre survient. Le vendeur, n'éprouvant plus aucune perte, n'aura évidemment pas droit à l'indemnité. Mais l'acquéreur ne pourra-t-il pas réclamer légitimement le bénéfice du contrat (1).

On enseigne dans une première opinion que le contrat d'assurance, bénéfice et charges, passe au nouveau propriétaire et suit pour ainsi dire la chose. C'est un système très ancien, créé pour ainsi dire par Emérigon qui lui a consacré de très longs développements (2).

L'assurance est, dit-il, un contrat accessoire, attaché à chose assurée, qui ne peut subsister indépendamment de son objet et dont on ne peut le séparer. Or, en vendant une chose, on est censé la vendre avec tous les droits et actions qui y sont attachés : « appellatione rei simpliciter cum omnibus

---

(1) Il est bon de faire remarquer tout de suite que cette discussion ne présente guère qu'un intérêt purement théorique ; car la question est tranchée, ainsi que nous le verrons plus tard, dans toutes les polices.

(2) Ch. 16. sect. 3.

— 357 —

suis accessoriis, juribus et pertinentiis (1). L'article 1615 du Code Civil impose également l'obligation de délivrer la chose avec tous ses accessoires. C'est ainsi, ajoute-t-on, que la cession d'une créance comprend la cession des privilèges hypothèques et cautions qui en garantissent le remboursement. De même toutes les garanties qui servent à protéger la propriété contre les risques qui l'entourent sont transportées avec la propriété elle même.

D'un autre coté, la compagnie est obligé de payer l'indemnité puisqu'elle a reçu la prime. La vente lui est absolument étrangère et ne peut lui profiter ni lui nuire. L'obligation qu'elle a contractée est réelle, elle ne s'est pas engagée en considération de la propriété. Le contrat est fait en vue de l'objet assuré.

Il serait dès lors contraire à toute équité que la compagnie profitât d'une prime et ne fût pas obligée de régler le sinistre. Or le vendeur ne peut évidemment toucher l'indemnité, puisqu'il a déjà touché son prix et que ce double paiement lui procurerait un bénéfice. Donc c'est l'acquéreur, qui souffre seul de la perte de la chose, qui doit en recevoir le montant.

C'est la solution consacrée actuellement par les législations étrangères (1) qui ont réglementé l'assurance. Elle est équitable et conforme à l'intention des parties (1).

Nous ne nous dissimulons pas la force de ces arguments et nous ne songerons pas à contester que ce système nous paraît reposer à la fois et sur le but que les parties se sont proposés et sur l'équité. Car en fin de compte, et quoiqu'on

---

(1) Dumoulin. Cout de Paris, titre des Fiefs § 1, gl. 5, n° 14 — Despeisses I p. 371 n° 11.

(2) Code Prussien, art 2163. » Un changement dans la personne du propriétaire de la chose assurée n'en produit pas dans l'assurance » — Code Hollandais, art. 263. même rédaction — Loi belge, titre X, ch. 5. art. 30 « En cas d'aliénation de la chose assurée, l'assurance profite de plein droit, à l'acquéreur sauf convention contraire, à raison de tous les risques pour lesquels la prime a été payée au moment de l'aliénation ».

(3) Alauzet 142 — Quesnault. n° 212 — Persil n° 178 — Grün et joliat n° 86.

— 358 —

en dise, l'assurance est bien plus un contrat réel qu'un contrat personnel et la considération de la personne n'y joue qu'un rôle très restreint. Aussi appellerions nous de tous nos vœux une solution en ce sens, si le législateur venait un jour à promulguer cette loi sur les assurances si impatiemment attendue.

Mais jusque-là et à défaut d'un texte spécial, nous ne pouvons admettre la solution qu'il consacre.

Quelle est en effet la situation des parties après la vente?

Si nous envisageons d'abord les relations de l'assureur et de l'assuré, il n'existe plus entre eux de lien de droit. La vente a résolu de plein droit le contrat ; car elle a produit ce double résultat que l'assurance n'a plus d'objet et que l'assuré ne court plus de risques, deux conditions qui sont de l'essence même du contrat et ont cessé de s'y rencontrer.

Toutefois, malgré cette annulation forcée du contrat, l'assuré continue à être lié vis-à-vis de la compagnie; car il ne peut se dégager à lui seul de ses engagements. Seulement ce ne sera plus en vertu de la police, qu'on pourra lui réclamer le montant des primes, ce sera à titre de dommages et intérêts, rendus exigibles par l'inexécution de ses engagements; et, dans ces conditions, l'assureur ne recevant plus de primes, ne doit plus d'indemnité.

Il n'existe donc plus de lien entre l'assureur et l'assuré : le contrat est rompu par la force même des choses (1).

Il nous reste à rechercher si la vente a créé entre l'assureur et le nouvel acquéreur des obligations réciproques.

Nous pensons qu'il n'existe entre ces deux personnes aucun lien de droit. L'assureur ne s'est jamais obligé envers l'acquéreur, et réciproquement celui ci n'a contracté vis à vis de la compagnie aucune obligation.

« Par quelle fiction de droit veut-on, lisons nous dans un

---

(1) Voyez Ass. 1853. p. 42.

arrêt de la Cour d'Amiens, (1) que le tiers acquéreur, étranger à cette convention puisse en profiter ?

« Comment admettre, au nom de ce contrat qui n'engage pas les deux parties en cause, que l'une puisse réclamer une prime non promise et l'autre réclamer une indemnité en échange de laquelle il ne doit rien ? En effet l'acquéreur ne peut être forcé au paiement de la prime. Si son contrat est muet à cet égard, il ne succède point aux obligations de celui qu'il représente à titre particulier. Il peut répudier l'assurance souscrite par le vendeur et demeure libre de s'adresser à une autre compagnie. Mais s'il ne succède pas à l'obligation, il est évident qu'il ne succède point aux éléments corrélatifs et ne peut en aucune façon réclamer le bénéfice du contrat. L'obligation de l'assuré s'étant évanouie, l'obligation de l'assureur se trouve sans cause et doit dès lors disparaitre aussi. »

D'un autre coté. il est faux de voir dans l'assurance un droit accessoire, qui doit nécessairement suivre l'immeuble, en quelques mains qu'il passe.

« Il y a dans cette doctrine, dit M. Thiercelin, une confusion fâcheuse des principes qui régissent la matière des droits réels et de ceux qui régissent la matière des droits personnels. Quand un propriétaire vend un immeuble il le vend tel qu'il est, diminué des droits réels qui peuvent le grever. Mais le contrat d'assurance n'affecte la chose d'aucune charge réelle et n'a eu pour résultat que de créer des obligations purement personnelles dont la chose n'a été que la cause occasionnelle. Ces obligations s'éteignent quand la chose change de mains et ne la suivent pas nécessairement. »

Il ne faut pas oublier enfin que la considération de la personne entre pour beaucoup dans la conclusion de l'assurance

---

(1) 30 décembre 1852. Ass. 53 p. 11 — Trib. de la Seine 2 juin 1858. Ass. 60 p. 284 — Voyez aussi une note de M. Thiercelin sur un arrêt de Nancy du 7 février 1867. D. 67. 2. 73.

à l'égard de la compagnie ; car le caractère et la moralité des assurés sont souvent de nature à modifier les intentions des assureurs.

C'est en ce sens qu'on a décidé que l'acquéreur à réméré ne peut profiter de l'assurance, qui a été faite antérieurement à la vente, lorsque l'incendie détruit la propriété avant l'exercice de la faculté de rachat. De même, si le vendeur à réméré rentre dans sa propriété, il ne peut réclamer le bénéfice de l'assurance contractée par l'acquéreur conditionnel (1).

Les mêmes principes seraient applicables en cas de mutation par décès. M. Proudhon (2) avait proposé toutefois une distinction.

D'après lui la théorie, que nous venons d'exposer, ne serait vraie que si l'on se trouve en présence d'un légataire particulier, qui, n'étant pas tenu des charges de la succession, ne saurait être admis à réclamer le bénéfice du contrat. S'il s'agit au contraire d'un légataire universel, on peut poursuivre contre lui le paiement des primes ; et, par voie de juste réciprocité, il a droit à l'indemnité.

Nous pensons que cette distinction doit être rejetée. Peu importe pour nous les causes de la mutation. Le légataire universel ou à titre universel, est pour l'assureur une autre personne que l'assuré primitif, et dès lors l'assurance ne vivra pas à son profit, si la compagnie ne consent à continuer avec lui le contrat primitif.

Cette discussion ne présentera d'ailleurs le plus souvent qu'un intérêt purement théorique ; car toutes les compagnies ont pris soin de trancher cette question dans leurs polices.

« En cas de vente ou de donation des objets assurés, le

---

(1) Grün et Joliat n° 86—Amiens 21 Mai 1833. journal des Ass. de MM. Grün et Joliat, III. p. 1.

(2) Usufruit IV n°s 1596 et sqq.

vendeur ou le donateur est tenu d'imposer au nouveau propriétaire l'obligation d'exécuter la Police ou de payer à la Compagnie, outre les primes échues, une indemnité égale à une année des susdites primes, à titre de dommages-intérêts. Pareille indemnité sera due à la Compagnie en cas de cessation de commerce avant l'expiration de la Police.

« En cas de décès, de vente ou de donation, les héritiers ou nouveaux propriétaires doivent déclarer leur qualité dans le délai d'un mois, à dater du jour du décès, de la vente ou de la donation, et faire mentionner leur déclaration sur la Police. »

« Lorsqu'il s'agira de risques de fabriques ou d'usines, les mêmes formalités devront être remplies dans le délai de quinze jours au plus, et la Police ne continuera qu'après le consentement de la Compagnie (1).

« Lors de cette déclaration la Compagnie se réserve le droit de résilier la police par une simple notification, et les primes payées ou échues lui demeurent acquises. »

« Faute de ces déclarations et de leur mention sur la Police, ou en cas de refus de la production du titre prévue par l'article 9, l'assuré, ses représentants ou ayants cause, n'ont droit, en cas d'incendie, à aucune indemnité (2). »

La validité de la clause, qui permet à la compagnie de résilier le contrat en cas de mutation, quelque puisse être d'ailleurs sa valeur au point de vue théorique, ne saurait être mise en doute.

La disposition, qui attribue les primes échues ou perçues à la compagnie, n'est pas moins licite, quoiqu'en ait dit M. Alauzet. D'après lui l'assureur ne peut percevoir les primes que comme prix des risques ou comme peine d'une fraude. Or, comme ni l'un ni l'autre de ces éléments ne se rencontrent dans l'espèce, il en conclut que la perception des primes est

---

(1) Nationale art. 7.
(2) Nationale art. 10.

absolument illicite. Ce raisonnement nous parait pécher par sa base. Certainement, lorsque le risque est éteint, l'assuré ne peut être contraint à payer la prime, car il n'y a plus d'aliments du risque; mais il n'en reste pas moins, vrai que l'assuré, par le fait de la vente s'est mis par lui-même dans l'impossibilité de continuer un contrat synallagmatique qu'il avait consenti et qu'il doit par conséquent des dommages et intérêts. L'assureur, qui a fait un contrat pour de longues années, ne peut être dépouillé de l'aléa qui peut lui être avantageux par la seule volonté de l'assuré. Aussi stipule-t-il, et avec raison, qu'en cas de vente de l'objet assuré, le souscripteur de la police devra abandonner à titre d'indemnité les primes échues ou perçues, dans le cas ou la compagnie croirait devoir résilier le contrat (1).

En résumé, lorsque l'immeuble assuré est vendu, l'acquéreur est tenu de notifier à la compagnie, la mutation qui s'est produite à son profit.

Dans ce cas, la compagnie jouit d'une faculté d'option. Elle peut résilier le contrat du jour de l'aliénation, et garder à titre d'indemnité les primes échues ou perçues. Aucune obligation ne nait dans ce cas ni pour ni contre l'acquéreur; et dans le cas d'un sinistre, l'assureur serait fondé à répudier toute responsabilité.

Les vendeurs ont, pour se soustraire cette éventualité, essayé de céder à l'acquéreur le bénéfice de l'assurance qu'ils avaient contractée. Ce procédé est inefficace; car une cession de cette nature, faite en dehors de l'assureur ; est radicalement nulle pour deux motifs, d'abord parce qu'on ne peut pas substituer un débiteur en son lieu et place sans le consentement du créancier (art. 1271).

En second lieu cette cession ne pourrait aboutir à engager l'assureur envers l'acquéreur, alors même que la prime aurait été payée. On ne peut en effet transmettre ses droits à

---

(1) Voyez sur ce point un article de M. Pouget. Ass. 1869 p. 146.

une indemnité même éventuelle qu'à la condition que cette indemnité pourra être due. Or, du moment ou l'assuré a vendu, il ne peut plus en aucun cas réclamer d'indemnité, et devient par suite impuissant à transmettre plus de droits qu'il n'en peut avoir lui-même.

Ou bien la compagnie peut continuer l'assurance à l'acquéreur. Le contrat primitif se transforme alors en un nouveau contrat, dont le cessionnaire doit profiter, s'il en remplit les conditions.

Si la mutation n'est pas dénoncée à la compagnie, l'assuré, ses représentants ou ayants-cause n'ont droit en cas de sinistre à aucune indemnité.

Nous pensons qu'il ne faudrait cependant pas pousser cette rigueur trop loin.

Il nous semble difficile d'admettre qu'une compagnie puisse invoquer cette clause de déchéance, lorsque l'acquéreur aura payé régulièrement les primes au lieu et place de l'ancien assuré. La réception de la prime dans ces conditions prouvera suffisamment, à notre avis, l'intention de l'assureur, de substituer cet acquéreur à l'ancien propriétaire.

Il y aurait alors en réalité formation d'un nouveau contrat d'assurances, puisqu'on ne saurait expliquer autrement le fait pour l'une des parties d'avoir payé la prime et pour l'autre de l'avoir touchée. Mais il faut qu'il soit bien certain que la compagnie ait connu l'acheteur, et que les quittances aient été délivrées en son nom.

Au reste, les compagnies stipulent souvent qu'en cas de vente, l'assuré devra imposer au nouveau propriétaire l'obligation de continuer la police ou payer à la compagnie une indemnité égale à une année de primes à titre d'indemnité.

On conçoit tout l'intérêt que l'assureur trouve à cette stipulation.

Si le vendeur accomplit son obligation et impose à l'acquéreur l'obligation de continuer l'assurance, la compagnie puise dans cette convention le droit d'agir contre l'acquéreur par une action directe (1) ; car le vendeur a stipulé à la fois dans son intérêt pour éviter l'application de la clause pénale et dans celui de la compagnie ; il y a donc pour celle-ci une stipulation valable aux termes de l'article 1121 (2).

Lorsque le contrat d'assurance se trouve résilié pour une cause ou pour une autre, à partir de quel moment la compagnie se trouve-t-elle dégagée de ses obligations ? Est-ce au jour de la résiliation ou seulement à l'expiration de l'année pour laquelle la prime a été payée.

On décide généralement, conformément à la lettre des polices, que le contrat cesse d'avoir effet du jour de la résiliation. Dès ce moment, il n'y a plus ni assureur ni assuré. Seulement, en ce qui regarde les primes, il faut distinguer.

L'assurance est-elle résiliée par le fait ou la faute de l'assuré, la prime ne doit pas être restituée et est gardée par la compagnie à titre d'indemnité.

Est-ce au contraire la compagnie qui demande la résiliation il y a lieu à une restitution proportionnelle, si les causes de cette résiliation ne peuvent être attribuées ni au fait ni à la faute de l'assuré ; c'est ce qui arriverait par exemple si la résiliation était demandée en cas d'augmentation des risques de voisinage ou de sinistre partiel.

---

(1) Trib. de la Seine 7. décembre 1876. Ass. 77 p. 86.

(2) Il est bon de remarquer que si le vendeur avait omis de désigner dans le cahier des charges le nom de la compagnie, l'acquéreur ne serait pas tenu de payer les primes à un assureur qu'il ne connaît pas (Cass. 11 novembre 1872. 74. 5. 36). Le vendeur aurait alors commis une faute lourde et serait traité comme s'il n'avait pas stipulé la continuation de l'assurance.

SECTION DEUXIÈME.

Des Causes extrinsèques de résiliation du contrat.

Le contrat d'assurance peut se trouver résilié par suite d'événements extrinsèques, qui, sans toucher aux conditions essentielles d'existence de la convention, viennent modifier profondément la situation juridique des parties qui y ont figuré. Telles sont par exemple du côté de l'assuré, sa déclaration de faillite ; du côté de l'assureur la faillite et les diverses modifications qui peuvent se produire dans la constitution de la société : sa liquidation, sa fusion avec une autre compagnie ou sa déclaration de nullité.

Chacun de ces événements peut donner naissance à des situations compliquées, qu'il importe d'étudier en détail.

§ Ier. — Des causes de résiliation, qui proviennent de modifications dans la situation juridique de l'Assuré.

Quels sont les effets de la faillite de l'assuré? Les compagnies consacrent en général une des clauses de leurs polices à régler cette situation. « En cas de liquidation de société, cessation de paiements ou faillite, l'assuré ou ses ayants cause sont tenus de déclarer immédiatement ces circonstances et de les faire mentionner sur la police, laquelle ne continue également qu'après le consentement de la compagnie (1).

---

(1) Nationale, art. 7.

« Lors de ces déclarations, la compagnie se réserve le droit de résilier la police et les primes payées ou échues demeurent acquises (2).

Faute de ces déclarations et de leur mention sur la police, l'assuré et ses représentants n'ont en cas de sinistre droit à aucune indemnité. »

Précisons bien la situation que peu d'auteurs sont arrivés, à notre avis, à exposer nettement.

La faillite ne résout pas le contrat ; et l'assureur est libre après comme avant le jugement qui l'a prononcé, d'en poursuivre l'exécution.

Ceci posé ; de deux choses l'une :

Ou la compagnie déclarera la police résiliée ; et alors la question ne présentera aucune difficulté : L'assureur pourra réclamer à la faillite les primes échues ; mais le paiement ne lui en sera garanti, nous le savons, par aucun privilège.

Ou au contraire, la compagnie n'usera pas de son droit de résiliation et préférera maintenir le contrat.

Dans ce cas il y aura lieu de distinguer entre les primes. L'assureur pourra réclamer les primes échues et non payées avant la faillite. Mais il ne les touchera qu'en monnaie de dividende, au marc le franc comme un simple créancier chirographaire. Il ne jouit d'aucun privilège: il a suivi la foi du débiteur en ne faisant pas rentrer plus tôt sa créance.

Mais il en est tout autrement, il est très important de le remarquer, en ce qui concerne les primes qui viendront à échéance seulement après la faillite.

Une observation d'abord. Il pourrait sembler que la faillite, ayant pour effet de rendre exigibles les créances à terme, toutes les primes à échoir pourraient être réclamées à la faillite. Il n'en est rien cependant: la disposition du Code de Commerce n'est applicable qu'aux créances à terme exis-

---

(2) Nationale, art. 10.

tant antérieurement à la faillite ; elle ne l'est pas aux créances qui sont soumises à des conditions suspensives et qui, jusqu'à l'avénement de la condition, ont une existence incertaine. Or les primes non échues ont été stipulées pour des risques à venir et incertains ; et les créances qui en résultent sont subordonnées quant à leur existence même à la condition suspensive de ce risque et ne prennent successivement naissance qu'avec les risques dont elles représentent le prix (1).

Ce point établi, l'assureur se présentera à la faillite et réclamera le paiement de la prime qui vient à échéance et qui est payable d'avance.

Obtiendra-t-il ce paiement intégralement ou devra-t-il se contenter de venir au marc le franc avec les autres créanciers.

On soutient, dans un premier système, que le syndic pourra se refuser à un paiement total. Il répondra à la compagnie qu'elle demande un privilège au détriment de la masse, privilège qui, n'étant pas prévu par la loi, ne saurait être accordé ; et il offrira de payer en monnaie de dividende. Il est évident que dans ces conditions l'assureur se refusera à souscrire à une telle modification du contrat primitif. Dès lors, le contrat restera en suspens ; et, si un sinistre vient à éclater, les créanciers perdront leur gage.

C'est là un résultat déplorable qu'il faut à tout prix éviter. Nous pensons que l'assureur a droit au paiement de la prime entière et qu'on ne saurait lui offrir de le payer en monnaie de dividende. Il est évident que si l'entrepreneur du gaz ou le marchand de charbon, qui fournissent à la faillite la lumière et le chauffage, présentaient leurs factures, personne ne songerait à contester leur droit au paiement intégral. Or l'assurance, comme le gaz ou le charbon, cons-

---

(1) Trib. de Lyon 17 mai 1872. Ass. 72 p. 426.

titue une fourniture de tous les jours et représente des avances faites à la faillite. — Les primes ne peuvent dès lors rentrer dans la faillite : elles sont la représentation d'un profit que retire la masse des créanciers et la compensation des risques dont elle est exonérée. — Le contrat est maintenu dans l'intérêt de ces créanciers ; et le syndic, chargé de veiller à la conservation du gage commun, ne fait que s'acquitter d'un devoir élémentaire en acquittant intégralement les primes relatives à de nouveaux risques au fur et à mesure de leurs échéances respectives.

Il n'y a pas ici, qu'on le remarque bien, de question de privilège. L'assureur demande, avant de contracter l'engagement nouveau qui renaît au commencement de chaque nouvelle période, à recevoir le prix des risques qu'il va de nouveau courir, le montant de la marchandise qu'il va fournir. Il est de l'intérêt de tous de le lui payer, de l'intérêt surtout du syndic dont la responsabilité serait lourdement engagée s'il avait poussé l'oubli de toute prudence jusqu'à négliger de régulariser sa situation.

L'assureur pourra donc, si on refuse de le payer, s'adresser aux tribunaux et assigner le syndic pour voir dire qu'il sera tenu de continuer le contrat ou que ce contrat se trouvera résilié. Aucun tribunal ne pourrait repousser cette action ; et dès lors, ce n'est plus au profit du failli, qu'existera l'assurance, mais au profit de la masse représentée par le syndic. Or si la masse profite de l'assurance, elle doit en payer le prix : donnant donnant (1).

---

(1) Cp. Tribunal de la Seine 28 juillet 1865. Ass. 67, p. 154. — Ass. Obs. 1865, p. 133.

§ II⁰. — Des causes de résiliation qui proviennent de modifications dans la situation juridique de l'assureur.

A. *De la Faillite de l'Assureur.*

La loi n'a pas déterminé quels seraient les effets de la faillite de l'assureur sur les assurances terrestres.

Il en est autrement pour les assurances maritimes. L'article 346 du Code de Commerce règle ainsi cette situation : « Si l'assureur tombe en faillite, lorsque le risque n'est pas encore fini, l'assuré peut demander caution ou la résiliation du contrat (1). »

Ainsi donc le contrat n'est pas dissous par le seul fait de la faillite. Il faut s'adresser aux tribunaux qui en prononceront sans doute la résiliation, puisque le failli est impuissant à tenir ses engagements ; mais leur intervention est toujours nécessaire ; et le syndic pourra même, au moins suivant certains auteurs, s'opposer à cette résiliation et l'empêcher d'être prononcée en offrant une caution solvable.

Cet article doit-il être appliqué en matière d'assurances terrestres ? On l'a contesté ; et certains auteurs ont soutenu que l'assurance est résiliée de plein droit par la faillite, que l'assuré n'a pas besoin, pour se dispenser de payer les primes d'intenter une action en résiliation, et qu'il peut aussitôt contracter une nouvelle assurance.

Dans les contrats synallagmatiques, a-t-on dit, l'une des parties ne peut être engagée lorsque l'autre ne l'est plus ; or, du moment où la faillite de l'assureur est prononcée, il est certain que celui-ci ne pourra pas remplir ses obligations et que les sinistres qui surviendront ne pourront être

---

(1) Dans le même sens Code Hollandais, art. 285 ; loi Belge titre X, ch. 5. art. 29.

réglés qu'en monnaie de dividende. L'assuré se trouve donc délié de ses propres engagements.

En outre, à l'expiration de chaque année, il se forme par le paiement de la prime un nouveau contrat puisque tous les ans, il y a une nouvelle prime payable d'avance et susceptible de modifications, suivant que le risque augmente ou diminue. Or un failli ne peut contracter aucune obligation ; le syndic lui même est inhabile, dès qu'il ne s'agit plus d'actes d'administration. Il s'ensuit que ni l'un ni l'autre ne peuvent contraindre au paiement des primes échues depuis la faillite, puisqu'en recevant les primes ils contracteraient une nouvelle obligation, celle de payer les sinistres qui pourraient survenir et donneraient naissance au lien de droit lequel n'existe pour la compagnie que par la réception de la prime.

Les créanciers antérieurs seraient d'ailleurs fondés à rejeter de toute participation aux facultés de la faillite un nouveau participant, dont la créance aurait pris naissance depuis l'ouverture de cette faillite.

L'article 346 du Code de Commerce ne peut donc être étendu aux assurances terrestres. Pour celles-ci le contrat est résolu de plein droit par la faillite de l'assureur (1).

La raison de cette différence est d'ailleurs facile à saisir. D'abord les assurances maritimes sont faites pour un voyage et ne se renouvellent pas par périodes comme les assurances terrestres. L'article 346 n'a donc en vue qu'un risque en cours et non pas un risque fini. En second lieu, dans les assurances maritimes, les primes ne se paient qu'à termes au moyen d'un billet non négociable : on conçoit dès lors que l'assuré ait intérêt à demander la résiliation du contrat pour lui permettre de ne pas payer la prime. Or cet intérêt

---

(1) Trb. d'Alger 29 février 1856. Ass. 56, p. 236. — Code Prussien, art. 2012. « Si, avant la cessation des risques les biens de l'assureur sont expropriés, il devient libre à l'assuré de prendre une nouvelle assurance ». — Code Russe, art. 921.

n'existe jamais en matière d'assurances terrestres, puisque les primes se paient toujours d'avance.

En résumé, il n'y a aucune raison pour étendre à notre matière le principe de l'article 346. Car cet article règle une situation absolument différente de la notre.

Ce système n'a pas prévalu ; et la presque totalité des auteurs est d'avis que l'article 346 est applicable aux assurances terrestres comme aux assurances maritimes (1).

Ce n'est pas en effet étendre une disposition hors de ses termes que de l'appliquer à un cas ou les motifs du législateur sont identiques.

La résolution des contrats synallagmatiques n'a pas en effet lieu de plein droit lorsque l'une des parties ne remplit pas ses engagements. Cette résolution doit être demandée et prononcée en justice. Tant qu'elle n'est pas demandée l'obligation subsiste et la demande en paiement de la prime est fondée.

La convention subsiste donc jusqu'à ce que la résolution en ait été prononcée. La résolution de plein droit n'ayant pas été stipulée pour le cas de faillite, doit donc être demandée en justice. Tant qu'elle n'est pas prononcée par les tribunaux l'obligation subsiste.

L'article 346 est donc applicable ; mais les auteurs sont divisés sur la question de savoir quelle est la portée qu'il convient d'attribuer à cet article et sur l'interprétation exacte qu'on en doit donner.

L'assuré a droit de demander résiliation ou caution. Il y a là, semble-t-il, une alternative qui lui est exclusivement attribuée. Il semble qu'il soit maître de la situation et qu'il puisse à son choix ou demander la résiliation du contrat d'assurance, ou bien exiger une caution qui lui en garantisse l'exécution.

---

(1) Boudousquié n° 289. — Grün et Joliat n°s 330 et 332. — Alauzet n° 203. — Paris 10 mars 1825. — Cass. 1er juillet 1828. D. 28. 1. 306.

L'article 346 accorde un bénéfice à l'assuré et à l'assuré seul. Il ne déroge en rien à l'article 1184. L'un et l'autre accordent une faculté, mais à l'assuré seulement. Sous l'empire de l'article 1184, le créancier ne subit jamais la loi de son débiteur. Le droit de faire exécuter la convention ou d'en demander la résolution appartient seulement à la partie qui a rempli son engagement. Et il n'en pourrait être autrement ; car il serait exorbitant que la partie qni n'a pas voulu ou n'a pas pu s'exécuter ait contre l'intérêt, contre le droit de celui qui a accompli sa promesse, la faculté de choisir son temps et son mode d'exécution. Ce serait une espèce de prime accordée à la mauvaise foi et à la fraude.

Il faut donc prendre les termes de la loi tels qu'ils sont. L'assuré qui s'est exécuté et qui se trouve en présence d'un assureur en faillite a le droit exclusif de faire résilier son contrat, ou de le faire exécuter, s'il y a possibilité, en demandant caution. L'assureur doit subir le résultat de la volonté de l'assuré qui n'a que son intérêt à consulter (1).

Enfin ne faut-il pas tenir compte de la difficulté ou plutôt de l'impossibilité, de trouver une caution suffisante pour garantir des milliers de polices et des milliards de sommes assurées ?

Ce système nous parait être incontestablement le plus juridique. Il est cependant repoussé par presque tous les auteurs qui ont écrit sur les assurances. On décide généralement que la compagnie, déclarée en faillite, peut, en offrant

---

(1) Merger, Réflexion sur les effets de la liquidation des compagnies d'assurances à prime contre l'incendie. — Paris 16 et 17 août 1855. — Trib. de Commerce de la Seine, 20 décembre 1854. Ass. 55, p. 61. — Ce qui contribue encore à montrer que l'article 346 a voulu uniquement accorder un bénéfice à l'assuré, c'est le but que les rédacteurs du Code de Commerce ont voulu atteindre. Ils ont pensé que l'assuré trouverait difficilement, en cas de faillite de son assureur, la faculté d'obtenir immédiatement un nouveau contrat, alors surtout qu'il serait le plus souvent dans l'ignorance sur le sort du navire et sa destination ; et c'est pour le secourir, qu'on a introduit le bénéfice de la caution.

une caution, paralyser la demande en résiliation formée par l'assuré (1).

« Quoique les termes de l'article 346, dit M. Quesnault, semblent laisser à cet égard l'option au créancier demandeur, on doit néanmoins entendre cette doctrine dans le sens conforme à la doctrine de Valin et aux principes du droit commun, suivant lesquels l'alternative est censée établie en faveur du débiteur. En effet, si le paiement à faire par la partie qui est tombée en faillite est garanti à son échéance par une caution solvable, il n'y a plus de motif pour autoriser l'autre partie à se soustraire à ses propres obligations. Le parti qui tend à prévenir la résolution du contrat doit être accueilli favorablement, surtout lorsqu'il s'agit d'un contrat aléatoire. »

Tous les contrats passés avec une compagnie tombée en faillite, doivent donc être exécutés du moment ou celle ci offre une caution solvable et jugée telle par le tribunal.

Il faut remarquer qu'une réassurance ne remplirait pas du tout le rôle d'une caution ; car la réassurance, nous le savons, n'aurait d'effet qu'entre les deux compagnies contractantes et non à l'égard du tiers, auquel cette convention resterait étrangère.

Nous ne nous sommes occupés jusqu'ici que du paiement des primes qui viennent seulement à échéance après la faillite. Nous avons vu que l'assuré, ne pouvait éviter ce paiement qu'en faisant prononcer par les tribunaux la résiliation du contrat et que cette résiliation pourrait, au moins dans l'opinion générale, être paralysée par l'offre d'une caution.

Quel est maintenant le sort des primes qui sont échues avant la déclaration de faillite ?

---

(1) Alauzet II. 439. — Quesnault n° 289. — Grün et Joliat, p. 378 et 382. — Lchir, Annales de droit commercial 1854, p. 340. — Boudousquié, p. 423. — Persil, p. 313.— Vincens III, p. 241.—Pardessus II. p. 591. –Cp. Trib. de la Seine 9 novembre 1880. Ass. 80, p. 489.

Nous savons que les primes sont payables d'avance. Une prime venant à échéance le 1er janvier 1882, par exemple, est donc destinée à couvrir les risques pendant tout le cours de l'année 1882. La compagnie est, par hypothèse, déclarée en faillite le 1er février; par conséquent les risques n'auront été réellement couverts que pendant 1/12me de l'année. La compagnie pourra-t-elle, dans ces conditions, réclamer la totalité de la prime, ou, ne pourra-t-elle demander que le 12me correspondant à la garantie qu'elle a fournie.

On enseigne, dans un premier système, qu'elle pourra réclamer la totalité. La prime est, dit-on, indivisible. Du moment où la compagnie a couru, ne fût ce qu'un jour, le risque de payer une indemnité entière, la prime lui est acquise en entier; or, depuis l'échéance jusqu'à la faillite, l'assuré a pu exercer une action entière contre la compagnie; donc il doit solder toute la prime (1).

Les tribunaux, qui ont consacré cette opinion, ont dû chercher à en corriger l'injustice évidente. Ils y sont arrivés, au moyen d'un détour assez ingénieux. Ils ont condamné l'assuré à payer la prime; mais en même temps, comme la certitude de ne pas être payé par la compagnie a forcé celui-ci à se faire garantir par un autre assureur, à payer par suite double prime et lui a par conséquent causé préjudice, ils ont, par le même jugement, condamné le syndic à payer à cet assuré, à titre de dommages et intérêts, une indemnité équivalente aux primes réclamées (2).

Ce résultat est tellement bizarre qu'il suffirait à lui seul, pour condamner le système qui le produit.

Ce système ne repose d'ailleurs que sur une application absolument fausse du principe de l'indivisibilité de la prime. Sans doute cette indivisibilité pourrait être opposée avec

---

(1) Douai 23 février 1826 et Cass. 1er juillet 1828. Sir. 38. 1. 249. — Trib. du Hâvre 3 octobre 1854. Ass. 55, p. 69. — Cp. Paris 10 août 1855.

(2) Arrêts cités.

avantage si par un fait quelconque de l'assuré, le contrat cessait d'exister ou ne pouvait plus recevoir d'exécution, si, par exemple, le risque avait été l'objet d'une vente ou d'une donation. Dans ces différentes hypothèses, l'assuré, anéantissant le contrat par son fait, n'en devrait pas moins la prime de l'assurance. Mais, lorsque c'est l'assureur qui tombe en faillite, lorsque c'est par sa faute que le contrat ne peut plus recevoir son exécution, il est évident qu'il ne peut plus réclamer le prix total de la garantie qu'il devait et qu'il a cessé de fournir.

Ceci posé, la prime est le prix dû par l'assuré en retour de la garantie qui lui est due par l'assureur. L'une et l'autre de ces obligations sont corrélatives ; et du moment où l'une d'elles fait défaut, l'autre doit faire défaut aussi.

Aux termes des polices, la prime est exigible d'avance, en sorte que l'assuré est obligé de payer avant tout le prix de la garantie qui lui est promise. L'assuré se soumet, mais à une condition, c'est que cette garantie lui sera fournie pendant toute l'année. Du moment où l'assureur ne la lui fournit que pendant une partie de l'année, l'assuré ne doit qu'une partie de la prime, au prorata de cette garantie. Que dirait-on d'un marchand qui demanderait le prix d'une marchandise qu'il ne livrerait pas ou qu'il serait dans l'impossibilité de livrer par un fait qui lui serait personnel ?

On doit donc décider que, si l'assuré n'a pas payé la prime échue, il ne doit la payer que jusqu'à la faillite, et que, s'il l'a payée, il a payé ce qu'il ne devait pas et a droit à une restitution proportionnelle des primes perçues, au marc le franc bien entendu (1).

---

(1) Il est bon de faire remarquer que la faillite suspend le mandat de l'agent d'assurances ; et que par conséquent l'assuré, qui a payé la prime après la faillite, peut à bon droit assigner cet agent en restitution (Justice de Paix de Lyon, 22 octobre 1880. Ass. 80, p. 482).

B. *De la mise en liquidation de la Compagnie.*

La mise en liquidation d'une compagnie d'assurance n'entraine pas la résolution du contrat. L'assureur continue à garantir le sinistre et l'assuré à être obligé de payer la prime. La jurisprudence est constante en ce sens (1).

La liquidation n'a en effet rien de commun avec la faillite. Ce n'est qu'une cessation d'opérations qui n'amoindrit en aucune façon les garanties de l'assuré, et par conséquent ne lui donne pas le droit de se soustraire à l'exécution de ses engagements.

La compagnie reste obligée à la réparation des sinistres qui pourront éclater ; et dès lors l'assuré est nécessairement tenu de payer la prime équivalente à cette garantie. La compagnie n'a en aucune façon diminué les garanties qu'elle offrait aux assurés. Loin de rendre plus mauvaise leur situation, la mise en liquidation l'améliore ; car la compagnie, en s'interdisant de nouvelles opérations, se met à l'abri des chances mauvaises que pourraient entrainer ces opérations.

Son actif reste ainsi, sans diminution possible, jusqu'à l'expiration de la dernière police, le gage de son dernier assuré. Que les compagnies ne se mettent en liquidation que quand leur situation est mauvaise, c'est possible. Mais tant qu'elles ne sont pas en faillite, l'assuré ne saurait se dégager de ses obligations.

Ajoutons que presque toujours la liquidation entrainera en fait un surcroit de garantie pour l'assuré. Car une compagnie qui liquide ne manque jamais dans son intérêt personnel de faire réassurer tous les risques qu'elle a garantis

---

(1) Trib. de Bourgoin, 26 mars 1851. Ass. 51, p. 38. — Trib. de Lyon 20 novembre et 4 décembre 1851, Ass. 52, p. 9. — Lyon 27 mai 1856. Ass. 56, p. 326.

par une autre compagnie, dont la situation est prospère. Cet engagement profite à l'assuré ; la compagnie lui fournit ainsi volontairement la caution qu'on n'avait pas le droit d'exiger d'elle.

C. De la cession du portefeuille d'une compagnie à une autre compagnie.

Une compagnie cède son portefeuille à une autre: cette cession oblige-t-elle les assurés à payer leur prime à la nouvelle compagnie. Cette question a été soulevée récemment. La Cie La Foncière s'était rendue acquéreur du portefeuille de la Cie La Paix. Elle s'est alors adressée, forte de sa solvabilité indiscutable, aux assurés de la Paix et leur a réclamé le paiement des primes.

Cette prétention a été repoussée, et à bon droit, par les tribunaux.

Le cession ne peut être opposée aux assurés de la compagnie cédante. Ces derniers ne sauraient être en effet contraints d'accorder leur confiance à une compagnie qu'ils ne connaissent pas et avec laquelle ils n'ont pas traité. Un débiteur ne peut se substituer un autre débiteur sans le consentement du créancier. Et par suite, les assurés de la Cie La Paix n'étaient tenus d'aucune obligation vis-à-vis de la Cie La Foncière (1).

Aussi, lorsque plus tard la même compagnie La Foncière eut acquis le portefeuille de la compagnie La Patrie, elle usa d'un autre procédé.

La Patrie s'est mise en liquidation ; elle a continué d'exister avec ses directeurs, ses actionnaires et son conseil ; et, dans ces conditions, elle conservait indubitablement le droit

---

(1) Toulouse 20 janvier 1878. Ass. 78, p. 168. — Limoges. Ass. 78, p. 402. — Trib. de Commerce de Marseille, 12 août 1878. Ass. 79, p. 13.

de réclamer le paiement des primes. Seulement elle donnait en même temps à la Foncière mandat d'en poursuivre le recouvrement.

La Compagnie la Foncière ne réclamait donc plus le paiement des primes en son nom ; car les assurés ne la connaissaient pas et pouvaient légitimement le lui refuser. Mais elle agissait, au nom et comme mandataire de la compagnie La Patrie, compagnie en liquidation mais encore existante, envers laquelle les assurés continuaient à être obligés.

Ce second procédé était parfaitement légal ; aussi a-t-il été consacré en général par la jurisprudence (1).

A quel titre en effet les assurés pourraient-ils refuser le paiement ? Ils ont donné leur confiance à un corps d'actionnaires ; ce corps d'actionnaires continue d'exister. C'est à lui qu'ils réclameront le réglement du sinistre ; c'est à lui qu'ils doivent payer les primes.

Ce mode de procéder est très ingénieux ; il est régulier nous en convenons ; mais il faut avouer qu'il n'y a guère là au fonds qu'un subterfuge légal. Car, la plupart du temps, la compagnie cédée ne conservera qu'une existence purement fictive et aura, en fait, cessé d'exister. Aussi ne faut-il pas s'étonner que certains tribunaux se soient refusés à admettre que la compagnie avait conservé une existence réelle (2). Nous nous expliquons ces décisions qui ont tenu plus compte du fonds de l'affaire que de la forme sous laquelle elle était présentée ; mais nous n'entendons en aucune façon les approuver.

Il ne faut pas confondre le cas que nous étudions avec l'hypothèse où une compagnie réassurerait son portefeuille à une autre compagnie. Cette opération ne touche en rien à

---

(1) Douai 7 décembre 1879 Ass. 79 p. 39—Douai 19 novembre 1879. Ass. 80 p. 16—Trib. de Toulouse 7 août 1880. Ass. 81 p. 48.

(2) Trib. d'Arras (cassé par Douai) 9 juillet 1879. Ass. 79 p. 392 — Trib. de la Seine 23 décembre 1880. Ass. 81 p. 43.

son existence et n'a pour effet que de donner à l'assuré une garantie de plus (1).

D. De la Fusion de deux Sociétés.

Lorsque deux compagnies se réunissent par l'accession d'un groupe d'actionnaires à un autre, la nouvelle compagnie résultant de cette fusion, peut-elle demander l'exécution de leur contrat aux assurés des deux compagnies primitives ?

La question s'est posée à l'occasion de la fusion du Comptoir général des Assurances avec la compagnie le Globe.

Deux systèmes se sont produits sur ce point.

L'obligation des assurés de chacune des compagnies continue, suivant certaines personnes, de subsister même après la fusion. Les assurés trouvent toujours vis-à-vis d'eux le groupe d'actionnaires auxquels ils avaient accordé leur confiance. Le changement de nom de la compagnie, son augmentation de capital n'enlève rien à leur garantie première. Chacun des corps d'actionnaires subsiste ; seulement il s'accroît par l'accession d'un groupe. Le mot même de fusion indique l'idée d'une continuation d'existence. Les deux compagnies existent l'une à côté de l'autre et chacune d'elles augmente son capital du capital de l'autre.

Quelle considération l'assuré pourrait-il invoquer pour se soustraire à l'accomplissement du contrat qu'il a souscrit. De quoi se plaindrait-il ? Dira-t-il qu'il y a une aggravation de charges, qui a diminué sa garantie ? Pourra-t-il alléguer que les assurés du Globe, par exemple sont venus prendre leur part de la garantie donnée par les actionnaires du Comptoir Général ? Mais les compagnies d'assurances

---

(1) Trib. de comm. de la Seine 3 décembre 1878 et 22 février 1879. Ass. 79 p. 92 et 241.

sont faites pour augmenter ainsi leurs charges continuellement. Chaque assuré nouveau est un accroissement de charges ; et l'accession des assurés du Globe n'est au fond qu'une augmentation d'affaires, telle qu'elle pouvait être prévue. D'ailleurs de nouveaux assurés constituent-ils une charge pour une compagnie ? Evidemment non ; c'est plutôt une source de bénéfices.

Reste le changement de nom. Mais ce n'est pas au nom qu'on a confiance, mais aux personnes. Qu'importe le changement de nom si le groupe d'actionnaires primitif n'est pas dissous (1).

Nous repoussons sans hésitation ce système, quelque spécieux qu'il puisse paraître.

Et en effet, la fusion de deux compagnies met fin à l'existence de chacune d'elles ; elle crée un être moral nouveau et distinct. L'assuré de chacune des compagnies n'ayant pas contracté avec ce nouvel être moral, il n'existe aucun lien de droit entre lui et la société qui l'actionne. Il en résulte que l'assuré n'est tenu ni vis-à-vis de la compagnie avec laquelle il avait traité, puisque celle-ci a cessé d'exister, ni vis-à-vis de la nouvelle compagnie qu'il ne connait pas et envers laquelle il n'a contracté aucune obligation ; car on ne peut le contraindre à accepter la substitution d'un nouveau débiteur à son débiteur primitif (art. 1275) (2).

Si le débiteur avait payé la prime par erreur et si les circonstances de la cause expliquaient cette erreur, il y aurait lieu à répétition de l'indû.

---

(1) Trib. de la Seine 25 juillet 1860. Ass. 60 p. 379 — Justice de paix de Toulouse 31 décembre 1878. Ass. 79 p. 170.

(2) Trib. de comm. de la Seine 28 aout 1878. Ass. 78 p. 404 — Trib. de Toulouse 28 mai 1879. Ass 79 p. 439.

E. *De la Déclaration de Nullité de la Compagnie.*

La déclaration de nullité de la compagnie entraîne la nullité de tous les contrats souscrits par cette compagnie et dégage les assurés de l'obligation de payer les primes (1). Ce qui est nul ne peut produire aucun effet. La société n'offrirait pas d'ailleurs, dans ces conditions, aux assurés les garanties qu'ils ont voulu obtenir, puisque la compagnie n'a jamais eu de capacité, ni dans le passé ni dans l'avenir ; et, dès lors, ceux-ci ne peuvent être contraints à payer le prix d'une garantie qui ne leur est pas fournie.

---

(1) Justice de paix de Saint-Omer (Nord) 21 janvier 1856. Ass. 56 p. 77.

CHAPITRE SIXIÈME.

DE LA COMPÉTENCE DES TRIBUNAUX EN MATIÈRE D'ASSURANCES.

Quels sont les tribunaux compétents pour juger les contestations qui peuvent naître en matière d'assurances ?

L'assurance revêt, nous le savons, vis-à-vis de l'assuré les caractères d'un contrat purement civil ; et dès lors celui-ci doit, en principe, être traduit devant les tribunaux civils.

Il pourrait toutefois en être autrement dans les cas exceptionnels où l'assuré aurait fait un contrat commercial ; s'il s'agissait, par exemple, d'un commerçant, qui aurait fait assurer ses marchandises, magasins ou bureaux. Le commerçant serait réputé avoir dans ce cas agi pour son commerce ; et deviendrait par suite justiciable des tribunaux consulaires (1).

Peu importerait au reste que l'assuré fut commerçant, si l'assurance qu'il avait souscrite, n'avait pas trait à son commerce.

En ce qui concerne au contraire l'assureur, il a fait sans aucun doute un acte de commerce. On pourra donc l'assigner devant les tribunaux de commerce. Mais rien n'empêcherait de le traduire, si on le préférait, devant les tribunaux

---

(1) Cass. 24 janvier 1865. — Trib. de Comm. du Hâvre, 27 mai 1868. Ass. 71 p. 174.

civils (1). C'est ainsi qu'il faut entendre, à notre avis, l'article 631 du Code de commerce. On sait en effet que lorsque l'un des contractants n'est pas commerçant et qu'il n'a pas fait un acte de commerce, il ne peut être contraint, alors qu'il se porte demandeur, à renoncer à la juridiction civile qui est la juridiction de droit commun, pour aller se soumettre à une juridiction d'exception devant laquelle il ne pouvait être traduit. L'assuré peut donc, à son choix, s'adresser à l'une ou à l'autre des deux juridictions.

En ce qui concerne la compétence territoriale, les règles du Code de Procédure sont, à moins de convention contraire, applicables en tous cas à l'assuré.

Mais, à l'égard de l'assureur, des difficultés ont été soulevées. Les compagnies doivent-elles être assignées à leur siège social, c'est-à-dire la plupart du temps à Paris, et dans la personne du directeur général ? Ou ne suffit-il pas d'assigner leurs agents principaux, lorsqu'ils sont investis de pouvoirs qui leur permettent de traiter avec l'assuré comme la compagnie aurait pu le faire elle même ?

Une jurisprudence constante décide que la citation, donnée à la compagnie en la personne et au domicile de son agent, peut, par appréciation des pouvoirs de cet agent, être réputée valable (2).

Une société dont l'action s'étend sur tout le territoire est forcée d'établir pour les besoins de ses opérations des agences générales ; et elle est valablement assignée dans ses succursales par les personnes qui ont contracté avec cet agent. Les agents sont dans ce cas présumés avoir reçu pouvoir d'ester en justice. C'est au reste une question de fait à apprécier par les tribunaux et qui résultera des cir-

---

(1) Cass. 8 février 1847 D. 47. 1. 150. — Contrà Alauzet 527. Grün et Joliat n°s 346 et 204.

(2) Cass. 11 juin 1845 D. 45. 1. 362. — Colmar 2 août 1851. Ass. 52, p. 324. Trib. de Bordeaux, 29 novembre 1871.

constances de la cause : du titre de directeur pris par l'agent, de la réception des primes, des réglements antérieurs de sinistre faits par lui, etc.

Mais lorsqu'il a été stipulé dans la police que toute contestation à l'occasion de l'assurance serait jugée à Paris, le juge ne saurait, sans violer le principe de la liberté des conventions, refuser effet à une clause aussi nette et aussi précise (1).

Beaucoup de compagnies stipulent dans leurs polices que toutes les contestations à naître seront soumises à des arbitres.

Cette clause, devenue de style dans la plupart des polices, par laquelle les parties soustraient à l'avance leurs contestations à naître à la juridiction ordinaire pour les soumettre à la juridiction arbitrale, est-elle valable ?

Elle était d'usage constant sous l'ancienne jurisprudence. Autorisée par l'ordonnance de 1681, elle était tellement entrée dans les mœurs que Valin (sur l'art. 60) se demandait si l'omission de la clause compromissoire emportait, ou non, la nullité du contrat.

En droit moderne, elle est certainement valable pour les assurances maritimes ; la jurisprudence le reconnaît. L'article 332 du Code de Commerce la regarde en effet comme une des conventions qui doivent être insérées dans la police et en reconnaît par conséquent la validité. Le point est hors de doute aujourd'hui.

Mais il n'existe aucun texte spécial qui valide la clause compromissoire en matière d'assurances contre l'incendie ; et la jurisprudence se refuse absolument à en reconnaître la légalité (2). Voici les motifs qu'elle invoque.

---

(2) Cass. 30 juin 1874. Ass. 74, p. 457. — Grenoble 30 juin 1864 et 23 juillet 1860 Ass. 64, p. 324 et 385. — Bordeaux 12 février 1873. Ass. 73, p. 430.

(1) Massé IV, n° 116. — Marcadé. Revue Critique I, p. 69. — Chauveau Quest. n° 3274. — Bellot II, p. 47. — Dall. n° 454. — Cass. 20 juillet 1843. Sir. 43. 1. 561 ; 23 mai 1860. D. 60. 1. 243 ; 15 juillet 1879. Ass. 80, p. 9. 22 mars 1880. Ass. 81 p. 119.

Aux termes de l'article 1006 du Code de Procédure civile, le compromis est nul lorsqu'il ne désigne pas l'objet en litige et le nom des arbitres. Telle est la règle. Qu'on ait, par exception, introduit une dérogation à cette règle dans l'article 332 du Code de Commerce, c'est possible. Mais c'est une exception qui ne peut être étendue en dehors de ses termes et ne saurait être appliquée à des assurances pour lesquelles elle n'a pas été écrite.

On ne peut donc changer le tribunal de droit commun, sans remplir les conditions exigées par l'article 1006.

Et cela est conforme à l'équité et à l'esprit général de notre législation ; car la juridiction arbitrale n'est véritablement amicale et volontaire que lorsque les parties choisissent librement leurs juges sans contrainte et pour un litige né et actuel.

Il n'y a pas lieu de distinguer, ajoute la Cour de Cassation, entre le compromis et la clause compromissoire, puisque cette clause a pour objet de lier d'avance les parties par l'engagement de compromettre.

En résumé, la Cour de Cassation pense que la loi n'a autorisé le compromis que pour des contestations déjà nées et existantes et qu'elle ne permet pas de s'affranchir de la juridiction des tribunaux ordinaires d'une manière générale et indéfinie pour les contestations éventuelles qui pourraient naître de l'exécution d'un contrat (1).

Telle est la théorie consacrée par une jurisprudence constante.

Elle a été combattue avec un rare talent par M. Alauzet, (2) qui s'est efforcé d'établir la validité de la clause compromissoire.

---

(1) Nos 200 et sqq. — Molinier Rev. Crit. II. p. 240.

(2) La clause des polices, stipulant que les dommages seront réglés par deux experts choisis par les parties, et qu'en cas de désaccord ils s'adjoindront un troisième expert, pourra être déclarée nulle comme clause compromissoire s'il ressort des circonstances, que les parties, tout en employant le mot d'experts, ont entendu en réalité confier à ceux-ci le rôle d'arbitres (Douai 29 juillet 1850. D. 54. 5. 12).

Le savant auteur invoque d'abord à l'appui de son opinion la tradition historique. La validité de la clause compromissoire n'avait jamais été mise en doute dans l'ancien droit ; elle était consacrée dans l'ordonnance de 1681 et tellement entrée dans les usages que Valin se demandait si son omission entrainait la nullité du contrat.

L'article 332 du Code de Commerce en reconnait la légalité pour les assurances maritimes ; or les dispositions écrites pour ces assurances doivent être appliquées aux assurances terrestres toutes les fois que la force des choses n'y met pas un obstacle formel ; et rien ne s'oppose ici à cette extension rationnelle, ni l'objet du contrat ni sa nature.

La Cour de Cassation confond deux actes absolument distincts : le compromis et l'acte par lequel les parties s'engagent d'avance à recourir à cette voie pour terminer les différends qui pourraient s'élever entre elles.

Lorsque les parties sont convenues qu'en cas de contestation, elles recourront à des arbitres et qu'on leur oppose la nullité de cette convention parce qu'elle ne remplit pas les conditions exigées par l'article 1006, elles sont en droit de répondre qu'elles ne font aucunement un compromis.

Aucune contestation n'existe entre elles, il n'en existera peut être jamais. Sur quoi porterait le compromis ? Plus tard, diront-elles, si une contestation s'élève nous nous conformerons aux formalités que la loi a prescrites pour l'exercice du droit qu'elle nous a reconnu ; mais jusque là nous n'avons pas à nous en occuper. L'article 1006 règle seulement les formes que doit revêtir l'acte de compromis ; mais la promesse de compromettre, l'acte qui précède nécessairement le compromis, n'est en aucune façon visé par cet article ; il n'est soumis à aucune condition de forme.

Cette objection écartée, on ne peut plus contester la validité de notre clause qu'en la prétendant contraire à l'ordre public. Et cette thèse ne pourrait se soutenir sérieusement en présence de l'article 51, du code de commerce qui, hier encore, imposait l'arbitrage forcé et de l'article 332 qui, pour une situation analogue, autorise formellement la clause compromissoire.

Au reste quelque opinion que l'on adopte sur cette question, la juridiction arbitrale étant absolument exceptionnelle, le renvoi devant arbitres devrait être demandée avant toute contestation sur le fonds, *in limine litis*. La juridiction ordinaire, une fois saisie, retiendrait la connaissance de l'affaire (1).

La Juridiction arbitrale serait aussi spéciale quant aux difficultés sur lesquelles elle pourrait prononcer. C'est ainsi qu'elle serait absolument incompétente pour connaître de la validité du contrat (2). Elle ne pourrait donc s'appliquer qu'aux questions agitées sur l'exécution d'une police non contestée et reconnue valable.

Les demandes, à fin de paiement de primes, devront le plus souvent, eu égard à leur modicité, être portées devant le juge de paix.

La compétence est fixée à cet égard par l'article 1er de la loi du 25 mai 1838 ; mais l'application de la règle est souvent délicate ; et il faut prendre garde aux effets que pourrait produire la contestation du défendeur niant l'existence ou la validité du titre sur lequel repose la créance.

Deux cas sont donc à examiner.

En premier lieu, s'il ne s'élève aucune contestation sur le titre et si le montant des primes réclamées ne dépasse pas 200 fr, l'assuré, (à moins qu'il ne soit commerçant et n'ait fait assurer des objets relatifs à son commerce) doit-être assigné devant le tribunal de paix. La compétence du juge de paix se détermine par le chiffre des prestations, objet de la

---

(1) Alauzet 530.
(2) Metz 10 juillet 1839. P. 1841, p. 122.

demande. Quant aux primes à échoir l'assuré ne les doit pas.

Si le défendeur conteste au contraire le titre, il est clair qu'en réclamant à son adversaire le paiement d'une prime, le demandeur le met en demeure de reconnaître le fond du droit : l'existence ou la validité du titre est l'objet du procès, c'est le procès lui-même. La décision du juge emportera l'autorité de la chose jugée.

Dans ce cas le chiffre prétendu n'est qu'apparent

Pour déterminer le chiffre réel et véritable de la demande, il faut cumuler avec les primes réclamées les autres primes dont le titre contesté imposerait le paiement au défendeur,

Le juge de l'action est le juge de l'exception, mais seulement dans les termes de l'article 1er de la loi de 1838.

Prenons trois exemples dans lesquels le titre soit contesté par le défendeur.

1° Le contrat d'assurance est expiré. La compagnie réclame à Primus 200 fr. pour une ou plusieurs primes. Le juge de paix statuera sur la validité du titre ; car l'intérêt du procès n'excède en aucun cas 200 fr, ni dans le présent ni dans l'avenir.

2° La compagnie réclame à Secundus 20 fr., montant de la prime de la première année. Les primes accumulées pendant dix ans (durée du contrat) ne dépassent pas 200 fr. Le juge de paix statuera encore sur l'exception ; car l'objet de la demande ne peut acquérir aucune extension.

3' Secundus est actionné en paiement de la prime de la première année montant à 30 fr. Les primes accumulées pendant les dix ans s'élèvent alors à 300 fr.. Le taux du litige ne conserve pas ses proportions primitives, et, par suite, le juge de paix ne peut se prononcer sur la validité du titre ; il est incompétent.

Dans les cas où le juge de l'action est le juge de l'exception, la décision, emportera contre le défendeur l'autorité de la chose jugée.

Et en effet :

En ce qui concerne la compagnie demanderesse, il est clair que du moment ou elle réclame des primes échues elle reconnaît, par cela même, le contrat qui est son titre.

Mais si c'est au contraire la compagnie défenderesse qui conteste la validité du contrat, les risques qu'elle court en cas de sinistre étant indéterminés, le juge de paix ne sera jamais compétent pour statuer (à moins bien entendu que la somme assurée ne dépasse pas 200 fr.).

Cette théorie est consacrée par une jurisprudence constante (1).

---

(1) Merlin rép v° chose jugée § 17 — Dall. v° chose jugée n° 122 ; v° appel civil n° 201 — Bourbeau. Procédure civile. VII. n° 48 — Cass. 16 août 1843 D. 43. 1. 461. — Cass. 22 juillet 1851 et Cass belge. 15 mars 1849, dans Bost Encyclopédie v° Assurance n°s 30 et 31.

CHAPITRE SEPTIÈME.

DE LA PRESCRIPTION EN MATIÈRE D'ASSURANCES.

Les principes du droit civil doivent servir de base à toutes les prescriptions, qui pourront être invoquées en matière d'assurances terrestres.

L'article 432 du Code de Commerce soumet toutes les actions qui naissent d'un contrat d'assurances maritimes, tant vis à vis de l'assureur que vis à vis de l'assuré, à une prescription spéciale de cinq ans, qui court de la date de la police.

Il y a là une disposition exceptionnelle qu'on ne peut étendre hors de ses termes. Une objection péremptoire s'opposerait d'ailleurs à l'application de cet article. Il décide en effet que la prescription court du jour du contrat ; or les assurances terrestres n'ayant pas par leur nature une durée très limitée comme les assurances maritimes et embrassant souvent un grand nombre d'années, il ne serait pas rare que la prescription fût acquise avant que le sinistre soit arrivé c'est à dire avant que l'action ne soit pas née (1).

La créance de l'assureur se prescrit donc par trente ans, si elle est stipulée payable en un seul terme et sans division.

Si elle est au contraire stipulée payable par année ou à des termes périodiques plus courts, elle se prescrit par cinq ans (art 2227) (2).

(1) Alauzet 206 — Rennes 7 Mars 1835. P. XXVI p. 1486.
(2) Cass. 2. décembre 1839. Sir. 40. 1. 237.

La créance de l'assuré ne se prescrit au contraire que par trente ans à dater du sinistre (art. 2262).

Mais les polices contiennent presque toujours à cet égard, une disposition spéciale, dérogatoire au droit commun. « Toute action en paiement de dommages est prescrite par six mois à compter du jour de l'incendie ou des dernières poursuites (1). »

Cette clause est-elle valable ?

On l'a contesté (2).

La prescription est, a-t-on dit, une disposition d'ordre public. Elle repose sur le principe que le débiteur s'est libéré, mais a perdu la preuve de sa libération. Il ne peut-être permis d'y renoncer à l'avance et, comme conséquence, d'en avancer l'époque et de reconnaître que le débiteur sera présumé libéré, avant l'expiration du délai fixé par la loi.

Ce système est aujourd'hui repoussé, et avec raison, en doctrine et en jurisprudence. Toute convention est en effet valable si elle ne déroge pas aux lois qui intéressent l'ordre public et les bonnes mœurs.

Or, loin d'y déroger, la clause, que nous étudions, est essentiellement morale ; car elle tend à hâter le jugement des réclamations. Des réclamations tardives seraient à bon droit suspectes et dissimuleraient le plus souvent quelque ténébreux mystère, quelque faute lourde dont on chercherait à dissimuler la trace. Car le premier soin pour un individu qui est victime d'un sinistre, est évidemment de réclamer l'indemnité à laquelle il a droit. Quelque négligent qu'un homme puisse être, il n'attendrait pas plus de six mois à formuler sa demande s'il n'avait intérêt à rendre plus difficiles les recherches sur l'origine du sinistre en en éloignant l'époque.

Cette clause est en outre nécessaire à l'existence des com-

---

(1) Nationale, art. 24.
(2) Paris 19 décembre 1849. D. 50. 2. 10.

pagnies qui, après dix ou vingt ans, ne pourraient plus se rendre compte de l'importance des sinistres, en apprécier les causes et les circonstances, en rechercher les auteurs et s'éclaircir ainsi sur les recours qu'elles peuvent avoir à exercer.

L'art 2220 défend, il est vrai, de renoncer d'avance à la prescription. Mais c'est, à notre avis, en comprendre bien mal le but et l'esprit que de vouloir l'étendre à notre hypothèse. La prescription est édictée dans l'intérêt du débiteur, pour rendre sa condition meilleure. La loi lui défend d'y renoncer, c'est-à-dire de s'engager pour un temps illimité. Mais elle n'est en aucune façon faite pour protéger le créancier. Le débiteur ne peut rendre sa condition pire ; mais il peut l'améliorer; et c'est ce qui arrive évidemment lorsqu'il consent une prescription plus courte et se trouve ainsi moins longtemps exposé aux poursuites des créanciers.

Loin d'être immorale, cette convention, plus sévère que la loi elle même, répond au contraire absolument à son vœu.

Il n'y aura pas là une prescription légale reposant sur une présomption de paiement, mais une déchéance contractuelle, stipulée pour punir l'inaction du créancier et dont la validité ne saurait être mise en doute (1).

---

(1) Pothier traité de la vente n° 434.—Merlin. rép. v° prescription sect. I § 7.art. 2 quest. 1 n° 3.—Troplong. Vente n° 424—Quesnault n° 252—Bondousquié n° 402—Persil n° 254 Grün et Joliat n° 357—Alauzet n° 45 — Morise Ass. 51, p. 163 — Cass. 2 juin 1851. Ass. 52 p. 211 : 1er février 1853. D. 53. 1 77.—Nancy 25 juillet 1851. D. 52. 2. 67. — Bruxelles 10 Mars 1867. Ass. 68, p. 133.

POSITIONS.

DROIT ROMAIN.

I. — Lorsque l'action *de dolo* était refusée par des motifs de convenances, à raison de la qualité de la personne contre qui on voulait l'exercer, l'action *in factum*, accordée par le préteur était annale et intransmissible passivement ; mais elle procurait à la partie lésée la réparation totale du préjudice.

II. — Lorsque plusieurs lois pénales ont été violées par le même fait, toutes les actions pénales peuvent, dans le dernier état du droit, être intentées à la fois contre le coupable.

III. — La donation, qui est révocable par le prédécés du donataire mais non par le repentir du donateur, était rangée, même avant Justinien, dans la classe des donations *mortis causâ*.

IV. — Le juge de l'action *familiæ erciscundæ* doit tenir compte au copartageant des dépenses qu'il a faites relativement à la chose commune, alors même que ces dépenses seraient simplement utiles.

V. — Il faut pour que l'action publicienne puisse être exercée que le demandeur ait possédé la chose, ne fût ce qu'un seul instant.

HISTOIRE DU DROIT.

I. — Le recueil connu sous le nom d' « Etablissements de Saint Louis » n'a jamais été une loi promulguée par la volonté royale ; son origine est purement privée.

II. — La *Feïda* existait encore à l'époque Franque.

DROIT CIVIL FRANÇAIS.

I. — L'assurance constitue en principe une obligation pour les administrateurs de la fortune d'autrui.

II. — Les créanciers hypothécaires et privilégiés peuvent faire assurer, directement et en leur nom personnel, la chose qui est l'objet de leur gage ; les créanciers chirographaires ne le peuvent pas.

III. — L'assurance peut être valablement contractée par un gérant d'affaires qui n'a reçu aucun mandat à cet effet. La compagnie, qui a perçu les primes dans ces conditions, ne pourrait se refuser au paiement de l'indemnité, si le propriétaire demande à bénéficier du contrat passé en son nom.

IV. — L'indemnité, due par une compagnie d'assurances, n'est qu'une simple créance mobilière, dont le montant se confond avec les autres biens de l'assuré ; elle ne constitue en aucune façon la représentation de la chose détruite.

V. — Le propriétaire a un droit privatif et exclusif sur l'indemnité, due par l'assureur des risques locatifs.

VI. — Lorsque l'assuré tombe en faillite, l'assureur n'a droit qu'à un simple dividende, en ce qui concerne les primes échues avant la faillite ; mais il peut réclamer le paiement intégral des primes qui ne viennent à échéance que postérieurement.

VII. — L'article 171 du Code Civil, qui prescrit au français qui s'est marié à l'étranger de faire transcrire son mariage sur les registres de l'état civil français, est dépourvu de sanction civile.

VIII. — L'enfant naturel peut être adopté par son père ou par sa mère qui l'a reconnu.

IX. — Le droit de revendication, accordé par l'article 2102 au vendeur d'effets mobiliers, ne doit se confondre ni avec l'action en revendication proprement dite, ni avec l'action en résolution de la vente ; c'est tout simplement la revendication du droit de rétention.

DROIT COMMERCIAL.

I. — La femme peut, sous quelque régime qu'elle soit mariée, obtenir de la justice l'autorisation de se livrer au commerce.

II. — Lorsqu'un acte n'est commercial que vis-à-vis seulement de l'une des parties qui ont figuré au contrat, celle-ci peut, à son choix, traduire son adversaire devant la juridiction civile ou devant les juges consulaires ; mais elle ne peut être, elle même, assignée que devant les tribunaux civils.

DROIT PÉNAL.

I. — L'ivresse ne doit pas être considérée comme laissant toujours subsister la responsabilité.

II. — La demande à fin de liberté provisoire a pour limite extrême l'ordonnance de prise de corps rendue par la chambre des mises en accusation, alors qu'elle est passée en force de chose jugée. En conséquence la Cour d'Assises ne peut statuer sur la demande en liberté provisoire dont elle serait saisie par l'accusé.

ÉCONOMIE POLITIQUE.

Il n'y aurait ni avantage pour les particuliers ni bénéfice pour la chose publique à charger l'Etat du service des assurances.

DROIT INTERNATIONAL PUBLIC ET PRIVÉ.

I. — Le droit de visite ne peut s'exercer en temps de paix. Il n'y a pas lieu de distinguer à cet égard entre la visite proprement dite et la simple vérification ou recherche du pavillon.

II. — Les articles de contrebande de guerre, exportés d'un port neutre à un autre port neutre, sont saisissables, dans certains cas.

III. — La naturalisation obtenue par le mari n'entraîne pas un changement de nationalité pour la femme.

IV. — Il suffit pour qu'un enfant naisse français que la personne, dont il doit suivre la condition, ait été française, soit au moment de sa conception, soit au moment de sa naissance, soit même dans l'intervalle de ces deux époques.

Vu :
Ce 19 Janvier 1882.
Le Doyen de la Faculté,
Président de la Thèse,
DANIEL DE FOLLEVILLE.

PERMIS D'IMPRIMER :
Ce 21 Janvier 1882.
Pour le Recteur,
L'Inspecteur d'Académie,
V. CUNE.

TABLE DES MATIÈRES

DROIT ROMAIN

	Pages.
Introduction	7
CHAPITRE PREMIER. — Des diverses actions qui naissent d'un délit	24
SECTION PREMIÈRE. — De l'action en répression et de l'action en réparation	24
SECTION DEUXIÈME. — De l'action donnée à la partie lésée pour la réparation du dommage qu'elle a éprouvé	29
§ Ier. — Des actions civiles données à la victime du vol	31
§ II. — Du dommage causé à autrui	35
A. De l'action *de dolo*	43
B. Des actions *in factum* données à défaut de l'ac- *de dolo*	46
CHAPITRE DEUXIÈME. — Des personnes à qui appartiennent l'action en répression et l'action en réparation	53
SECTION PREMIÈRE. — De la poursuite en matière d'actions pénales publiques	53
§ Ier. — Des conditions de capacité requises chez l'accusateur	62
§ II. — De la responsabilité de l'accusateur	64
SECTION DEUXIÈME. — De la poursuite en matière d'actions pénales privées	78
§ Ier. — De l'action *furti*	78
§ II. — De l'action *vi bonorum raptorum*	84
§ III. — De l'action *injuriarum*	84
§ IV. — De l'action de la loi *Aquilia*	88

	Pages.
CHAPITRE TROISIÈME. — Contre qui s'exercent les actions nées d'un délit.	92
CHAPITRE QUATRIÈME. — Des causes qui suspendent l'exercice de l'action.	98
SECTION PREMIÈRE. — Des causes qui proviennent de la nature des faits qui font l'objet de la prévention .	98
§ Ier. — Des crimes qui ne peuvent être poursuivis que sur la plainte de la partie lésée	99
§ II. — Des questions préjudicielles	103
SECTION DEUXIÈME. — De diverses autres causes de suspension.	105
CHAPITRE CINQUIÈME. — Des causes qui éteignent l'exercice de l'action pénale et de l'action civile .	107
SECTION PREMIÈRE — Du décès du coupable	107
SECTION DEUXIÈME. — De la prescription.	114
SECTION TROISIÈME. — De la chose jugée	120
§ Ier. — Concours de plusieurs actions répersécutoires.	123
§ II. — Concours d'une action répersécutoire et d'une action purement pénale	127
§ III. — Concours d'une action répersécutoire et d'une action mixte	128
§ IV. — Concours de deux actions pénales privées. .	130
§ V. — Concours de deux actions pénales publiques .	137
§ VI. — Concours d'une action pénale privée et d'une action pénale publique.	138
SECTION QUATRIÈME. — De quelques autres modes d'extinction	140

DROIT FRANÇAIS

Introduction	145

PREMIÈRE PARTIE.

Des responsabilités civiles en matière d'incendie.	159
CHAPITRE PREMIER. — De la responsabilité des détenteurs de la chose . :	161

	Pages.
Section Première. — De la responsabilité des locataires.	162
§ Ier. — Responsabilité d'un locataire unique	162
§ II. — Responsabilité des colocataires	169
§ III. — De l'étendue de la responsabilité du locataire.	174
Section Deuxième. — De la responsabilité des autres détenteurs de la chose	177
CHAPITRE DEUXIÈME. — De la responsabilité des personnes qui ne détiennent pas la chose	189

DEUXIÈME PARTIE.

Des assurances contre l'incendie	193
CHAPITRE PREMIER. — De la capacité des parties.	195
Section Première. — De la capacité de l'assureur.	196
Section Deuxième. — De la capacité de l'assuré.	200
§ Ier. — L'assuré doit être légalement capable de passer des actes d'administration	201
§ II. — L'assuré doit avoir qualité et intérêt au contrat.	208
APPENDICE. — De l'assurance pour le compte de qui il appartiendra	222
CHAPITRE DEUXIÈME. — De l'objet du contrat	229
Section Première. — Notions générales	229
Section Deuxième. — De divers contrats accessoires au contrat principal	235
§ Ier. — Des conventions mises à la disposition de l'assuré	236
§ II. — Des conventions mises à la disposition de l'assureur	243
CHAPITRE TROISIÈME. — Des obligations de l'assuré.	246
§ Ier. — Avant la formation du contrat	246
§ II. — Pendant la durée du contrat	250
1° De l'obligation de payer la prime	251
2° Des autres obligations de l'assuré pendant la durée du contrat	269
§ III. — Des obligations de l'assuré en cas de sinistre.	272
CHAPITRE QUATRIÈME. — Des obligations de l'assureur.	279
Section Première. — Des risques	279
§ Ier. — De la nature des risques	279
§ II. — Du temps et du lieu des risques	293

	Pages.
Section Deuxième. — De l'indemnité	295
§ Ier. — De la fixation du taux de l'indemnité	295
§ II. — Du paiement de l'indemnité	313
§ III. — De la situation de la compagnie après le paiement de l'indemnité, et des recours qu'elle est admise à exercer	314
§ IV. — De la nature et du caractère de l'indemnité.	325
CHAPITRE QUATRIÈME. — De la forme et de la preuve du contrat	342
Section Première. — De la forme du contrat	343
Section Deuxième. — De la preuve du contrat	350
CHAPITRE CINQUIÈME. — Des modes d'extinction du contrat d'assurance	353
Section Première. — Des causes intrinsèques de résiliation du contrat d'assurance	354
Section Deuxième. — Des causes extrinsèques de résiliation du contrat	365
§ Ier. — Des causes de résiliation qui proviennent de modifications dans la situation juridique de l'assuré	365
§ II. — Des causes de résiliation qui proviennent de modifications dans la situation juridique de l'assureur	369
A. De la faillite de l'assureur	369
B. De la mise en liquidation de la Compagnie	376
C. De la cession du portefeuille d'une compagnie à une autre compagnie	377
D. De la fusion de deux sociétés	379
E. De la déclaration de nullité de la compagnie	381
CHAPITRE SIXIÈME. — De la compétence des tribunaux en matière d'assurances	382
CHAPITRE SEPTIÈME. — De la prescription en matière d'assurances	390
POSITIONS	393

Arras. — Imp. et Lith. E. BRADIER, rue St-Maurice, 76. 193-2